왜 그 사람이 말하면 사고 싶을까?

KB058391

왜 그 사람이 말하면 ── 사고 싶을까?

끄덕이고, 빠져들고, 사게 만드는
9가지 '말'의 기술

장문정 지음

21세기북스

잘 사게 만드는 사람들의
9가지 언어 습관

인간은 가장 소비적인 존재다. 태어나면서 소비하기 시작해 죽기까지 소비한다. 그런 인간의 소비심리학을 이 책을 통해 몸으로 습득하길 바란다. 싸움을 책으로 배운 자와 주먹으로 배운 자의 대결은 극명하듯 경험하지 못한 이들의 글은 어딘지 모르게 감동이 없다. 하지만 나는 많은 경험을 했다. 이 책은 간혹 당신을 불편하게 할 수도 있다. 만일 당신이 아름다운 이야기를 원한다면 시집이나 에세이를 권한다. 마케팅의 속살은 결코 아름답지 않기 때문이다. 명언 또한 줍지 마라. 명언은 대부분 현실이 아니다. 이 책은 매우 현실적인 사례들을 담고 있다.

한 독자의 말을 빌리자면, 오늘내일하는 환자에게 남들은 체질 개선, 건강관리 운운할 때 내 책은 바로 수술 들어간다. 이번에도 그런 책이 되고자 매우 구체적인 사례집으로 만들었다. 반론은 언제나 추상적이기보다 구체적일 때 발생한다. 구체적인 사례가 많다보니 내가 제시한 마케팅 방향이나 세일즈 전략이 독자 개인의 생각과 다를 수도 있다. 하지만 나는 많은 사람들이 바로 이 사례로 인해 수익을 얻을 것이라고 확신한다.

나는 미국과 한국을 오가며 일하고 있지만 국내 마케팅 시장의 정서상 해외 사례는 되도록 쓰지 않았다. 또한 조 단위를 버는 대기업의 거대한 이야기가 아닌 소규모 사업장의 소박한 이야기를 주로 썼다. 역시나 이번 책에 등장하는 기업과 상품들은 대부분 나의 고객사이거나 내가 컨설팅한 내용들이다.

나는 늘 많은 독자들로부터 메일을 받고 있는데 이들을 외면하지 않으려고 노력한다. 지난 수년간 나는 독자를 만나 그들의 상품에 관한 고민을 함께 나누는 시간을 가져왔고, 그로 인해 이 책이 더 구체적이고 단단해질 수 있는 계기가 됐다.

이 책에 부동산, 금융, 보험, 건강식품, 패션, 생활 잡화, 요식업 등의 분야에 종사하는 그들의 이야기도 일부 실었다. 건더기가 많아야 국물이 진한 법이다. 이 책도 그렇게 진하게 담고자 했다. 거하게 식사한 후 느껴지는 지적 만족감을 독자에게 주었다면 내겐 보람이다.

언어는 인간의 가장 귀한 자산이다. 과거 학자들은 언어의 종류를 3,000개라고 했는데 최근 학자들은 7,000개나 있다고 발표했다. 언어는 이처럼 종류가 많고 형식과 구조도 매우 다양하지만 '기능'은 하나다. 어떤 내용에 대한 '또렷한 전달'이 목적이다. 그것이 안 된다면 제아무리 훌륭한 언어라도 언어로서의 존재 이유는 없어지고 사멸되고 말았을 것이다.

'또렷한 언어'란 '이성 언어'다. 철학과 심리학 논문에 등장하는 수많은 종류의 학문적 이성을 말하는 것이 아니다. 메시지에 또렷함을 주어서 상대에게 확신을 주는 '설득 언어 포장 기술'을 말하는 것이다.

상품 언어를 예로 들자면, 상품 겉면은 온통 광고 문구로 뒤덮여 있지만 자세히 살펴보면 흐리멍덩한 언어들이 있다. 진한 고깃국을 기대했는데 건더기 없이 멀건 국물을 휘젓는 느낌이다. 뿌연 안경 너머로 보는 세상은 혼탁하고 답답하다. 마케팅과 세일즈에서도 마찬가지다. 듣고 싶은 통쾌한 정보는 없고 너스레만 떠는 것처럼 속 터지는 일도 없다. 언어에는 또렷함을 심어야 하고, 그래서 이성 언어를 배워야 한다.

우리의 사고, 지각력, 추리력, 이지력, 통찰력은 많은 경우 이성의 지배를 받는다. 이성은 믿음조차 압도한다. 영국의 철학자 A. C. 그레일링은 '믿음의 반대는 이성'이라고 말했다. 여기서 믿음은 감성에 치우친 맹목적 경신輕信을 말하며 그것을 해결하는 것이 이성이라는 뜻이다.

물론 요즘 마케팅은 감성을 중시한다. 영화든 광고든 감성적인 부분이 나와야 성공한다. 하지만 이는 중요한 단서를 빠뜨린 이야기다. 감성은 이해관계나 목적성이 없는 소개팅 같은 자리에서나 통하지, 상대의 지갑을 여는 것을 목표로 하는 마케팅과 세일즈에서 감성부터 들이밀면 실패할 것이 뻔하다. 많은 경우 논리적인 이성 소구rational appeal를 먼저 하고 그 다음에 감성 소구emotional appeal를 이어가는 것이 바람직하다.

광고학에서는 감성 소구를 중요하게 다루는데(나도 광고학을 전공했다), 현장에서 마케팅 컨설팅을 해보면 광고와 세일즈는 아주 다른 세계임을 알 수 있다. 이 책에서 다루는 마케팅은 대면 채널 위주의 '직접 세일즈man to man sales'다. 처음 보는 사람의 지갑을 열게 하는 데 감성이 얼마나 통할까?

아직도 많은 서비스 강사들은 고객을 처음 만나면 '아이스브레이킹'을 해야 한다고 말한다. 그러나 소비자 200명을 대상으로 조사한 결과는 달랐다. 요즘 고객은 상담할 때 상대방이 불필요한 감성적 썰을 풀면 오히려 초조하고 답답하다고 말했다. 서로 목적성 관계로 만났으니 빨리 이성적 본론을 듣고 싶어 하는 경향이 강하다는 것이다.

시대가 변했다. 요즘 사람에게 어쭙잖은 밍밍한 이야기로 말문을 트려 한다면 어이없어 할 것이 뻔하다. 과거의 통념은 지우라. 말은 분명해야 한다. 상대에게 분명하게 전달한다는 생각으로 명확하게 말해야 한다. 똑같은 제품도 잘 사게 만드는 사람들이 있다. 그들은 상대가 원하는 것을 정확히 꿰뚫고, 질문에 분명하게 답하며, 문제나 요구 사항을 정확히 알아채고 대응한다.

마케팅의 목표는 '원하는 것을 필요한 것'이라고 생각하게 만드는 것이다. 생각이 행동보다 앞선다. 철학 박사 웨인 W. 다이어는 이렇게 말했다.

"먼저 생각하지 않고는 감정이 생길 수 없다."

감성에 선행하는 것은 생각이 빚어내는 이성이다. 지금부터 나의 치열한 마케팅 전투에서 검증된 이성 언어의 9가지 세계로 들어가보자.

차례

1장 | 타깃 언어,
고객의 니즈를 간파하라

2장 | 시즌 언어,
잘 사게 되는 시간을 노려라

1장

타깃 언어,
고객의 니즈를 간파하라

스위트 스폿
고수는 급소만 찌른다

2차 세계대전 중이었다. 태평양의 이오지마라는 섬에 백인 장교들과 흑인 병사들로 구성된 미군 부대가 주둔하고 있었다. 일본군이 이 위치를 확인하고 흑인 병사들을 타깃으로 그들의 사기를 저하시키는 작전을 짰다. 비행기로 대량의 선전 전단을 살포했는데, 주 내용은 흑인 병사들을 겨냥한 말이었다.

"이 전쟁은 백인들의 전쟁이니 백인들을 위해 당신들의 목숨을 희생하지 말라. 백인들을 위해 목숨을 버리지 말고 탈영하라."

이 전단은 즉각 효과를 발휘했다. 그런데 정작 사기가 저하된 것은 흑인 병사들이 아니었다. 엉뚱하게도 타깃팅의 효과는 백인 장교들에게 나타나 그들의 사기가 꺾여버렸다. 흑인들이 동요해서 폭동이 일어날 것을 우려한 나머지 본인들이 먼저 도망가는 일이 발생한 것이다. 결국 총알 한 발 쓰지 않고 종이 한 장 때문에 그 요새 같은 섬에서 미군 부대가 철수하는 일이 생겼다.

이 이야기는 타깃팅이 얼마나 중요한지 일깨우는 사례다. 오늘날의 광고 메시지도 타깃팅을 어디에, 누구에게, 어떻게 하느냐에 따라 상품과 기업의 성공 여부가 가려진다.

홈런이 되는 포인트를 쳐라

프로 야구 경기장에서 야구 선수가 아닌 일반인이 홈런을 칠 확률이 얼마나 될까? 제로라고 보면 된다. 한번은 야구장에서 외부 촬영을 한 적이 있다. 촬영 스태프들이 젊은 사람들이라 야구장에 서니 눈밭 위 강아지마냥 무척 신이 났다. 그 모습을 본 야구장 관계자가 촬영이 다 끝나면 타석에서 방망이를 한 번씩 휘둘러봐도 좋다고 말했다.

당시 스태프가 20여 명 있었는데, 그중에는 자신이 사내 동아리 야구 단원이었다는 둥 어렸을 때 선수였다는 둥 입으로 허세를 부리는데 난리도 아니었다. 그리고 놀라운 장면이 이어졌다. 덩치가 산만 한 혈기 왕성한 젊은 남자들이 차례로 공을 휘두르는데, 공은 겨우 야구장 중간도 못 가서 픽픽 떨어지고 말았던 것이다. 나도 방망이를 휘둘렀다. 최대한 치기 좋도록 편안하게 던져주는 공이었는데도 창피할 정도로 코앞에서 톡 떨어지고 말았다. 일단 야구공이

왜 그 사람이 말하면 사고 싶을까?

핑장히 크고 돌덩이처럼 단단했다. 펜스까지 거리를 어림짐작해보니 너무 멀었다. '어떻게 저기까지 이 무거운 공을 날리지?' 하는 생각이 들었다. 실제로는 무시무시한 강속구로 던지는데 말이다. 새삼 프로 선수들이 더 존경스러워졌다.

더욱 신기한 것은 실제로 프로 선수들을 보면 죽어라 배트를 휘두르지 않는다는 것이다. 부드럽게 허리가 돌아가며 공을 받아치는데 맞은 공은 빨랫줄처럼 날아가 담장을 넘긴다. 비결이 뭘까? 야구 배트에 보면 홈런이 되는 포인트가 있는데 거기만 맞으면 홈런이 된다고 했다. 그래서 타자들은 공이 배트를 맞는 순간 이미 홈런인지 아닌지를 알고 전력을 다해 달리거나, 여유롭게 홈런이 될 공을 바라보면서 천천히 타석을 도는 것이다. 이처럼 배트로 공을 치기에 가장 효율적인 곳 즉, 홈런이 되는 포인트를 '스위트 스폿sweet spot'이라고 한다.

이 스포츠 용어가 마케팅에서도 그대로 쓰인다. '픽 찌르면 팍 먹히는' 홈런이 되는 상대의 급소다. 고수는 급소만 찌른다. 급소가 중심이다. 마케팅 전략을 짤 때도 항시 먼저 고객의 중심을 찾아야 한다. 타깃을 명확히 한 다음 공략하지 않으면 허공에 던지는 메아리일 뿐 승률은 당연히 낮아지는 것이다.

누가 사용할 것인가?

CF는 대개 홍보에 그치지만 나는 매출을 즉각 발생시키는 영상을 제작한다. 그래서 1시간짜리 홈쇼핑을 5분으로 압축한 미니 홈쇼핑 영상을 만들어 하단에 전화번호와 상품 정보를 자막으로 넣고 직접 압박을 해가며 세일즈를 한다. 당신이 지금 이 홈페이지에 들어가면 나의 직접판매영상(이하 직판 영상, 영업인이 본인의 스마트폰에서 직접 보여주는 세일즈 영상)을 볼 수 있는데 내용은 이렇다.

중국어 교육 회사 문정아중국어 '리듬 중국어 탭'이라는 상품이 있는데, 결제를 하면 중국어 영상과 사전, 콘텐츠가 모두 담긴 태블릿이 집으로 배송된다. 나는 이 제품을 소개하는 직판 영상을 만들어야 했다. 치명적 단점은 콘텐츠를 다운받거나 업그레이드를 못한다는 사실이다. 당신 같으면 사겠는가?

그러면 먼저 이 제품을 구매하고자 하는 고객의 급소는 무엇일까? 타깃은 저렴한 요금제를 쓰고 있어서 인터넷 데이터 사용량을 감당하지 못하거나, 매번 인터넷에 접속하는 것을 번거로워하는 중고생으로 잡았다.

그래서 영상 제작 시 자막을 콘텐츠의 우수성과 다양성에 초점을 맞추지 않고 '공부 준비 시간 Zero'임을 강조하며 '와이파이 비번 No, 인터넷 No, 아이디와 비번 입력 No'라고 자막을 쓰고 그에 맞춰 진행자 멘트를 이렇게 넣었다.

"고객님, 그동안 어학 공부는 어떠셨어요? 공부하려면 공부를 시작하기까지 준비 시간이 너무나 길죠? 와이파이 안 잡혀 고생, 인터넷 로딩이 길어서 짜증, 홈페이지 클릭, 아이디 입력, 비밀번호 입력, 데이터 걱정, 절차가 복잡하면 귀차니즘 생겨서 두 번 볼 것 한 번 보고 잘 안 하게 됩니다.

이제 이 탭으로 눈을 돌려볼까요? 0.1초면 공부 시작, 바로 영상 재생, 어젯밤 보던 곳 이어보기 1초면 다시 공부 시작 땡. 인터넷 접속도 필요 없고 아이디, 비번 입력도 필요 없습니다. 늘 들고 다니면서 탭을 열면 바로 재생됩니다. 이러면 실제로 공부가 되겠죠?

달리기도 먼저 준비 운동이 필요하고 자동차도 출발 전 예열이 필요하지만, 중국어 공부는 그런 모든 것 생략입니다. 머릿속으로 떠오를 때마다 바로 시작하면 됩니다.

자주 쓰는 칼은 늘 도마 옆에 있기 마련이죠? 서랍 속에 있으면 꿔다놓은 보릿자루밖에 안 됩니다. 이제 이 탭으로 기다림 없이 바로바로 속 시원하게 공부하세요."

결과는 즉각적인 매출로 화답했다.

킹핀 전략
한 핀이 쓰러지면 다 무너진다

업계 1위를 쓰러뜨리는 비결

스포츠 이야기를 좀 더 하자면 볼링 핀은 10개다. 프로 볼링 선수에게 직접 물어보니 그들은 10개의 핀 중에서 한 개의 핀만 보고 던진다고 말했다. 그것은 세 번째 줄 가운데 있는 5번 핀으로, 그 결정적 핀이 반드시 넘어져야 나머지 모든 핀을 쓰러뜨릴 수 있기 때문이다. 그래서 이 핀을 킹핀kingpin이라고 부른다. 급소를 공략하는 것을 '킹핀 전략'이라고 한다.

내 회사가 하는 일 중에는 입찰, 홍보 PT 대행이 있다. 권리를 따내는 입찰 PT를 하거나 신상품이 나오면 대중에게 상품 설명회를 하는데, 지금은 규모나 비용이 큰 건들을 주로 하지만 처음부터 그랬던 것은 아니다. 나의 첫 PT는 4억짜리 작은(?) 프로젝트였다.

왜 그 사람이 말하면 사고 싶을까?

CJ에 쇼호스트로 재직 중이던 시절, 이미 따로 내 개인 회사를 운영 중이었기에 한 사사社史 편찬 기업으로부터 작업을 의뢰받았다. 사사 편찬은 기업들이 기업 활동의 모든 역사를 기록으로 만들어 보관해두는 작업이다. 보통 대기업들은 사사 편찬을 10년 단위로 외주 전문 기업에 의뢰한다. 내게 일거리를 의뢰한 기업은 업계 5위로 시장 점유율이 경쟁사에 비해 뒤떨어져 있었다. 그리고 어느 시장이나 그렇지만 업계 1위 회사가 시장을 독식하고 있는 상황이었다.

의뢰 건은 KT의 30년사 편찬 일을 따내는 공개 홍보 입찰 PT였다. 우선 내가 재직 중이던 CJ의 사사 편찬을 누가 했는지 확인했다. 아니나 다를까 역시 1위 업체가 했다. 나는 당시 입찰 면접관으로 들어갔던 직원들을 만나 1위 업체의 문제점을 물어봤고, 그들은 이런저런 문제들을 토로했다. 다음으로 KT의 입찰 면접관이 누구인지 조사했다. 20분의 입찰 PT를 진행하는 동안 나는 직원들을 시켜 아주 좋은 차를 면접관들에게 따라주며 대접하게 했다. PT는 KT가 기존 20년사 편찬 일을 했을 때 아쉬웠던 점과, 그 점을 어떻게 보완할지를 위주로 적극적으로 어필했다. 타깃을 제대로 찌르려고 한 것이다. 그 결과 업계 5위 기업이 1위 기업을 이기고 사업을 따낼 수 있었다.

고객을 빚지게 하라

나를 직접 찾아온 독자들 중 고려대학교 기계공학과를 졸업한 신철관이라는 사람이 있다. 그는 울산 현대중공업에서 7년을 근무하면서 반복되는 엔지니어 생활이 답답해 서울로 올라와 기술 영업을 하던 중 고민에 빠져 나를 찾아왔다. 새로 하는 일은 제조업 기업을 방문해 자사의 소프트웨어를 판매하는 영업인데, 막상 해보니 만만치 않다는 것이었다.

기존 거래선은 문제가 아니지만 새로운 회사에 거래를 개척하려고 전화하면 받지 않고, 전국 제조 공장과 기술 연구소를 방문하면 경비실에서 제지당한다는 것이다. "누구 만나러 오셨나요? 약속은 되어 있으세요?" 이 말에 무작정 소프트웨어를 팔러 왔다고 하면 문전박대를 당하기 일쑤였다. 우리는 깊은 고민을 함께 나눴는데 해답은 기가 막힌 곳에 있었다.

구매부나 경비 아저씨가 아닌 대학교 4학년 공대생 취업반을 타깃으로 공략한 것이다. 그것도 SYK(서울대, 연세대, 고려대), 서성한(서강대, 성균관대, 한양대) 정도의 기술 계통 취업 희망자들에 한해서 명문대 공대를 졸업하고 대기업 생활을 한 선배로서 그는 무료로 취업 지도를 해줬다.

자기소개서 쓰는 법부터 면접 노하우, 입사 후 실무는 어떻게 진행되는지까지 생생한 도움을 줬다. 돈 한 푼 안 받고 무료로 해줬으니 그는 취업 준비생들에게 당연히 고마운 선생님이었을 것이다.

이런 상위권 대학의 공대생들은 상대적으로 취업 가능성이 높다. 1년 뒤 이들이 전국 각지 제조업 회사에 입사하면 그때 그들을 찾아가는 것이다. 은사가 왔으니 이 제자들은 당연히 회사 입구까지 쫓아 나와 적어도 정문 통과는 문제없이 하게 해주었다. 그리고 고마움을 간직하고 있으니 대부분 구매부 담당자와 바로 연결을 시켜준다고 한다. 그는 1년 뒤의 큰 그림을 보고 타깃팅을 한 것이다. 현재 그는 이런 공대생 취업 지도가 입소문을 타서 아예 그쪽으로 책도 내고 완전히 전업을 한 상태다.

통하는 말은 따로 있다

소비자 통찰력을 발휘해 고객의 급소를 찌른 개인적 일화를 소개한다.

다년간 온오프라인에서 가전제품을 담당하고 취급했던 나는 가전제품을 구매하는 고객들 성향을 잘 알고 있다. 삼성 디지털프라자 전국 지점장 대상으로 강의를 한 뒤 한 매장을 방문했는데 지점장이 나를 알아보고 반갑게 맞이했다. 매장 안에 서서 그와 이런저런 이야기를 나누고 있는데 등산복을 입은 노부부가 들어와서는 소형 라디오를 찾았다. 우리가 얘기 중인지라 다른 직원이 대신 응대하는데, 가뜩이나 귀가 어두운 노인들에게 출력이 어찌고저쩌고 제품의 기능만 줄기차게 설명하는 것이다. 참다못한 내가 곁에서 한마디 거들었다.

"이거 산에서 멧돼지 쫓을 때 완전 좋아요. 틀어놓으면 짐승들 알아서 다 도망가요. 조난당했을 때도 크게 틀면 아주 유용해요. 배터리 안 갈고 일주일 동안 온 산에 울려 퍼져요."

더 이상 듣지도 않고 노인은 냉큼 라디오를 샀다. 옷차림을 보니 등산을 한두 번 다니시는 분이 아니었고, 소형을 찾는 걸 보면 집에서 사용할 용도가 아닌 것이 분명했다. 이처럼 통찰력을 발휘해서 고객에게 꼭 필요한 말을 해줘야 한다. 급소를 찌른 것이다. 이 일을 계기로 이 양판점에서도 세일즈 매뉴얼 작업을 다시 하게 되었다.

타깃을 공략할 때는 아래의 질문들을 되풀이해야 한다.

1. 타깃의 성별과 연령대는? 사용 지역은 어디인가?

2. 사용 경험이 있는가? 아니면 처음 접하는가?

3. 타깃의 관심도는 어느 정도로 예측되며 얼마나 유지될 것인가?

4. 고객은 이 상품을 얼마 동안 소비할 것인가?

5. 소비자 인지도와 학습 수준은 어느 정도인가?

6. 고객의 라이프스타일에 어떻게, 얼마나 활용될 것인가?

7. 고객의 욕구를 어떻게 충족시킬 것인가?

8. 고객의 만족도는 어느 정도로 예상되는가?

9. 이 상품을 대하는 고객의 인지적 반응과 정서적 반응은?

10. 이 상품을 접하면서 고객의 태도 변화는 어떻게 될 것인가?

11. 이 상품이 고객의 삶에 미치는 영향의 정성적, 정량적 크기와 가치는 어떨 것인가?

12. 이 상품에 느끼는 고객의 호감도는 어느 부분에서 비롯되었으며 다른 유망 고객에게 자발적 전파자 역할을 할 것인가?

13. 재구매 의사는 어느 정도이며, 어떤 점 때문인가?

상품 컨설팅 전문가라는 직업상 나는 밤낮없이 의뢰받은 상품을 공부한다. 하지만 내가 다른 경쟁사보다 좋은 성과를 내는 노하우가 있다면, 상품에 몰두하기보다 그 상품을 사용하는 사람의 심리에 집중한다는 점이다. 상대의 심리를 읽어내지 못하면 일방적 자기 자랑만 되기 일쑤다.

내 고객사였던 코오롱인더스트리의 운동화 브랜드 '헤드'의 경우를 예로 들어 보자. 한번은 이 브랜드가 흥미로운 이벤트를 했는데, 운동화 구매 이후 일정 기간 안에 3*kg*의 살을 빼면 운동화 값을 환불해주는 이벤트였다. 결과는 어떻게 됐을까? 의도와 달리 결과는 좋지 않았다. 왜 그랬을까? 구매 고객들이 너도나도 3*kg*를 빼서 운동화 값을 돌려받으니 업체로서는 감당이 안 됐던 것이다. 그 정도 감량 의지와 실천력은 누구에게나 있다는 소비자 파악을 하지 못한 결과다.

우리는 소비자에 대한 통찰력을 발휘해야 한다. 통찰력은 겉으로 드러나지 않는 내면을 파악하는 능력이다. 소비자 통찰력을 발휘하려는 노력은, 고객이 왜 그렇게 행동하고 말하는지 이유를 캐치하게 해준다.

핀셋 전략
과녁이 좁아야 제대로 꽂힌다

타깃을 세분화하라

타깃 기술 중 대상을 콕 찍어 공략하는 것을 '핀셋 전략'이라고 한다. 나의 막역한 제자 중 선식 사업으로 성공한 정동원 대표가 있다. 내 회사가 무슬림 시장에 진출하던 시기에 같이 진출해 말레이시아와 중동에서 '맘메이크'라는 간편식 선식 제품으로 성공적인 매출을 내고 있다.

나도 과거에 선식 방송을 많이 했기 때문에 자신이 있었고 선식 구매 고객을 잘 안다고 생각했다. 하지만 큰 착각이었다. 나에게 부족했던 것, 내가 간과한 점은 대체 뭐였을까? 이 이야기를 시작하기 전에 당신에게 먼저 한 가지 질문을 하겠다. 선식을 팔기 위해 '영양과 편리함' 두 가지 중 무엇을 집중적으로 강조해야 할까? 만일 당신이 '영양'을 택했다면 당신은 선식 사업을 하면 안 된다. 나 역시 영양에 대해 강조할 만큼 강조해봤지만 늘 실패했다. 방송 중에 선식 30종을 쭉 깔아놓고 영양소 함량 그래프와 믿을 수 있는 원산지, 몸의 어디에 좋다는 학술지 등을 끊임없이 떠들어봤지만 매번 실패로 끝났다. 오랜 경험 끝에 나는 '편리함'이 정답임을 깨달았다.

우선 선식을 구매하는 고객을 분석해보자. 첫째, 그들은 선식이 다양한 곡류와 야채를 압축해놓은 것이라 영양이 많다는 것은 기본적으로 알고 있다. 그러니 구태여 영양을 강조하면서 시간을 낭비할 필요가 없다. 둘째, 선식은 아침 대용을 컨셉으로 한다. 그러니 주 타깃은 아침을 반드시 먹어야만 하는 사람들이며, 바빠서 밥, 국, 찌개, 반찬을 거하게 차리지 못하는 1인 가구다. 그들의 급소는 먹어야만 하는데 '시간이 없다'는 것이다. 나는 선식은 '영양적이다, 맛있다, 편리하다' 이 세 가지로 소구점을 잡았고 '편리함'을 주요 포인트로 강조했다. 방송에서는 아침에 선식을 준비해서 마시고 나가기까지 걸리는 시간을 3분 안에 라이브로 보여줬다. 그리고 이런 멘트를 날렸다.

"보셨죠? 단 3분입니다. 3분이면 아침 거르지 않습니다. 셰이커에 선식 타고 흔들기만 하면 끝입니다. 아침에 전자레인지에 물 데우는 시간이나 양치질하는 시간 정도만 있으면 됩니다. 와이셔츠 입고 넥타이 매는 시간도 안 됩니다. 승강기 버튼 누르고 기다

왜 그 사람이 말하면 사고 싶을까?

리는 시간도 안 됩니다. 주차장에서 자동차 예열하고 기다리는 시간도 안 됩니다. 이 시간을 못 내겠습니까? 단 3분만 투자하시면 아침 굶지 않고 30종의 곡류를 든든히 드시고 나갈 수 있습니다."

이 멘트로 얼마나 잘 팔아먹었는지 모른다. 방송 내내 연예인 게스트를 불러다가 증정용 셰이커에 선식을 넣고 음악과 함께 흔들어댔다. 나는 이보다 더 잘할 수는 없다고 생각했다.

그러나 정 대표 생각은 나와 조금 달랐다. '편리함'을 강조하는 것은 맞지만 '보다 더 편리함'이 강조돼야 함을 캐치했다. 기운 없는 아침에는 셰이커에 선식을 타고 흔들어대는 것조차 번거로운 일이라고 판단한 것이다. 고객이 더 편할 수는 없을까 고민한 끝에 그는 셰이커 전용 자동 전동 컵을 개발했다. 큼지막한 컵 바닥에는 건전지가 장착되어 있고, 컵 바닥 위로 작은 믹서 날이 있으며 손잡이에는 버튼이 있어서 우유와 선식을 넣고 손잡이를 쥐면 단 3초 만에 선식이 풀어져서 바로 마실 수 있도록 만들었다. 이것은 마치 아침에 일어나 컵에 물을 따라 마시는 단순한 일상 행위와 같다. 기운 없는 아침에 셰이커를 흔드는 것도 번거로웠다는 킹핀을 찾아낸 것이다. 컵에 물을 따라 마시듯 "3초면 됩니다"라는 이 컨셉으로 이 상품은 현재 무슬림 시장에서 폭발적인 반응을 일으키고 있다.

이 사례에서 우리는 '타깃을 더 세분화할 필요가 있다'는 교훈을 얻는다. 상품의 타깃 문을 좁혀가야 한다.

100만 명의 예약을 받다

당신이 수백 명의 사람들과 함께 내 강의를 듣고 있다고 하자. 내가 계속 "여러분" 하고 외치다가 갑자기 당신의 얼굴을 가리키면서 "당신, 당신에게만 하는 말입니다!"라고 한다면 화들짝 놀랄 것이다. 고객도 마찬가지로 이렇게 했을 때 더 극적인 반응을 보인다.

당신은 반론할지도 모른다. "공략층을 좁히면 시장이 좁아지는 것 아닌가?" "나머지 고객층은 다 놓치는 것 아닌가?" 몇 가지 사례를 통해 절대로 그렇지 않다는 사실을 증명해보려고 한다.

2006년에 그 유명한 'AIG 부모님 건강 보험' 상품의 론칭을 맡았다. 세월이 많이 지났으니 고백하건대 이 상품에는 비밀이 숨어 있었다. 바로 노인 보험이 아니었다는 것이다. 누구나 가입 가능한 상해보험에 노인 담보인 치매 보장 하나를 얹은 것뿐이었다. 30세부터 75세까지 누구나 가입되는 보험이었다. 이 세상에 30세 노인이 어디 있겠는가? 하지만 타깃을 65세에서 75세 사이의 노인들로 잡았고 이들을 집중적으로 공략했다. 그것이 정답이었다. 그 전략이 옳다는 것을 증명하는 사건이 있었다. 한번은 담당 PD가 바뀌었는데, 그가 내 자리로 오더니 조용히 말했다.

"이번에 방송 포맷에 큰 변화를 한번 줘보는 것은 어떨까요? 이 상품은 사실 가입 연령이 30세부터인데 우리는 65세 이상만 강조하고 있으니 30세에서 65세 사이의 고객은 다 놓치고 있는 거잖아요. 젊은 사람도 가입할 수 있는 상품이라는 것을 적극적으로 어필하면 어떨까요? 그러면 유입되는 콜 수가 몇 배는 더 늘어나지 않겠습니까?”

이 제안에 나는 타깃 연령층은 최대한 좁혀서 가야 한다고 반대했지만, 방송이 거듭될수록 그는 계속 고집을 부렸다. 결국 나는 PD가 원하는 대로 하기로 했고, 바뀐 컨셉에 따라 자막도 대대적으로 바뀌었다.

“젊었을 때부터 미리 준비하세요. 가입의 문을 활짝 열었습니다. 30세 이상이면 누구나 가입할 수 있습니다.”

예상했겠지만, 결과는 참패였다. 콜 수가 평소의 반도 안 되게 떨어졌던 것이다. 이유가 뭐라고 생각하는가? 젊은 사람들은 여전히 이 보험에 관심이 없고, 컨셉이 흔들리니 주 가입 연령층도 외면해버린 것이다. 다시 말해 이도저도 아닌 상품이 되어버렸다. 그렇다, 이 상품은 고 연령층을 대상으로 접근해야 하는 상품이었다. 고 연령층은 본인이 가입할 목적으로, 그 밖의 연령층은 부모님을 가입시켜드릴 목적으로 모두의 관심을 끌 수 있었던 것이다. 이런 핀셋 전략으로 나는 100만 명 이상의 상담 예약을 받았다. 다시 말해 100만 명의 자발적인 가입 의사를 받아냈던 것이다.

집중할 때 확산이 일어난다

타깃 전략은 타깃층이 좁을수록 효과가 있다. "여러분, 모두 쓰세요"가 아니라 "바로 당신, 당신한테만 필요한 거야" 식으로 접근해야 한다. 이렇게 말해도 "그러면 나머지 소비층은 놓치라고? 말도 안 돼"라고 할지도 모르겠다.

화장품 브랜드 '토니모리'는 20대가 타깃이다. 화장품 용기도 원색적인 바나나와 토마토 모양이라 젊고 재미있다. 이처럼 20대 젊은 층을 겨냥해 판매하면 20대만 구매하고 끝날까? 20대 젊은 시절로 돌아가고 싶어 하는 30대에서 60대 고객도 자연스럽게 끌어들일 수 있다. 어려 보이고 싶지 않은 여성은 없기 때문이다.

애경의 기능성 화장품 브랜드 '에이지20s' 역시 20세 피부를 목표로 하는 느낌이라 20대 젊은 층을 타깃으로 하지만 3040 여성까지 구매층은 두텁다.

타깃이 20~23세 여성인 색조 화장 브랜드 '에뛰드 하우스'의 세일즈 컨설팅을 맡은 적이 있다. 이제 막 피어나는 20대 초반 여성은 자신의 아름다움과 스타일을 찾아가는 과정에 있다. 브랜드 이름 에뛰드는 프랑스어로 '공부, 연구하다'라는 뜻으로, 에뛰드 하우스에 와서 다양한 메이크업을 경험하면서 연구해보라는 뜻으로 이름을 지었다고 한다. 그렇지만 공부, 연구라는 어감은 피곤하고 학문적인 느낌이 들어 컨셉을 '즐거운 화장놀이 문화'로 잡고 발랄하고 화사한 매장 분위기를 연출하고 있다. 컨셉은 세부적으로 이렇게 나뉜다.

대컨셉	소컨셉	핵심가치
Experiential	Playful 즐거운 놀이 문화	Colorful (다양한 색상과 선택) Friendly (친구처럼 나눔) Fun (놀이처럼 유쾌함)
Emotional	Lovely 사랑스러운 소녀 감성	Inner Princess (자유로운 감성의 사랑스런 여성) Cheerful (생기를 불어넣는 긍정적 영향력) Dreaming (흥미로운 스토리)
Functional	Trendy 새롭고 젊은 감각	Unique (남들과 구별) New idea (새로운 생각) Young Icon (20대의 워너비)

　　이것만 보면 누가 보더라도 에뛰드는 20대 초반만을 위한 브랜드 같다. 대한민국 전 연령 중 겨우 20~23세의 여성만을 위해 화장품을 개발하고 비싼 임대료를 지불하면서 매장이 운영될 것이라고 생각하는가? 그러나 결과는 다르다. 이 연령대 고객을 메인 타깃으로 했을 뿐 나머지 연령들도 성공적으로 유입되고 있기 때문이다.

| 세부 키워드 찾기

　　　　　　　　　문정아중국어 홈페이지 안에 넣을 직판 영상 시나리오를 만들 때의 일이다. 나는 가장 먼저 고객층을 분석해서 메인 부류를 뽑아냈다. 이 메인 부류는 수험생과 직장인으로 이들의 킹핀은 시간이 부족하다는 것이다. 수험생은 학교 공부가 우선이고 직장인은 회사 일이 우선인데 언제 따로 시간을 내서 어학 공부를 하겠는가? 나는 이들에게 따로 시간을 내지 말고 자투리 시간을 이용하라고 말했다. 늘 시간이 없다고 말하는데, 사실은 버려지는 엄청난 시간이 있음을 지적하고 그 시간을 어학 공부에 투자할 것을 권유했다.

다음은 현재 문정아중국어 홈페이지 안의 내 직판 영상에서 볼 수 있는 멘트의 일부다.

"미래창조과학부 발표에 따르면 우리는 매일 스마트폰을 4시간 반이나 이유 없이 봅니다.[1] 방송통신위원회에 따르면 우리는 매일 TV를 3시간 이상 멍하니 봅니다.[2] 한국콘텐츠진흥원에 따르면 우리는 매일 웹툰을 20분이나 의미 없이 봅니다.[3]

이렇게 버려진 엄청난 시간에 이 탭을 봤으면 지금쯤 당신은 원어민 수준이 되고도 남았을 겁니다. 타임지에 따르면, 아이가 20세까지 TV 앞에서 보내는 시간은 무려 2만 시간이라고 합니다. 그 시간에 당신의 아이에게 문정아중국어를 보게 했으면 이미 대륙의 외교관이나 동시 통역사쯤은 가뿐히 넘었을 겁니다. 시간은 연료와 같아서 한곳에 써버리면 다른 곳에는 쓸 수 없습니다. 하루를 초로 환산하면 8만 6,400초입니다. 시간은 공평합니다. 아기라고 시간이 덜 주어지는 것도 아니고, 대통령이라고 더 주어지는 것도 아닙니다. 백수도, 수험생도, 직장인도, 누구에게나 오늘 하루 똑같은 8만 6,400초가 주어집니다. 다만, 그 시간을 어떻게 쓰느냐에 따라 각자의 미래가 달라지는 것입니다.

오늘 하루 어떠셨습니까? 지하철 안 사람들의 모습을 보세요. 하나같이 스마트폰만 바라봅니다. 많은 사람들이 웹툰이나 게임, 방송 다시보기 등을 볼 뿐 생산적인 것은 하지 않습니다. 아까운 시간을 의미 없이 그냥 흘려보냅니다. 그 시간에 당신은 이 탭을 보는 겁니다. 자투리 시간의 힘을 아십니까? 때로는 5분 공부가 1시간 공부보다 더 효율적일 때가 있다는 사실을 공감하시지 않습니까?"

현재 해당 상품 웹페이지에서 매출로 직결되는 좋은 반응을 얻고 있다. 이 회사에 수험생과 직장인만 유입되는 것은 아니지만, 이들을 중심으로 매출이 발생하면 타 계층으로도 서서히 번져나간다. 심지어 전업주부라고 시간이 남아도는 것은 아니기 때문에 공감을 하고 관심을 보이게 된다.

여기까지 공감했다면 잠시 책을 내려놓고 당신 옆에 놓여 있는 스마트폰으로 이제부터 내가 제안하는 것을 실험해보라. 이 책의 사례들이 진실하다는 증거와 다른 사람의 사례에 그치는 것이 아니라, 당신도 돈을 벌 수 있다는 가능성을 직접 볼 수 있게 해줄 것이다.

당신은 돈 한 푼 들이지 않고 옷가게를 낼 수 있다. 먼저 인터넷에 블로그를 만드는 것이다. 그런 다음 고객이 유입될 수 있도록 연관 검색어, 즉 태그를 건다. 이때 뭐라고 올릴 것인가? 예쁜 청바지를 팔고 싶으니 '청바지'를 태그로 걸 것인가? 어림도 없다. 인터넷 검색창에 '청바지'라고 쳐보라. 수없이 많은 브랜드와 상호가 뜬다. 그 업체들을 이기고 맨 위에 글을 올리기란 불가능하다. 비싼 광고비를 지불해도 순위에 조금 오르다가 내일이면 다시 사라지고 만다.

그렇다면 이번에는 '청바지 싸게 파는 매장'이라고 쳐보라. 이책을 쓰는 시점으로 한 곳도 없다. 한마디로 대표 키워드가 아닌, 세부 키워드로 승부하라는 것이다. 이런 세부 키워드는 중고등학생도 검색해서 들어온다. 세부 키워드로 범위는 좁혔지만 실제 구매층은 더 넓힐 수 있다는 말이다.

세부 키워드는 목적 구매가 뚜렷하기 때문에 구매 전환율이 매우 높고, 광고비도 싸다. 이런 세부 키워드를 계속 늘려가는 것이다. 예를 들어 '노트북 화면 밝기 조절하는 방법'이라고만 키워드를 입력해도 당신의 컴퓨터 판매 쇼핑몰이 뜨게 할 수 있다. 당장 구매하지 않더라도 컴퓨터 유저들의 뇌리에 각인시킬 수 있으니 브랜드 홍보도 되고, 클릭을 안 했으니 광고비 1원 안 들이고 공짜로 광고한 셈이 된다. 이런 세부 키워드를 수만 개 보유한다면 당신의 쇼핑몰은 개인 쇼핑몰에서 생활 속 브랜드로 자리매김할수 있다. 과녁을 좁히면 성공 전략이 생기는 법이다.

타깃 선정
허공에 창을 던지면 아무도 안 맞는다

타깃을 어림짐작하지 마라

타깃을 잡을 때 막연하게 어림짐작해서는 빗나가기 쉽다. 그럼 어떻게 타깃을 찾아야 할까?

한 가지 퀴즈를 내겠다. 간편식 시장이 급증하고 있다. 편의점, 요식업, 배달 업체까지 간편식 시장에 뛰어들고 있다. 이런 간편식 시장의 주요 소비층은 누구라고 생각하는가? 1인 가구라고 생각한다면 당신은 틀렸다. 정답은 가정주부다.

2018년 1월에 시장조사 기관인 칸타월드패널이 5,000가구를 대상으로 조사한 결과다. 남편은 눈 뜨면 출근해 야근하느라 매일 늦고, 중고생 자녀는 학원에서 늦게 오니 주부들은 어쩔 수 없이 혼자 밥을 먹게 된다. 그러니 타깃을 어림짐작해서는 안 된다. 또한 타깃 시장은 반드시 좁을 것이라고 막연히 생각해서도 안 된다.

그렇다면 오로지 가정주부만을 상대로 장사하면 성공할 수 있을까? 결론부터 말하자면 가능하다. 대한민국의 가정주부 숫자는 약 700만 명이다. 이는 광역시를 제외한 전라남북도, 충청북도, 강원도 인구에 맞먹는 숫자다. 가정주부는 쇼핑이 자유롭고 구매 관심도가 높은 편이다. 이 넓은 구매 밭을 어떻게 개척할 것인지 전략을 세워보라. 노인을 대상으로 하는 상품은 어떨까? 노인 인구 역시 700만 명이 넘는다.[4] 만일 당뇨가 있는 분들을 대상으로 당뇨에 좋은 건강식품을 출시하면 매출이 나올까? 당뇨 인구도 700만 명이 넘는다.[5] 우리의 타깃 시장은 독자의 생각보다 실상은 매우 넓을 수 있다.

스포츠 음료 게토레이는 누가 가장 많이 마실까? 당연히 운동선수나 레저를 즐기는 사람들이 떠오를 것이다. 정답은 온라인 게이머로, 야외 활동과는 전혀 상관없는 사람들이다. SNS상에서 게토레이를 언급하는 빅 데이터를 뽑아본 결과 이들이 가장 관심이 많은 실소비자 군이었다. 그러니 게토레이는 한강 시민공원 편의점보다 PC방에 납품하는 것이 더 나을 수도 있다. 이처럼 허공에 창 던지듯 무작정 팔기보다 타깃을 잘 잡고 판매를 위한 노력을 해야 한다.

대형 마트 방문 고객은 크게 두 부류다. 그냥 놀러가듯 들르는 사람과 꼭 필요한 물건을 사기 위해 들르는 사람이다. 후자의 경우는 평일 방문자일까, 주말 방문자일까? 대부분 평일이다. 구입할 물건을 머릿속에 넣고 오는 평일 방문 고객은 쇼핑 목적이 분명하다. 하지만 주말 방문 고객은 목적 없이 더위를 피해 오거나, 주말에 가족과 할 일이 없어 소일삼아서 오거나, 그것도 아니면 그냥 습관적으로 매장 여기저기를 돌아다니면서 구경하는 사람들인 경우가 많다. 따라서 평일과 주말 매장 진열은 달라야 한다. 주말은 맥주처럼 안 사도 그만인 기호 식품 진열을 많이 한다거나, 1+1 행사나 몰빵데이 같은 가격 할인에 눈이 휘둥그레져서 사행성으로 물건을 집도록 만드는 동선을 배치해야 한다.

알리지 말고 알게 하라

섹시한 속옷은 누가 많이 살까? 놀랍게도 30대 남성이다. 매번 그런 것은 아니지만 홈쇼핑몰 접속자 빅데이터를 뽑아보면 남성들이 여자 친구나 아내에게 입히기 위해 섹시한 속옷을 더 많이 검색하는 것으로 나타난 적이 있다.

롯데타워가 지어질 때 참 말이 많았다. 콘크리트 균열, 싱크홀, 영화관 진동, 수족관 누수 등 끊임없는 잡음 속에 건물을 올렸다. 건물이 올라갈수록 언론의 부정적인 목소리도 함께 올라갔다. 당신이 롯데건설의 대표라면 이런 구설수를 잠재우기 위해 어떻게 할 것인가? 당연히 뉴스와 신문 기자들을 대상으로 부지런히 로비를 해야 한다고 생각할 것이다. 그런데 시공사인 롯데건설은 방향을 틀어 타 건설사에 근무하는 홍보 담당자들을 타깃으로 삼았다. 롯데건설 은 대한민국 주요 건설사의 홍보 담당자 50명을 모아놓고 그들에게 롯데타워가 안전하다는 취지의 설명회를 열었다. 왜 그랬을까?

각 회사의 홍보팀 직원들은 언론사와 소통하는 것이 주 업무 다. 그들에게 롯데타워가 안전하고 견고하다는 인식을 심어놓기만 하면, 그들은 자발적으로 언론사에 '생각보다 안전한 것 같더라'는 입소문을 내게 된다. 그리고 소문을 들은 언론사는 롯데타워에 취 재 요청을 하게 되고, 결과적으로 롯데 측에서 직접 언론사에 접촉 하는 목적성 접근보다 훨씬 큰 효과를 거둘 수 있다. 알리는 것보다 알려고 할 때 상대보다 우위에 서게 된다는 좋은 본보기다.

나의 제자로 지금은 슈퍼스타가 된 한 연예인의 무명시절 이야 기다. 외부 촬영을 나가면 정말 고달프다. 나도 많이 해봐서 잘 안다. 감독의 사인이 끝나고 중간중간 쉬는 시간이 있는데, 이때 방송 스 태프들은 삼삼오오 모여서 담배를 피운다. 어느 날 이 친구는 스태 프들이 어떤 담배를 피우는지 유심히 관찰했다가 다음날 각자의 기 호에 맞는 담배를 사다 모든 스태프들에게 돌렸다. 그는 '2,500원(당 시 담뱃값)으로 1인당 2만 5,000원짜리 회식비를 지원하는 것보다 훨 씬 훌륭한 효과'를 보았다고 내게 말했다. 그는 연기력보다 타깃팅 능력이 좋은 친구다.

왜 그 사람이 말하면 사고 싶을까?

전략적 노출
전지적 고객 시점을 가져라

내가 맞춰야 하는 고객은 누구인가?

　　　　　　　　　　두 번째 석사학위를 취득하기 위해 대학원에 다닐 때였다. 학생들은 교수를 지도 교수와 시간 강사 두 종류로 본다. 대부분의 학생들은 지도 교수에게만 집중한다. 특히 특수 대학원 학생들은 직장인이 대부분이라 직장 생활과 학업을 병행하기 어려워 지도 교수와의 관계에 더욱 신경 쓴다.

　　주말이면 함께 골프를 치는 등 자신의 사회적 지위를 이용해 교수에게 아낌없이 지원한다. 논문 심사 시즌이 되면 교수실은 선물로 가득하다. 하지만 나는 타깃을 시간 강사 쪽으로 돌렸다. 이유는 간단하다. 어차피 3학점을 주는 것은 지도 교수나 시간 강사나 똑같기 때문이었다.

나는 강사들은 따로 조교가 없어서 리포트를 걷어도 출력물을 직접 들고 돌아가야 한다는 점을 발견하고, 고급 리포트 폴더를 사서 학차별로 분류해 걷어드렸다. 또 어떤 강사 분에게는 CJ 외부 자문 컨설팅을 의뢰하면서 전임 교수들과 같은 비용으로 회사에 기안을 올렸다. 그분들도 모두 박사이니 꼭 ○○대학교 교수팀이 아니어도 ○○ 박사로 올리면 되니까 말이다.

이런 나의 타깃 공략은 학점으로 보상받았다. 다른 학생들이 까다로운 시간 강사들로부터 폭탄 학점을 받았을 때도 나는 살아남았고, 같은 A+이라도 남들은 95점 A+을 받을 때 나는 100점짜리 A+을 받았다. 교수들은 99점은 줘도 100점은 쉽게 주지 않는다. 100점을 준다는 것은 학생의 학문적 소양이 선생과 같다는 것을 인정하는 것이기 때문이다. 나는 실력으로, 실력이 안 되면 성실함으로, 성실함이 부족하면 인간성으로 승부하는 전략을 써서 학부와 대학원 모두 장학생으로 다닐 수 있었다.

남대문에 안경을 끝내주게 잘 파는 소문난 안경점이 있다. 이곳 사장님의 노하우를 들어보니 그는 안경점에 손님이 들어오면 얼굴부터 탐색한다고 했다. 손님이 저렴한 패션 안경테를 쓰고 있다면 국산테 진열대로 안내하고 비싼 수입 안경테를 쓰고 있다면 수입테 진열대로 안내한다는 것이다. 중요한 것은 "이런 건 어떠세요?" 하고 손님에게 안경테를 권할 때 기존에 쓰던 유형에서 완전히 새로운 타입을 써보라고 하지 않는다는 것이다. 그는 손님의 스타일에서 크게 벗어나지 않는 비슷한 것을 권해줄 때 가장 구매율이 높다고 말했다.

JTBC의 프로그램 〈냉장고를 부탁해〉에 영국의 유명 셰프 고든 램지가 출연해서 셰프 이연복 씨와 요리 대결을 벌였다. 투수 오승환 씨가 두 셰프의 요리를 평가했는데 고든 램지의 손을 들어줬다. 인상 깊었던 지점은 고든 램지가 영국식 요리를 한 것이 아니라, 한국인 입맛에 맞게 한국식 음식을 만들어 승리했다는 것이었다. 즉, 고든 램지는 타깃팅에 성공한 것이다. 대결이 끝난 뒤 그는 "다음에는 한국인 셰프들이 영국으로 와서 영국 재료로 다시 대결하자"고 말했다. 본인이 한국에 와서 한국 재료로 한국인에게 승리했다는 점을 더욱 강조한 것이다. 자신이 가장 잘할 수 있는 요리가 아니라 상대의 취향에 맞는, 평소에 해보지도 않았을 한국식 요리를 선택한 도전 정신을 보니 그가 왜 유명 셰프인지 알 것 같았다.

데이터 마이닝과 타깃 전략

인종과 나라, 지역적 특색과 관심사에 따라 구매 패턴은 매우 다르게 나타난다. 베트남 소비자는 하루 먹을 식품만 장을 본다. 오토바이로 움직이다보니 음식을 쉽게 구매할 수 있기 때문이다. 반면에 몽골 소비자는 일주일치 이상 먹을 양을 구입한다. 한 번 장을 보려면 자동차를 타고 $20km$ 이상을 가야 하기 때문이다. 이러한 이유로 베트남과 몽골 소비자는 서로 정반대의 구매 패턴을 보이는 것이다.

전라도로 기업 강의를 가면 내 이력을 소개할 때 〈조선일보〉 칼럼니스트였다는 말을 절대로 하지 않는다. 반면에 경상도에 가면 〈한겨레신문〉 기사를 인용하지 않는다.

장문정을 박쥐라고 비난하지 마라. 성서의 많은 부분을 쓴 바울도 "유대인에게는 유대인처럼, 율법 아래 있는 사람에게는 율법 아래 있는 사람처럼, 율법 없는 사람에게는 율법 없는 사람처럼 되었다. 한마디로 모든 부류의 사람에게 모든 것이 되었다"라고 말하지 않았는가.[6]

우리는 모든 고객이 원하는 모양에 맞는 트랜스포머가 돼야 한다. 그래서 대상에 맞는 몰입을 해야 한다. 여행사는 각 타깃에 맞는 다음과 같은 광고 문구를 내세운다.[7]

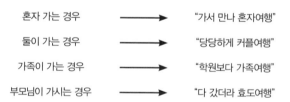

혼자 가는 경우	⟶	"가서 만나 혼자여행"
둘이 가는 경우	⟶	"당당하게 커플여행"
가족이 가는 경우	⟶	"학원보다 가족여행"
부모님이 가시는 경우	⟶	"다 갔더라 효도여행"

당신이 여행사 직원이고 중국 장가계 상품을 팔아야 한다면 핀

왜 그 사람이 말하면 사고 싶을까?

셋 전략을 어떻게 세울 수 있을까? "부모님을 위해 선택하세요"와 같은 단순한 문구보다는 좀 더 구체적으로 고객의 라이프 사이클 속에 들어가서 말해주면 구매력이 훨씬 높아진다. 여행사 참좋은여행의 장가계 상품 광고가 좋은 예다.

"정신없이 남편과 애들 밥해 먹여 보내고 쌓인 빨래에 청소기 돌리고 나니 해가 뉘엿뉘엿, 한 번쯤 부담 없이 떠나요. 나 없어도 생각보다 잘 먹고 잘 있더라고. 저녁 출발이니 곰탕 한 솥 가득 끓여놓고 떠나볼까요?"

타깃 대상의 삶 속에 깊이 들어가 그 대상이 여행을 꼭 가고 싶도록 만드는 문구다.

이렇게 표적 시장 소비자를 정확히 분석해서 정보를 추출해내고, 고객 데이터를 찾는 것을 데이터 마이닝이라고 한다. 이 데이터 마이닝을 이용하여 수용자들의 24시간을 면밀히 관찰하고 적극적으로 공략하는 전략이 타깃 전략이다.

예전에 광고 대행사 이노션이 제작한 현대자동차 '투싼 IX' 광고를 한번 살펴보자. 시간대별, 요일별, 매체별로 카피를 다양하게 시시각각 바꿔 마치 TV 앞 시청자의 라이프스타일을 지켜보며 대화하듯 메시지를 전달했다. 광고 문구를 무려 15가지 버전으로 만들었는데, 그 모든 광고는 소비자의 상황에 맞게 전략적으로 노출됐다.

평일 아침	당신이 TV 앞에 앉아 잠에서 깨어나고 있는 지금, IX는 이미 그녀의 웃음소리와 함께 굿모닝!
평일 낮 시간대	당신이 멍하니 TV 앞에 앉아 헤어진 여자 친구나 생각하는 지금, IX는 새로운 여자 친구의 웃음소리와 함께 고속도로에 들어서고 있다.
평일 초저녁 시간대	당신이 TV 앞에 앉아 낮에 본 그녀를 생각하는 지금, IX는 당신이 봤던 그녀와 함께 멋진 밤을 시작하고 있다.
평일 드라마 방송 직전	당신이 멍하니 드라마를 기다리는 지금, IX는 드라마틱하게 그녀의 입술을 훔치고 있다.
평일 밤	당신이 막 잠자리에 들려는 지금, IX는…
주말 낮	무료하고 심심한 휴일, 당신이 채널이나 돌리고 있는 지금, IX는…
케이블 드라마 방송 시	당신이 미드와 함께 24시간을 보내는 지금, IX는…

이처럼 고객의 라이프스타일을 분석하고 생활 패턴과 시간대, 매체별, 관심별로 시청자들의 연령대까지 고려하고 분석하여 대상에 맞는 타깃팅을 해야 한다. 어쩌다 걸려라 식이 아니라 소비자의 라이프 사이클을 겨냥해서 의도적 노출intentional exposure 또는 목적 지향적 노출purposive exposure을 해야 한다.

지금 당장 당신도 할 수 있는 쉬운 방법이 있다. 영업과 세일즈를 하는 사람들은 고객 전화번호부의 수백, 수천 명의 이름들 중 자신의 이름이 늘 기억되고 쉽게 떠오르기를 바란다. 그러면 카카오톡 프로필 설정에 들어가 당신의 이름 앞에 ㄱ을 붙여보라. 'ㄱ장문정' 이렇게 저장해두면 된다. 카카오톡 전화번호부는 가나

다순이기 때문에 상대는 카카오톡을 열면 맨 위에 있는 내 이름부터 보게 된다. 이 또한 전략적 노출이다.

내 메시지가 우연히 고객의 눈에 들어올 것이라고 기대해서는 안 된다. 적극적으로 고객에게 맞춰가야 한다. 어떤 사람을 사모한다면 그 사람이 지나다니는 길목에서 그의 눈에 들어야 한다. 춘향이의 전략을 상기해보라. 집에만 있지 않고 일부러 눈에 띄는 드넓은 야외에서 이몽룡에게 선제 추파를 던지지 않았던가?

마케팅 미뢰
제품보다 소비자를 연구하라

쥐덫과 쥐약, 하나만 팔아야 한다면?

혀에는 맛을 느끼는 '미뢰'가 있다. 연구 결과에 의하면 미뢰의 개수는 사람마다 매우 큰 차이를 보인다고 한다. 1만 개나 되는 사람이 있는 반면 500개밖에 안 되는 사람도 있다. 대부분의 동물들은 매우 예민한 미뢰를 가지고 있어서 뱀은 혀를 날름거릴 때 공기 중의 맛까지 분석하고 느낄 수 있고, 메기는 물속에서도 리터당 $100mcg$ 이하의 맛을 감지하며, 나비는 0.0003%의 저농도 설탕물도 감지한다고 한다.

고객을 파악하는 당신의 마케팅 미뢰는 얼마나 발달돼 있는가? 고객을 정확하게 분석할 준비와 자료를 얼마나 갖고 있는가? 고객을 파악하는 감각은 몇 점인가?

나는 과거 2G폰 시절부터 휴대폰을 방송으로 판매했다. 초창기 고객들의 니즈는 소프트웨어였기 때문에 앱이 많고 쓰임새가 많은 아이폰을 선호했다. 이내 하드웨어 쪽으로 트렌드가 바뀌어서 큰 화면과 터치감, 디자인으로 관심이 몰리더니 다시 소프트웨어로 바뀌었다. 그리고 다시 하드웨어로 바뀌어 카메라 성능, CPU, 용량 등에 관심을 갖게 됐다. 지난 10년간 나는 스마트폰과 관련해 네 번의 트렌드가 바뀌는 것을 경험했다.

과거에는 고객이 통신사를 선택할 때 속도 하나만 따졌다. 그 후 관심사는 통신사 혜택으로 옮겨갔다. 어느 통신사 포인트가 빵집이나 영화 할인이 더 많이 되는지를 따졌던 것이다. 그러다 다시 트렌드는 가입 혜택으로 바뀌어서 새 휴대폰으로 번호 이동 시 기기 값을 더 저렴하게 아낄 수 있나 따지게 되었다. 그러니 만약 휴대폰 대리점 총각이 "우리 통신사가 속도가 빨라요" 하고 속도 자랑만 한다면 하루 내내 한 대라도 팔 수 있겠는가?

이처럼 타깃은 시시각각 변한다. 고객은 흔들리는 과녁이다. 타깃을 제대로 찌르지 못하는 뭉툭한 메시지는 고객을 공략하지 못한다. 마치 글러브 끼고 단추 채우는 격이며 골무 끼고 기타 연주하는 격이다.

만약 당신에게 쥐약과 쥐덫 중 하나를 팔라고 하면 어느 것을 선택하겠는가? 쥐약을 선택해야 한다. 쥐가 약을 먹고 어디 가서 죽어버리는 게 낫지, 허리가 잘린 쥐를 덫에서 분리시킨 뒤 쓰레기봉투에 담아서 버리고 싶은 사람은 1명도 없을 것이다. 그런데도 최신형 쥐덫이 나왔다고 "이런 멋진 성능 보소" 하면서 열심히 떠들고 있다면, 이것은 소비자 패턴 분석을 못하고 있다는 얘기다.

내 기준이 아닌 소비자 기준

미국에서는 매년 대규모 와인페어가 열리는데, 한국의 많은 레스토랑과 요식업종 대표들도 참가한다. 이곳에 가면 진열돼 있는 모든 와인을 공짜로 마셔볼 수 있다. 한 요식업 대표와 동행한 적이 있다. 그런데 그는 나와 보는 시각이 달랐다. 나 같은 일반인들이 이런 곳에 갔을 때의 기준은 하나다. '언제 이런 걸 또 마셔보겠어' 하는 생각에 고가의 와인 위주로 홀짝거린다. 하지만 그는 자신의 매장에 오는 손님들의 입맛을 생각하면서 맛을 보았다. 선택 기준도 가격이 아니라 손님의 기호였다. 어떤 것은 200불짜리보다 7불짜리가 한국 사람의 입맛에 더 맞다고 말해주기도 했다. 그리고 늘 그 맛이 적중한다고 했다. 내 기준이 아니라 철저히 소비자 기준에 맞추었기 때문이다.

마케팅 회사 오디언스블룸의 CEO 제이슨 드머스는 이렇게 말했다.

"제품이 아니라 소비자에 집중하라. 제품이 아무리 좋아도 소비자가 사지 않으면 소용없다. 항상 어떤 제품을 내놓아야 소비자가 행복해 할지 염두에 둬야 한다."

슈렉을 만든 세계적인 애니메이션 회사 드림웍스의 대표 제프리 카젠버그는 고객을 심지어 보스로 모시라고 조언한다.[8]

미국에서 협업하는 회사가 계속해서 한국에 출시 가능한 상품의 샘플들을 보내오는데, 제품은 같아도 소비자가 다르기 때문에 미국에서 대박 나는 상품이 한국에서는 관심을 못 받을 수도 있다. 최근에도 손잡이에 끼우는 교체형 칫솔모가 미국에서 대박이라면서 한국에도 팔아보자고 해서 상품 미팅을 했다. 하지만 나는 이 상품이 한국에서 잘 팔리지 않을 것을 알았다. 한국 소비자들은 전체를 버리고 새로 사길 원하기 때문이다. 같은 제품, 다른 소비자라고 보면 된다.

『넥스트 소사이어티』를 저술한 피터 드러커는 자신의 90번째 생일에 "그동안 나는 기계나 건물이 아닌 사람을 주목했다"라고 자신의 연구를 한마디로 압축했다. 우리도 제품이 아니라 소비자를 탐구해야 한다.

옛 직장 동료 중 적당히 친한 미국인이 있었다. 모험심이 대단한 그는 휴가를 내고 미국 뉴욕에서 포르투갈 리스본까지 무동력 요트를 타고 북대서양을 홀로 건너는 일을 계획했다. 나는 그러다 죽을 수도 있는데 왜 그런 모험을 하느냐고 물어봤다. 웃으면서 그가 하는 대답이 "멋있잖아!" 한마디였다. 어이가 없었다. 나는 그러면 멋있게 와인을 치켜들고 음악과 바다를 즐기면서 출발하느냐고 물었다. 정색하면서 그런 일은 없다고 하더니 출발하는 순간이 가장 중요해서 정신 바짝 차리고 핸들을 꼭 쥐고 떠난다고 했다. 그 이유는 출발할 때 단 1도만 틀어져도 도착지는 리스본에서 90㎞나 떨어진 엉뚱한 곳에 도착하기 때문이다. 첫 방향을 조금만 잘못 잡아도 목적지인 서울이 아닌 천안에 도착할 수 있다는 말이다.

마찬가지다. 지금 준비하는 계획의 방향을 조금만 잘못 잡아도 엉뚱한 결과가 나올 수 있다. 그래서 타깃 전략은 더 신중하고 철저해야 한다. 백범 김구 선생이 애송했던 서산대사의 시 '설야雪夜'에는 이런 구절이 나온다.

"눈 덮인 들판을 걸어갈 때는 함부로 걷지 마라. 오늘 걷는 나의 발자국은 뒷사람에게는 길이 된다."

당신이 잘못 내디딘 그 발자국을 다음 사람이 따라갈지도 모른다. 반대로 당신 앞의 선배들이 밟은 잘못된 길을 밟을 수도 있다. 그러니 방향을 잘 잡자. 명중시켰을 때의 쾌감은 이루 말할 수 없다.

2장

시즌 언어,
잘 사게 되는 시간을 노려라

타이밍 법칙
언제 파느냐가 중요하다

2006년 6월, 독일 월드컵 열기로 전 세계가 뜨거웠다. 24일 새벽에는 한국과 스위스 전에서 한국이 2대 0으로 완패해 집집마다 탄식하는 소리가 터져 나왔다. 그냥 졌으면 그나마 다행인데, 심판이 편파적이고 오심을 했다는 이유로 밤새 응원했던 사람들이 잔뜩 열이 받은 상태로 다음날 아침 출근을 했다.

　문제는 이때부터였다. 오전 7시에 생방송을 끝내고 나니 8시에 하필 한참 인기 있었던 스위스 브랜드 특집 방송이 잡혀 있었다. 타이밍이 끝내줬다. 스위스에 억울하게 지고 잔뜩 화가 난 사람들에게 스위스 물건을 사라고 하게 생겼으니 말이다. 이 상품을 소개했다간 민족의 역적이 될 것이 뻔했다. 담당 PD와 MD의 얼굴도 하얗게 질렸다.

결국 생방송이 시작되기 직전 타 상품 재방송으로 긴급 편성됐다. 이날 만일 한국이 승리했다면 이 상품은 초대박이 나고도 남았을 것이다. 이 경우는 상품이 문제가 아니라 타이밍이 문제였다.

밴쿠버 동계 올림픽이 한창이었던 2010년 2월 26일. 정오가 조금 지난 시각에 김연아 선수의 결승전이 있었다. 세계 기록을 갱신하며 금메달을 따던 그 순간이었다. 나는 김연아 선수의 경기 이후 생방송이 잡혀 있어서 회사에서 경기를 지켜보고 있었는데, 모니터로 방송 주문 콜을 보다가 정말 진귀한 장면을 봤다. 김연아 선수가 금메달을 따는 그 순간 주문 콜이 0을 찍는 것이었다. 아무리 홈쇼핑 시청률이 낮다 해도 주문 콜이 제로인 경우는 한 번도 없었다. 심야 재방송을 틀어도 콜이 나오는데 말이다.

당황한 MD는 전산이 고장 난 게 아닌가 싶어 본인 휴대폰을 눌러 주문 전화로 걸어보는데 그 순간 곧바로 1콜이 올라왔다. 그 상품은 평소 인기 상품이었는데도 정말 전국적으로 단 1명도 관심이 없었던 것이다. 이 두 경험에서 알 수 있듯이, 아무리 좋은 상품이라도 '무엇'을 파느냐보다 '언제' 파느냐가 중요할 수 있다.

타이밍을 보고 움직여라

"타이밍이 나빴다"라는 말을 할 때가 있다. 이보다 더 나쁠 수 있을까? 내 경우 잘 다니던 대기업에

왜 그 사람이 말하면 사고 싶을까?

사표를 던지고 정확히 2주 뒤에 IMF가 터졌다. 타이밍이 나빴다.

　세일즈 마케팅 전문가인 나는 이 분야에 대한 책과 칼럼만 써 오다가 인문학 분야에 도전을 해봤다. 외로움에 대한 책이었는데, 3년간 직장인 2만 명의 설문을 받는, 시간과 비용이 많이 든 외로운 작업이었다. 그런데 출간일이 시기와 맞지 않았다. 한동안 붐이었던 힐링 트렌드가 지나가고『독해져라』『외로워야 성공한다』『사람 만날 시간에 자기계발 하라』『남는 건 나 자신뿐』과 같은 책들이 베스트셀러가 되는 상황에서 내 책 제목은『사람에게 돌아가라』였다.

　어떤 독자는『혼자가 되라』『외로움을 즐겨라』같은 책들 사이에 내 책『사람에게 돌아가라』를 함께 찍어 올리면서 "어쩌라는 거냐?"라고 SNS에 한마디를 남겼다. 정말 타이밍이 나빴다.

　내 경우는 아무것도 아니다. 2016년 6월 5일, 프랑스 동부 브장송에 있는 맥도날드에 젊은 무장 강도 2명이 샷건으로 위협사격을 하며 들이닥쳐 현금을 강탈하려 한 일이 있었다. 하필 그 시간에 대테러 특수부대 GIGN 부대원 11명이 비번이라 맥도날드에서 아침 식사를 하고 있었다. 결국 무장 강도들은 테러 진압 특공대들에게 얻어맞고 병원에 이송되었다가 구속되었다.

　대학 시절, 교수 식당에서 설거지 아르바이트를 했을 때의 일이다. 온몸에 세제를 뒤집어쓰고 혼이 나갈 정도로 바쁜 시간이었다. 컵을 씻어서 살균 건조기에 넣고 있는데 뒤에서 누가 내 어깨를 톡톡 치는 것이다. 돌아보니 전자공학과 교수님이었다.

"학생, 컵의 위치가 잘못됐네" 하면서 컵을 뒤집어 넣으면 살균이 안 되는 이유가 자외선의 조사가 위에서 분출되기 때문이며… 전류 공식에 따르면… 광선 도달 위치가… 등 정말 눈이 튀어나올 정도로 바쁜 내게 공학 강의를 하고 계셨다. 나는 학생 신분이라 별다른 항변도 못하고 온몸에 세제 물을 흘려가며 그 더운 여름날 5분 이상 잔소리를 들어야 했다.

때에 맞는 멘트를 해라. 참았다가 말하는 유연함을 길러라. 타이밍을 잘 선택해야 한다.

적합한 상황과 때를 찾아라

어느덧 시간이 흘러 나도 대학원에서 강의를 하게 됐다. 한번은 강의하는 교수들과 '수업할 때 제일 싫은 학생 유형은 누구인가'에 대해 얘기를 나눈 적이 있다. 조는 학생, 딴 짓 하는 학생, 자리를 자주 이탈하는 학생 등 다양한 유형이 나왔는데 어느 한 유형에서 모두가 공감했다. 바로 쉬는 시간에 질문하는 학생이다. 열의는 이해하지만 질문에 답하느라 쉬는 시간조차 쉬지 못하고 바로 수업에 들어가야 하니 정말 피곤해진다. 쉬는 시간을 갖는 이유는 말 그대로 그 시간만큼은 학생도 선생도 잠시 쉬라는 취지에서다.

왜 그 사람이 말하면 사고 싶을까?

한국금융연수원에서 시중 17개 은행 지점장들을 상대로 수년간 강의를 하고 있다. 아마도 전국 대부분의 은행 지점장들은 내 수업을 들어봤을 것이다. 사실 눈빛이 초롱초롱한 젊은 학생들보다 나이가 지긋하고 집중력도 오래 못 가는 이분들과 수업할 때가 가장 행복하다. 이분들은 어떤 일이 있어도 쉬는 시간에 내게 개인적으로 질문하지 않고(물론 수업 시간에도 질문하지 않는다) 편하게 쉴 수 있게 내버려두기 때문이다.

생방송을 하는 사람들은 한쪽 귀에 이어피스를 꽂고 부조정실의 PD와 실시간으로 사인을 주고받으며 진행한다. 과거에 생방송을 하면서 이어피스를 오래 사용해서인지 한쪽 귀가 망가져서 이명 현상이 생겼다. 늘 한쪽 귀가 먹먹하고 꽉 막힌 듯 불편해서 대학 병원에 예약을 했는데, 희한하게도 의사 앞에 가는 날에는 멀쩡했다가 병원에서 돌아오면 다시 안 좋아지는 어이없는 현상을 되풀이했다. 이런 현상을 '장기 예약 대기 증후군'이라고 한다. 어디가 아파서 큰 병원의 명의에게 진료 예약을 했는데 환자가 너무 많으니 한 달 뒤에 오라고 한다. 그런데 막상 그 날짜가 되어 의사 앞에 서면 멀쩡해진다는 뜻이다. 죽을 것 같아서 왔는데, 막상 의사 앞에 앉으면 정상인이 되니 당황스럽다.

한번은 친한 영화감독에게 "영화를 만들 때 뭐가 제일 중요합니까?" 하고 물었다. 그는 곧바로 "대진운이죠"라고 대답했다. 제아무리 대박 날 영화라 해도 초대박 영화 몇 편과 동시에 개봉되면 그들 속에 치여 떠돌다 사라지고 만다. 역시 타이밍이 중요한 일이다.

미국 워싱턴의 스미스소니언 박물관들을 방문한 적이 있다. 입구에서 보안 요원이 가방 검사를 하는데 내 물병을 보고 마셔보라고 요구했다. 염산 테러를 할 수 있기 때문이다. 내가 한 모금 마시고 윽, 하면서 쓰러지는 시늉을 하니 그는 깜짝 놀라며 당황했다. 웃으면서 "장난이에요Just for fun"라고 말했다. 그 흑인 보안 요원은 때와 장소를 봐가면서 장난치라고 정색하며 주의를 줬다. 농담과 개그도 상황과 때에 맞게 해야 한다.

너무 빨라도 실패한다

타이밍이 늦어서 실패하는 경우도 있지만 너무 빨라서 실패하는 경우도 많다.

"너무 늙은 세상에 너무 젊어서 왔다." 시대를 앞서간 음악을 만들어 음악계의 이단아로 불리는 작곡가 에릭 사티의 말이다.

이런 경우는 음악은 훌륭했지만 시대가 알아주지 못했다. 즉, 타이밍이 너무 빨랐다. 시대를 잘못 탄 경우는 또 있다. 뛰어난 화가였던 고흐는 너무 이른 시대에 태어나서 헐값에 그림 몇 점 못 팔고 죽었고, 피카소는 시대에 맞게 태어나 모든 명예와 부를 누리다 죽었다. 고흐의 뛰어난 그림을 시대가 못 알아줬으니 타이밍이 너무 빨랐던 것이다.

마케팅도 그렇다. 비슷한 예를 들어보자. 십 년 전쯤 얘기인데 내 주력 상품군 중에 건강식품이 있었다. 새로운 건강기능식품을 출시할 때는 내가 거의 도맡아 방송했던지라 CJ 제일제당이 출시한 '메타윈'이란 신상품의 진행도 맡았다. 당시 판매하는 거의 모든 종류의 건강기능식품을 다 팔아봤지만 천연 원료를 사용해서 대사증후군을 줄여주는 이 상품의 기능성은 당시에는 아주 새로웠다.

복부 비만, 고혈압, 당뇨, 중성 지방, 콜레스테롤 장애 5가지 중 3가지 이상의 병을 몸에 지니고 있으면 대사증후군 환자가 된다. 상식적으로 이런 상품은 앉아서 음악만 틀어줘도 팔려야 한다. 왜냐하면 한국의 성인 3명 중 1명이 대사증후군이고 고혈압 환자가 1,000만 명 이상, 당뇨 환자가 700만 명 이상이나 되기 때문이다. 누구라도 한 가지는 걸리는 질병이다. 그것을 해결해주는 식품이라니, 안 팔리면 말이 안 된다.

당시 CJ 제일제당은 야심차게 상품을 준비했고, 언론 활동과 마케팅도 열심히 해댔다. 지금도 인터넷에 '메타윈'이라고 검색해보면 신문기사에 "CJ 제일제당이 최근 심각한 사회 문제로 떠오르고 있는 '대사증후군' 확산 방지에 앞장서기로 했다"는 홍보성 기사를 읽을 수 있다. 그래서 제품 이름도 대사증후군을 이긴다는 뜻에서 메타윈이라고 지었다. 하지만 정작 나는 시작 전부터 못하겠다고 두 손을 들었다. 당시엔 시대 트렌드도 아니었고 이슈도 되지 않았으니까 말이다.

결과는 참담하다 못해 비참했다. 방송 목표 달성률이 아직도 기억난다. 18.18%, 한숨 나오는 수치였다. 이유가 뭘까? 한마디로 타이밍이 나빴다. 지금이야 대사증후군이 대중에게 많이 알려져 있지만 당시에는 생소한 말이었기에 몰라서 안 사 먹은 것이다. 신문에는 '최근 심각한 사회 문제로 유행'이라고 홍보했지만 정작 고객들은 대사증후군이 무슨 말인지, 그것이 왜 위험하며 왜 관리가 필요한지 학습이 안 된 상태에서 너무 빠르게 출시된 것이었다.

상품만 놓고 보면 정말 좋았다. 하지만 시대를 너무 앞서갔다. 지금 잘 정비해서 출시했다면 대박이 나고도 남았을 것이다. 다시 말하지만 세일즈는 타이밍이다.

물 들어올 때 노 젓기

증권사 PT 코칭을 하면서 늘 듣는 말이 있다.

"주식 투자에 좋은 종목은 없다. 좋은 타이밍만 있을 뿐이다."

오버슈팅이라는 금융 용어가 있다. 환율, 주가, 금리 등이 한순간 미친 듯 폭등하거나 폭락해서 금융 시장 참여자들이 과하게 빠지거나 들어오는 현상을 말한다. 시장은 이때 대목이다. 상대가 오버슈팅으로 이성을 잃었을 때 치고 들어가 이익을 챙기고 빠지는 것이다. 금융은 타이밍이다. 그래서 나는 미래에셋 대우증권의 PB들에게 세일즈 코칭을 하면서 이렇게 가르쳤다.

"기회는 계절처럼 급히 사라집니다. 너무 똑똑해서 의심하고 재고 따지느라 기회를 놓치는 지적 바보들이 있죠. 매수는 타이밍입니다."

'물 들어올 때 노 젓는다'라는 말처럼 마케팅에서도 타이밍이 중요하다.

우산은 장마철보다 소나기가 올 때 잘 팔린다. 대부분의 집에는 이미 우산이 넘치게 있다. 장마철에 굳이 더 살 이유는 없다. 빈손으로 집을 나섰다가 예기치 않게 만나는 비에 지갑을 연다.

보석이 가장 잘 팔리는 시기는 설날과 추석이 지난 직후다. 쇼호스트로 근무하던 시절 보석 방송을 많이 했는데, 명절이 지나면 방송이 많이 잡힌다. 명절 때 시댁에서 고생했으니 그 보상으로 나를 위해 돈을 쓰라는 것이다. 이때는 아내가 고가의 보석을 확 질러도 남편이 뭐라고 하지 못하는 절호의 기회다. 이처럼 상품마다 최상의 판매 타이밍이 있다. 반면 최상의 구매 타이밍도 존재한다.

"보험은 어느 것이 좋아요?"는 틀린 질문이다. "보험은 언제 드는 게 좋아요?"가 맞다.

병원 가서 쓴 돈을 돌려주는 의료실손보험은 2009년에 가입했어야 한다. 내가 보험 상품을 방송하던 2005년에 실비보험은 10년짜리가 대부분이어서 10년 뒤에 재가입을 해야 했는데, 그때는 나이가 더 올라가서 보험료도 비싸고 그 사이 병력이 생기면 가입이 거절될 수 있었다. 그러니 짧은 실손보험은 별로다. 그러다가 손해보험사들끼리 경쟁이 붙어서 하루 통원비가 50만 원으로 늘었다. 급기야 나는 2009년에 하루 통원비 100만 원까지 돌려주는 LIG 손해보험(지금의 KB 손해보험) 상품을 방송했다. 통원으로 MRI를 비롯한 어지간한 검사를 받아도 다 돌려받는 엄청난 보장이었다. 지금은 통원비가 하루 30만 원 한도이며 공제당하는 금액도 크다.

어린이 보험도 비슷한 시기에 가입해야 했다. 병원에 갈 때마다 무조건 1만 원씩 지급하는 신한생명 어린이 보험을 방송했다. 아이를 데리고 메디컬 센터를 돌면서 이비인후과, 소아과, 안과를 방문하면 하루 3만 원을 번다. 아이들은 잔병치레가 많기 때문에 콧물이라도 나오면 매일 병원을 안방 문 들락거리듯 다녀서 한 달에 100만 원이나 받아가는 부모도 있었다. 하지만 이 상품은 보험사로서 비용 감당이 안 되는 일이라 지금은 없어졌다.

암 보험은 2000년대 초에 가입했어야 한다. 나는 암으로 입원하면 하루 28만 원씩 120일간 지급해주는 뉴욕생명보험을 가지고 있다. 일반 암 진단금도 1억을 주며 지금은 흔한 암이 되어 몇백만 원 안 주는 소액 암으로 분류된 갑상선에 걸려도 5,000만 원

왜 그 사람이 말하면 사고 싶을까?

을 주는 슈퍼급 암 보험도 가지고 있다. 당시로서는 귀한 상품이 아닌 당연한 것이었다. 1990년대 말에는 확정 금리가 7%인 연금 상품도 있었다. 연금 개시가 되면 죽는 날까지 매달 월급처럼 돈이 입금된다. 노동의 대가가 아닌 타이밍을 잘 잡은 대가로 받는 돈이다. 이 모든 상품들은 지금 가입할 수만 있다면 반드시 그래야만 하는 타이밍 상품들이다.

저가 항공보다 싸게 대한항공이나 아시아나항공을 타고 제주도를 가는 방법이 있다. 세 가지 조건이 충족되면 되는데 겨울이고, 평일이고, 저녁에 타면 된다. 실제로 내 블로그에는 전 좌석이 비어 있는 대한항공 비행기에 나 혼자 몸을 싣고 출장을 떠나는 사진이 있다. 구매를 할 때도 타이밍을 잘 잡으면 확실히 돈을 절약할 수 있다.

상품이 좋다고 잘 팔리는 것도 아니고, 가격이 싸다고 잘 팔리는 것도 아니다. 결국 같은 물건도 고객이 확 끌릴 타이밍에 권할 때 지갑을 열게 된다. 그러면 이제 고객의 지갑을 열게 하는 타이밍을 본격적으로 살펴보자.

시즌 상품
계절의 힘은 지갑을 열게 한다

어긋남이 없는 계절 수요

계절의 힘은 절대적이다. 땀이 줄줄 흐르는 푹푹 찌는 여름에 감성적인 겨울시를 읽어줘 보라. 살을 에는 겨울에 시원한 여름 해수욕장 풍경을 보여줘 보라. 모두 헛일이다. 더운 여름엔 추운 겨울이 연상되지 않고, 추운 겨울엔 더운 여름을 아무리 떠올리려고 해도 실감나지 않는다. 흔히 계절은 감성적이라고 생각하지만 절대적이란 측면에서 이성의 힘이 작용하고 이성 언어의 범주에 속한다.

계절은 빗나감이 없다. 그래서 늘 예측 가능하다. 연말이 되면 이듬해 트렌드를 예측하는 책들이 서점에 쏟아진다. 수년이 지나서 그 책들을 다시 보면 코에 걸면 코걸이, 귀에 걸면 귀걸이 식이

왜 그 사람이 말하면 사고 싶을까?

었다는 사실을 알게 된다. 아니면 말고 식의 내용으로 한없이 무책임하다. 하지만 절대로 빗나갈 수 없는 것이 하나 있다. 바로 시즌 소구 또는 시즌 전략이다.

이런 계절 마케팅은 정확히 예측이 가능하며 그 예상은 틀릴 수가 없다. 당신은 다가올 여름에 수영복을 입을 것이고, 겨울에는 내복을 입을 것이다. 여름에는 수박을 먹을 것이고, 겨울에는 귤을 먹을 것이다. 한여름에 선풍기를 찾고 한겨울에 온열 매트를 찾지, 한여름에 담요 찾고 한겨울에 부채 찾지는 않는다. 그런데도 이 계절 마케팅을 소홀히 할 것인가? 계절이 예측 가능하다면 그 계절의 타이밍을 놓쳐선 안 된다.

| 아이스커피가 더 비싼 이유

계절의 힘을 더 알아보자. 뜨거운 커피와 아이스커피 중 어느 것이 더 비싼가? 아이스커피가 500~1,000원 더 비싸다. 왜일까? 소비자 설문을 해보니 다음 순서로 이유를 댔다.

1. 얼음이 더 들어서
2. 컵이 더 커야 해서
3. 샷을 더 추가해야 해서
4. 빨대가 달라야 해서

당신도 다른 사람에게 물어보라. 질문이 끝나기 무섭게 "얼음 때문에…"라고 대답할 것이다. 커피 회사들이 정말 그 이유 때문에 가격을 높게 책정했을까? 아니다. 정답은 '여름에는 값을 더 올려도 잘 팔리기 때문'이다. 겨울에는 돈을 주고 맛과 향 때문에 사 먹었다면 여름에는 청량감과 갈증 해소, 시원함으로 사 먹기 때문이다. 온몸에 땀이 줄줄 흐르는데 그깟 1,000원쯤은 어렵지 않게 더 지불할 의사가 있는 것이다. 이처럼 계절의 힘은 구매력을 좌우한다.

굳이 바쁜 한여름에 에어컨을

에어컨 기사들은 아무리 실력이 좋아도 보통 하루 두 대밖에 설치하지 못한다. 벽 뚫고 건물 외벽에 실외기 난간 설치하고 동 파이프를 매설하는 대규모 작업이라 시간이 오래 걸리기 때문이다. 설치할 에어컨을 아침에 세 대 이상 싣고 나가는 기사는 별로 없다. 그런데 한참 더운 여름 날 홈쇼핑에서 에어컨 방송을 하면 한 시간에 1,000대도 넘게 팔린다. 일주일에 서너 번 방송하면 수천 대를 파는 것이다. 게다가 나만 파는 것이 아니라 여기저기 모든 쇼핑 채널에서 다 팔아대니 일주일에 팔리는 숫자는 전국적으로 엄청날 것이다.

그래서 삼복더위에 에어컨을 주문하면 배송만 한 달 이상 걸리는 경우도 있다. 만약 당신이 7월 말에 무더위를 견디다 못해 에

왜 그 사람이 말하면 사고 싶을까?

어컨을 주문하면 심하면 8월 말, 다시 말해 가을의 문턱에 받아볼 수 있다는 얘기다. 한 에어컨 판매 담당자의 말을 빌리자면, 그렇게 늦게 배달받은 고객은 인간이 할 수 있는 모든 욕을 에어컨 회사에 쏟아낸다고 한다.

몸이 느껴야 지갑을 연다

이쯤에서 질문 하나, 홈쇼핑에서 에어컨 방송은 언제 할까? 당신은 봄, 겨울, 가을 순으로 대답했을 것이다. 실제 설문도 그랬다. 하지만 정답은 여름이다. 한참 더울 때 한다. 왜 그럴까? 내 몸이 느껴야 지갑을 열기 때문이다. 내가 더워야 구매욕이 상승해서 사게 된다. 3월 봄이나 추운 겨울에 판매하면 절대 안 팔린다. 배송이 늦어 욕을 먹더라도 여름에 한다. 간혹 이른 봄이나 역 시즌 방송을 할 때가 있긴 하지만, 그것은 담당 MD가 마케팅 경험이 없어서인 경우가 대부분이다. 6월부터 습도가 오르고 더위로 숨이 막히기 시작할 때 본격적으로 방송을 하며, 5월이라도 이른 더위가 찾아오면 바로 방송이 잡힌다. 더울 때 많이 팔아야 한다. 그래서 하이마트는 매년 6월이면 이 문구를 걸어놓는다. "에어컨, 지금 사면 가장 쌉니다."

그러면 에어컨은 언제 가장 쌀까? 겨울일까? 아니다. 모든 가전은 출시되고 나면 론칭 시점부터 서서히 가격이 내려간다. 그게 전부다. 가전은 시간이 지나면 신선도가 떨어져서 떨이로 판매하는 식품과는 성격이 다르다. 가전제품은 역 시즌이라고 가격이 내려가지 않는다. 역 시즌 때 재고 상품을 약간 할인하거나 시즌 전에 예약 구매를 걸 수는 있지만 기대한 만큼 큰 폭의 할인은 아니다. 유통 전문가의 말을 믿어라. 그냥 필요할 때 사는 것이 답이다.

계절을 잡아라. 과거 홈쇼핑에서 카메라 방송을 할 때 타 채널들은 성능을 설명하기 바빴지만, 나는 그 계절의 지역 축제 일정을 소개해주고 계절이 지나가 버리기 전에 어서 가서 멋진 사진을 담으라고 독려했다. 이런 시즌 전략으로 상대 채널들보다 매출 면에서 언제나 앞섰다.

왜 그 사람이 말하면 사고 싶을까?

시즌 최적화
통하는 계절 전략을 세우라

한결같은 것은 미덕이 아니다

포시즌 가든, 포시즌 리조트, 포시즌 호텔 이런 문구를 내세우는 곳치고 먹히는 곳 없다. 연중 상시 할인, 이런 곳치고 잘되는 곳 없다. 내가 근무했던 세계 매출 1위 월마트도 한국에서 '매일 최저가'라는 컨셉을 내세웠다가 망했다.

삼성화재 광고는 '당신의 봄'이 컨셉이다. 봄이라는 계절은 참 좋은 느낌으로 다가온다. 그러나 여름이 되었는데도 여전히 봄을 외치고 있다. 그러더니 가을이 지나 늦가을이 되었는데도 주요 신문에 여전히 봄날을 외치는 광고를 실었다. 추워 죽겠는데 정말 와 닿지 않는 문구다. 시즌이 바뀔 때마다 그에 대처하는 시즌 전략이 필요하다.

한국에서는 음식점에 들어가 자리에 앉으면 어느 음식점이나 똑같은 첫 서비스를 한다. 물을 가져다주는 것이다. 1년 365일 어김없이 종업원은 소주, 맥주와 함께 물병이 들어 있는 냉장고에서 차가운 물통을 꺼내 손님 테이블에 갖다 준다. 눈이 펑펑 오는 한겨울에 손을 호호 불며 들어와 앉아도 어김없이 찬물을 갖다 준다. 왜 그럴까? 한국외식산업연구원에 오는 요식업 대표들에게 그 이유를 물었다. 한 번에 대답하지 못한다. 그래서 오랜 분석 끝에 정답을 찾았다. 아무 생각이 없어서다. 계절에 가장 긴밀하게 대처해야 할 요식업에서 실상은 시즌 전략을 안 세우고 있다는 결론이다.

계절에 맞춘 판매 아이디어

김가네는 분식 프랜차이즈 업계에서 25년째 1위다. 2위보다 50%나 점유율이 높다. 그 이유는 여름에는 시원한 냉면과 콩국수를 팔고, 겨울에는 따끈한 우동을 파는 등 긴밀하게 계절 대처를 잘하기 때문이다.

나도 한 외식업주에게 계절마다 다른 4개의 메뉴판을 만들라고 했다. 봄에는 '새봄 단장 메뉴판'이라고 적어놓고, 여름이면 메뉴판 위에 시원한 수박 그림을 올려놓고, 가을이면 낙엽 속에 메뉴판이라는 글씨를 써놓고, 겨울이면 메뉴판이라는 글씨 위에 눈이 내린 듯 쌓여

왜 그 사람이 말하면 사고 싶을까?

있다. 이처럼 그 계절에 맞는 아이디어를 내야 한다.

한민족은 24절기를 지켜왔고, 그때마다 우리는 뭔가를 먹어야 한다. 팥죽은 시간을 따로 내서 차를 끌고 먹으러 갈 정도의 음식은 아니지만, 동짓날에는 팥죽 전문점 앞이 인산인해를 이루고 마트에서는 동지팥죽 코너를 만들어 평소보다 몇 배의 매출을 올린다. 죽 집에서도 손님들이 그렇게 찾는 음식은 아니었으나 동짓날에는 평소보다 매출이 확 오른다.

평소에는 잘 안 먹던 떡국도 연초에는 의도적으로 먹게 되는 이유도 그렇다. 안 먹으면 뭔가 놓치는 것 같고 죄책감마저 들어 왠지 꼭 찾아 먹어야만 할 것 같다. 삼계탕도 1년 내내 먹을 수 있지만 삼복에는 유난히 가게 앞의 줄이 길다.

나는 사계절 팔던 견과류 세트를 정월 대보름날에 부럼데이라고 명명하고 이름만 부럼 세트로 변신시켜 팔았다. 예상대로 대박 났다. 평소에는 '평범한' 것이라도 그날에는 '특별한' 것이 될 수 있다.

지금 아니면 못 하는 것들

늘 그렇지만 계절은 항상 아쉬움을 남기고 지나간다. 겨울은 혹독한 추위를 주지만 군고구마와 스키, 온천이라는 즐길 거리를, 여름은 수박과 바캉스라는 즐거움을 준다. 그 계절이 지나면 더 이상 이런 기쁨을 맛보지 못한다는 아쉬움이 진하게 남는다. 고객은 계절을 놓치고 싶지 않은 심리를 갖고 있다. 그러므로 계절의 힘을 빌려 내 상품을 특별한 것으로 바꿔야 한다.

평범해 보이는 사과가 있다. "9월의 사과는 특별합니다. 9월, 딱 한 달만 맛볼 수 있는 홍로라는 이 품종은 그 맛이 최고인데 이 때밖에 못 드십니다."

이렇게 광고하면 평범한 사과였던 홍로의 구매율이 바로 올라간다. 내년이면 또 만날 텐데도 이때가 아니면 '못 보고, 못 접하고, 못 즐긴다'는 말에 사람들은 매달린다. "제주도는 봄에 오세요"가 아니라 "유채꽃 가득한 제주도는 지금 아니면 못 봅니다"라고 해야 하고, 가을이라면 "이 세상에서 가장 예쁜 가을 억새 사진을 담고 싶으세요? 지금뿐이에요"라고 해야 움직인다는 말이다.

또한 계절상품을 팔 때는 고객으로 하여금 깊이 있게 계절을 느끼도록 해야 한다. 예를 들어 겨울에 여행 상품을 판다고 하자.

"추울 때는 따뜻한 동남아로 가세요." 어떤가? 늘 들어본 평범한 문구라 새롭지도 않다. 이보다는 "세부는 오늘 아침 25도, 오늘 정오의 기온은 30도입니다. 너무나 따뜻하고 햇살은 쨍하니 기분 좋습니다. 빨리 오세요. 기다릴게요" 하는 문구를 추운 겨울 새벽 출근길에 받았다면 훨씬 가고 싶은 마음이 커질 것이다.

향수 브랜드 센틀리에의 2016년 봄 신상품 '스프링 오브 산청'의 광고 문구는 "지리산 산청의 봄 내음을 가득 품은 찔레꽃 향기"이다. 구체적인 장소와 꽃 종류를 언급해서 봄의 느낌을 담뿍 전한다. 우리 회사도 계절성 문구를 만들기 위해 수필이나 산문집을 평소에 많이 읽고 스크랩해둔다. 당신도 해보라. 멋진 시즌 어휘 구사에 도움이 될 것이다.

사계절 멘트
계절과 연결하면 기본은 한다

무조건 계절과 엮는다

어떤 상품이든 잘 팔리는 성수기가 있다. 온수 매트는 겨울이 성수기고, 선풍기는 여름에 알아서 팔린다. 그런데 이런 계절성이 확실한 상품이 아니거나 비수기에 계절상품을 팔아야 할 때가 있다. 이때는 어떻게 계절을 극복하는 역 시즌 전략을 세워야 할까? 딱히 계절과 상관없는 상품과 브랜드라 하더라도 악착같이 해당 계절과 엮어야 한다. 가령 6월이 되면 이런 광고들이 쏟아진다.

"한여름 지하철, 탈출하고 싶죠? 도보 10분 회사 근처 방 구하고 싶을 땐 직방!" (직방)

왜 그 사람이 말하면 사고 싶을까?

"6월은 肉월이다. 때 이른 무더위 고기 먹고 힘내세요." (이마트)

"지구가 덥다면 G9로 오라." (G9)

이렇게 계절과 딱히 연관이 없어도 무조건 엮어야 한다. 계절 상품이 역 시즌을 만났을 때야말로 계절을 극복하는 멘트를 만들어야 한다.

계절을 극복하는 멘트들

계절 언어를 논하고 있으니 먼저 식품 이야기를 해보자. 연초에 가장 장사가 안 되는 곳 중 하나가 햄버거 가게다. 평소에는 즐기는 음식이라도 연초부터 먹고 싶지는 않다. 한 해의 시작을 햄버거로 하고 싶지 않은 것이다. 이에 버거킹은 연초에 "새해엔 나이 말고 와퍼 드세요"라고 계절을 극복하는 메시지를 보낸다.

나도 모 농협의 동결 건조 봄나물 문구 작업을 하면서 "봄이니까 봄나물 드세요"라고 하지 않고 이렇게 바꿔줬다.

"1년 내내 봄을 드세요" "쓱 지나면 맛볼 수 없는 봄의 맛을 사계절 즐기세요" "역사책의 그 어떤 위대한 왕도 누리지 못한 호사를 누리세요. 12달 내내 봄나물!"

이번엔 건강식품 이야기를 해보자. 어린이와 청소년 대상으로 건강식품을 팔 때 언제가 가장 성수기라고 생각하는가? 중간·기말고사, 수능 시험일 다 아니고 5월이다. 문제는 두 달 빠른 3월, 신학기는 학업에 돈을 쓰느라 상대적으로 건강에 투자를 안 한다. 그래서 나는 정관장, 홍이장군, 함소아, 홍키통키를 팔 때 이런 계절 극복 멘트를 썼다.

"겨울에 텅 빈 운동장을 보십시오. 아이들은 긴 겨울 추위에 움츠려 활동량이 적고 체력도 떨어져 있습니다. 이제 신학기가 시작되면 집단생활을 하게 됩니다. 옆의 아이가 감기에 걸리면 금세 내 아이도 옮습니다. 모든 것은 면역력이 떨어져서 그렇습니다. 지금 면역력 관리가 제일 시급합니다."

비타민의 성수기는 봄이다. 나머지 계절은 판매가 상대적으로 부진하다. 그러면 어떻게 이를 극복하는 계절 멘트를 만들어서 4계절 내내 팔 수 있을까? 수십 년간 건강식품을 담당하면서 성공적이었던 다음의 사계절 전략은 다음과 같다.

건강 기능 식품 비타민의 4계절 멘트

봄	만성 피로가 가장 많이 느껴지는 때다. 봄이 되면 자연히 활동량이 늘고 낮이 길어지면서 잠자는 시간은 줄어든다. 우리 몸은 이에 적응하지 못해 나른하고 무기력해 잠을 쫓는 일이 생긴다. 이런 몸의 느낌은 봄철의 영양 불균형으로 인한 체내 반응이라고 할 수 있다. 이는 겨울 동안 움츠렸던 인체의 신진대사 기능이 봄이 되어 활발해지면서 생기는 자연스러운 생리 현상이다. 만물이 소생하는 계절이라 움츠렸던 우리 몸도 대사가 활발해지는데, 이 대사 과정 중에 활성산소가 발생하고 이것이 강력한 세포 독성을 가진다. 이 세포 독성 물질을 분해하는 항산화 물질이 바로 비타민이다.

왜 그 사람이 말하면 사고 싶을까?

	계절이 바뀌는 간절기에는 우리의 인체가 환경에 적응할 수 있도록 몸을 잘 관리해야 한다. 식후에 책상에 엎드리고 싶은 생각이 간절해지며 만성피로증후군과 춘곤증이 몰려온다면 커피보다 비타민을 권한다.
여름	여름은 해가 일찍 뜨고 늦게 진다. 하루가 길다. 야외에서 에너지를 쏟는 시간이 더 길다. 그만큼 더 비타민을 채워줘야 한다. 활동량이 많고 고온 다습한 여름철은 다른 계절에 비해 쉽게 지칠 수밖에 없다. 30도를 넘나드는 무더위가 이어지면 우리 몸에서 호흡, 소화, 땀 분비와 같은 기초 대사율이 높아진다. 아울러 효소는 평소보다 더 많이 파괴되기에 잘 지치며, 식욕도 떨어진다. 이런 현상의 원인은 유해한 활성 산소 때문이다. 활성 산소는 체내에 쌓이면 피로의 원인이 될 뿐만 아니라 노화, 성인병, 나아가 암의 원인도 된다. 비타민은 항산화 효과뿐 아니라 여름철의 강한 자외선으로부터 피부를 보호하는 데도 중요한 역할을 한다. 비타민은 손상된 피부 재생을 촉진하고 멜라닌 색소의 증가를 억제, 기미나 주근깨를 완화시킨다. 자외선 차단제를 꾸준히 바르는 것 못지않게 비타민을 섭취하는 것은 피부 건강에 도움이 된다. 휴가철을 맞아 여행을 다녀온 이후 신체 활력이 떨어지는 등의 후유증에 시달린다거나, 스트레스와 뇌 활동이 많은 수험생의 경우 그 증상은 더하다. 이를 위해 여름이 되면 각종 보양식이 인기를 끌지만 꾸준한 영양 공급이야말로 진정 건강을 지키는 비결이라 하겠다. 그중에서도 가장 쉬운 방법이 간편하게 일정량의 권장 영양분을 공급받을 수 있는 비타민을 섭취하는 것이다. 무더위엔 여름철 보약인 비타민으로 기운 팍팍 내는 것이 좋다. 기운 없는 여름 비타민은 활력을 충전시키며 생생한 여름 나기를 하게 해준다.
가을	식욕도 높아지고 풍족한 소산물로 가장 잘 먹는다고 생각해 가장 비타민을 간과하기 쉬운 계절이다. 하지만 비타민은 열을 가하면 쉽게 파괴되는 민감한 영양소다. 당신이 먹는 국, 찌개, 밥, 나물, 생선, 육류 모두에 열을 가한다. 또 탄수화물이 부족하면 밥과 면이 당기고, 단백질과 지방이 부족하면 고기가 당겨 과하게 먹고 있다 생각할 수 있지만, 정작 비타민은 부족해도 배고픔을 못 느끼는 영양소다. 따라서 늘 만족스럽게 배불리 과식을 하는 계절이지만 비타민은 영 못 먹고 있을 수 있다. 의도적으로 챙겨 먹어야 한다. 또 가을 환절기에는 밤낮 일교차가 커지면서 인체 저항력이 떨어진다. 환절기에는 계절의 절기만 바뀌는 것이 아니라 우리 몸도 추위에서 벗어나려고 변화를 하므로 적응 과

	정이 순조롭지 않으면 해마다 고생할 수 있다. 또한 가을은 여름 내내 에너지를 소진하고 지친 몸으로 하루가 다르게 떨어지는 기온에 맞서야 하는 계절이다. 비타민으로 가을을 지켜내자.
겨울	몸이 연중 가장 약할 때다. 국민건강보험공단의 발표를 봐도 병원을 가장 많이 이용하는 계절이다. 면역력도 가장 저하돼 있다. 또한 대체적으로 겨울은 신선한 과일이나 야채 섭취가 다른 계절에 비해 풍부하지 못해서 비타민 섭취가 상대적으로 적다. 겨울은 야외 활동이 적어지고 일조량도 적어 볕을 쬐면 몸 안에서 생성되는 일명 선샤인 비타민이라 부르는 비타민 D의 섭취량도 적어진다. 비타민 D가 적어지면 혈압, 혈당, 염증 조절이 어려워지고, 고령층은 우울증이 높아지며, 유아와 청소년층은 칼슘을 섭취해도 제대로 흡수가 안 되어 뼈가 약해진다. 실제 겨울철 실내에서 TV와 컴퓨터 게임에만 빠져 지내는 아이들 사이에서 구루병이 다시 유행한다고 한다. 비타민 섭취는 이 모든 문제를 손쉽게 해결해준다.

계절마다 계절에 맞는 멘트를 해주면 고객은 매우 이성적으로 받아들이게 된다. 비타민 얘기가 나왔으니 비타민과 쌍벽을 이루는 건강식품 오메가3에 대해서도 얘기해보자. 오메가3는 언제 팔아야 할까? 겨울이라고 하면 틀렸다. 배웠듯이 4계절 내내 팔아야 한다.

건강 기능 식품 오메가3의 사계절 멘트

봄	심혈관 환자를 위협하는 큰 요인은 미세먼지다. 미세먼지가 절정인 봄에는 미세먼지가 폐포를 통해 혈관에 침투해 염증을 일으킬 수 있고 이로 인해 협심증, 뇌졸중으로까지 이어질 수 있다. 대개 심혈관계 질환은 겨울에 특히 주의해야 한다고 생각하기 쉽다. 그러나 실제로는 겨울보다 봄이 더 위험한 것으로

왜 그 사람이 말하면 사고 싶을까?

	나타났다. 건강보험심사평가원의 최근 2년간 통계에 따르면 심혈관 질환 관련 병원 방문자 수는 12월부터 2월 사이보다 3월부터 5월 사이에 더 많았다. 그 이유는 기온에서 찾을 수 있다. 겨울과 여름의 중간에 걸쳐 있는 봄은 한낮에는 여름에 가깝게 기온이 높아지고, 저녁에는 겨울 못지않게 기온이 떨어진다. 심한 일교차로 자율 신경계는 체온을 유지하기 위해 혈관의 수축과 이완을 반복하고 이는 혈관에 무리를 주어 심혈관 질환이 발생하게 된다.
여름	건강보험심사평가원 자료를 살펴보면 여름의 급성 심근경색 환자 수는 겨울 환자 수와 차이가 없다. 오히려 심장병은 겨울보다 여름에 더 위험하다. 여름에는 땀을 많이 흘려 체내에 수분이 부족해지고 혈액의 밀도가 올라가 피가 끈적끈적해지면서 혈압이 떨어지고 피의 흐름이 느려져서 혈관 문제가 발생하기 쉽다.
가을	기온이 1도 떨어지면 심근경색 발생률이 2% 오른다. 가을은 여름 내내 늘어졌던 혈관이 수축되는 계절인데, 나이가 들수록 혈관이 탄력을 잃어감에 따라 혈관 내부에 혈전이 쉽게 생겨 혈관을 막으면서 혈관 질환이 발생한다.
겨울	많이 먹고 안 움직이고 움츠러드는 계절이다. 차가운 영하의 외부와 따뜻한 영상의 실내를 오가면서 이완된 혈관이 추운 공기와 만나 혈압이 올라가고, 자율 신경계는 체온을 유지하기 위해 혈관 수축을 반복하며 이는 혈관에 무리를 주어 심혈관 질환이 발생한다. 한증막, 온천을 많이 찾는 계절인데 심혈관이 약한 사람에게는 치명적일 수 있는 때다.

4계절 내내 성수기로 만들기

계절이 바뀔 때 홈쇼핑 화면 자막이 그에 맞게 바뀌는 것을 보면, 내가 세운 이 시즌 전략이 아직도 그대로 사용되고 있는 것 같다. 두 종류의 건강식품 사계절 멘트를 소개했으니 당신도 이를 응용해서 상품에 맞는 계절 멘트를 만들어보라. 겨울에는 '콜록콜록 이제 그만', 여름에는 '체력 충전 으쌰

으쌰', 봄가을에는 '환절기엔 골골 안녕' 이런 식으로 말이다.

가전제품은 언제 잘 팔릴까? 계절과 전혀 상관없다고 생각하겠지만 실상은 연말에 특수를 누린다. 그래서 삼성전자는 12월 연말 광고 문구를 이렇게 내건다. "선물하기 좋은 계절입니다." 그리고 1월이 되면 '삼성전자 아카데미 페스티벌'을 기획해 신학기 수요를 잡는다.

계절과 그다지 상관없어 보이는 생활 가전으로 화제를 돌려보자. 침구 청소기는 언제 많이 팔릴까? 이 질문을 해보면 의외로 의견이 분분하다. 정답은 역시나 4계절 내내 잘 팔려야 한다는 것이다. 다음은 한 침구 청소기 회사에 내가 만들어준 4계절 시즌 전략이다.

침구 청소기의 4계절 시즌 전략

3~5월	황사와 꽃가루, 미세먼지가 창문을 통해 많이 들어오는 계절
6~8월	집먼지, 진드기의 먹이가 되는 사람의 땀, 각질, 분비물이 많아지는 계절이기에 집먼지, 진드기의 수가 가장 많이 증가하는 계절
9~11월	여름 내내 불어난 집먼지, 진드기의 사체 및 잘 먹어서 통통해진 진드기들이 싸놓은 배설물 양이 가장 많이 증가하는 계절
12~2월	묵은 집먼지, 죽은 진드기가 건조해지면서 침구류 속에서 부서지고 가루가 되어 공기 중에 날아 다녀서 호흡기 질환을 가장 많이 일으키는 계절

위와 같이 4계절 시즌 전략을 세워 필요성을 계속 일깨워나가면서 상품 판매를 독려해야 한다. 그 달에 맞는 계절 멘트를 준

왜 그 사람이 말하면 사고 싶을까?

비하라. 하다못해 기업과 달리 마케팅에 관심 없을 것 같은 일본 관광청도 '봄에 내리는 하얀 눈, 일본 벚꽃 여행'이라고 광고하다 계절이 바뀌면 '이맘때면 하늘에서 내리는 붉은 눈, 일본 가을 단풍 여행'이라고 바꾼다. 우리도 시즌에 맞는 긴밀한 시즌 언어를 쏟아내야 한다.

다음은 나와 인연이 있는 문구 브랜드의 편지지 코너의 POP이다. 사계절마다 편지지 코너 위에 걸어두는 대형 POP물을 이렇게 제작했다.

문구점의 사계절 편지지 코너 POP

봄	새봄엔 나와 함께라면 설레임이 2배
여름	시원한 여름 쿨하게 내 마음을 받아줘
가을	마음이 단풍단풍해
겨울	눈 내린 촉촉한 내 마음은 당신에게

이 업체는 계절이 지나도 이 POP를 버리지 않고 창고에 잘 보관했다가 이듬해 또 쓴다. 다음 계절이 돌아와도 역시나 정확하게 꼭 들어맞기 때문이다. 이를 응용해서 연하장을 싸게 사는 방법이 있다. 연하장은 12월에 제일 비싸다. 하지만 한 달 뒤 1월이 되면 반값으로 떨어진다. 이때, 그해 연말에 쓸 연하장을 반값에 미리 사 두는 것이다. 연하장은 놀랄 정도로 디자인이나 트렌드가 바뀌지

않기 때문에 작년 것을 써도 상관없다. 미리 저렴하게 구매해둔 카드로 연말에 고객들에게 부지런히 예쁜 메시지를 보낼 수 있다.

주택 화재보험은 주로 겨울에만 가입한다. 나는 삼성화재 물보험物保險을 팔면서 봄에는 꽃놀이를 많이 다니고 레저 활동이 많아지니 베란다에 둔 자전거를 훔쳐가도 도난사고 보장이 된다고 말한다. 여름에는 태풍을 비롯한 풍수해 재난을 보장해준다고 하고, 가을에는 건조해서 화재가 많아지는 계절이니 보험을 준비하라 하고, 겨울에는 보일러 및 수도관 동파 사고로 아랫집에 누수 피해를 끼치면 보상해 준다고 한다. 이렇게 사계절 시즌 언어를 써서 30만 명에게 상담 예약을 받았다.

대부분의 쇼호스트들은 방송 마지막 멘트를 "지금 주문하세요"로 끝맺는다. 기계적 언어라 참 듣기 싫을 것이다. 나는 겨울 아침 방송이라면 "머리 감고 완전히 말리고 나가십시오. 감기 걸립니다." 비 오는 아침에는 "우산 챙기시고 편한 신발 신고 나가십시오." 가을 심야 방송에서는 "밤사이 기온이 뚝 떨어집니다. 창문 꼭 닫고 젖은 수건 한 장 널고 주무십시오." 여름밤이라면 "밤에 한 번도 안 깨고 푸욱 주무셨으면 좋겠습니다"라고 말했다. 늘 상황과 때에 맞는 클로징이다.

세월이 많이 흘렀지만 아직도 간혹 나를 알아보는 이들은 나의 멘트를 여전히 기억해주신다. 아마도 때에 맞는 말들이 그들에게 인상적이었기 때문이 아닐까.

왜 그 사람이 말하면 사고 싶을까?

시간대 전략
24시간 중 팔리는 때가 있다

시간 할인의 비밀

시즌전략은 계절이나 월 또는 주간 단위의 전략뿐 아니라 심지어 같은 날이라도 시간대를 세분화하여 공략하면 성공을 거두기도 한다. 식당에서 포인트나 쿠폰 없이도 똑같은 음식을 저렴하게 먹는 방법이 있다. 해피 아워를 이용하면 된다. 한국에도 이런 서비스가 늘고 있는데, 미국에서는 흔히 볼 수 있다. 해피 아워는 하루 중 고객이 붐비지 않는 시간에 식당을 방문하면 할인된 가격으로 음식을 즐길 수 있는 서비스다. 보통 오후 4시에서 5시 사이가 많다.

해피 아워는 계산하는 시점이 아니라 주문하는 시점을 기준으로 한다. 그러니 적당한 시간에 방문해 주문을 하면 잠시 후 제

값을 주고 먹는 저녁 고객들과 함께 같은 음식을 싼 가격으로 즐길 수 있다. 이처럼 시간을 잘 이용하면 돈을 아끼듯 시간과 때를 잘 조절하면 돈도 벌 수 있다.

평일 아침 7시에서 8시 사이 도시민들의 네이버 검색 1위에서 10위는 전부 숫자로 3317, 3422, 3315, 4318, 2311 이런 식이다. 바로 버스 번호다. 반면 자정에서 오전 1시 사이에는 상품 검색이 급증한다. 이때 모바일 결제가 급증하는데, 특히 속옷과 잠옷이 많이 팔린다.

홈쇼핑은 오전 6시에서 익일 새벽 2시까지 하루 20시간 생방송을 하는데, 여름에는 심야 생방송을 연장할 때가 많다. 왜 그럴까? 여름에는 해가 길어지고 야외 활동이 많아지면서 귀가가 늦어진다. 귀가가 늦는 만큼 취침 시간도 뒤로 밀리니 자연히 TV 시청 시간도 늦게까지 이어진다. 그런 이유로 그 패턴에 맞추는 것이다. 그러다 올림픽이 열리면 그 기간 중에는 24시간 생방송을 한다. 올빼미 시청자들을 잡기 위해서다.

시간대별 고객 전략

시간을 더 세분화하여 고객을 공략해 성공한 경험이 있다. 아침 6시부터 7시 20분까지 홍삼 방송을 하면서 시간대 공략을 위해 멘트를 바꿔서 접근했다.

왜 그 사람이 말하면 사고 싶을까?

아침 6시는 멘트를 천천히 하고 저음으로 "어르신, 백세 시대입니다. 그냥 오래 사는 것이 중요한 것이 아니라 건강하게 장수하셔야지요. 홍삼을 드십시오"라고 말하고, 7시를 향해 가면 고음으로 멘트는 빠르게 "당신의 부모님을 위해 홍삼을 선물하십시오!"라고 특집 분위기를 조성했다. 6시는 고연령층이 많이 시청하기 때문이고, 7시는 젊은 세대들이 일어나서 볼 시간이기 때문이다. 이렇게 짧은 시간 내에서도 시간대에 따라 멘트를 달리 해서 좋은 실적을 낼 수 있었다.

데이 마케팅
특별한 날을 지나치지 마라

무슨 데이가 이렇게 많아?

        돈은 쓰고 싶을 때 써야 좋은데 쓰기 싫은데도 써야만 할 때가 있다. 불필요한 기념일이 그렇다. 고장 난 수도꼭지마냥 데이 마케팅이 넘쳐난다. 1월 14일 다이어리 주는 다이어리데이, 2월 14일 초콜릿 주는 밸런타인데이, 3월 14일 사탕 받는 화이트데이, 4월 14일 자장면 먹는 블랙데이, 5월 14일 장미꽃 주는 로즈데이, 6월 14일 키스하는 키스데이, 7월 14일 반지 주고받는 실버데이, 8월 14일 음악 듣는 뮤직데이, 9월 14일 연인과 사진 찍는 포토데이, 10월 14일 술 마시는 와인데이, 11월 14일 영화 보는 무비데이, 12월 14일 안아주는 허그데이. 한국은 연중 내내 데이 잔치를 벌이느라 바쁜 데이 공화국이 됐다.

        왜 그 사람이 말하면 사고 싶을까?

이 모든 날들이 마케팅의 산물임을 알면서도 지갑을 열지 않을 수 없다. 감상적인 축일의 일시적인 변덕에 놀아난다는 것쯤은 잠시 잊은 채 말이다. 이런 데이가 다가오면 소비자는 낭만적인 감정이 고조되지만, 기업은 돈벌이에 대한 기대감이 고조된다. 시즌 감각은 이성을 흔들어놓기 때문이다.

건강할 때 더 팔리는 건강식품

몸이 안 좋을 때 사람들은 건강식품을 많이 찾는다. 건강보험공단 발표에 따르면 연중 병원을 가장 많이 가는 계절은 12월, 1월, 2월이다. 하지만 건강기능식품협회 자료에 따르면 연중 건강식품이 가장 잘 팔리는 달은 5월이다. 왜 그럴까? 어버이날, 스승의 날, 어린이날, 가정의 달 등 각종 데이가 쏟아지기 때문이다. 사실 5월은 몸 상태가 가장 좋을 때가 아닌가? 하지만 그만큼 이성을 마비시켜놓기도 하는 달이다.

이런 데이 기념일이 없다면 정말 힘들어질 산업이 꽃시장일 것이다. 입학식 날과 졸업식 날에는 꽃 장사꾼들이 문전성시를 이룬다. 어딜 가도 눈에 밟히는 게 꽃 장사꾼들이라 경쟁도 치열하다. 그런데 경쟁도 별로 없고 장사는 대박 나는 의외의 날이 하루더 있다. 매년 5월 셋째 주 월요일, 바로 성년의 날이다.

한 대학교와 함께 하는 프로젝트가 있어서 학교에 체류하다 목격하게 됐는데, 이 시기쯤 일부 대학에선 몇몇 꽃 장사꾼들이 나타난다. 그들은 꽃다발이 아닌 꽃 한 송이를 팔면서 돌아다닌다. 한 송이라 부담 없이 살 수 있고 봄이라는 계절에 어울리는 선물이니 정말 많은 학생들이 꽃을 산다.

의표를 찌르는 특별한 멘트

지금은 너도나도 따라하고 있지만 내가 처음 시작한 시즌 멘트가 있다. 쇼호스트로 막 입사했을 때였는데, 2월 중순쯤 건강기능식품 비타민을 팔았다. PD는 자막에 늘 똑같은 '활성 산소 제거, 항산화 작용, 필수 영양소…' 이런 글들로 도배해놓았다. 유통 경험이 풍부했던 나는 자막과 상관없이 시즌 소구를 했다. "다음 주면 밸런타인데이입니다. 빵집, 편의점마다 거창한 포장지를 뜯고 나면 실망스러울 정도로 적은 양의 사탕과 초콜릿 선물이 즐비하게 쌓여 있습니다. 먹어봐야 이만 썩고 당뇨만 유발하는 그런 선물을 하느니 차라리 우리 몸에 꼭 필요한 건강기능식품 비타민을 선물하는 것이 백 배는 낫겠습니다. 한번 먹고 잊혀지는 사탕보다 1년치 건강식품이 선물한 사람을 더 오래 기억하게 만들 거고요."

시즌을 찌르는 이 한마디로 MD와 중간 회사 그 누구도 기대하지 못한 폭풍 대박 매출을 냈다. 이듬해부터 이 시즌이 되면 모든 홈쇼핑 자막이 그대로 바뀌었다.

자, 이제 데이 마케팅의 노하우 하나를 공개하겠다. 당신이 보험 설계사라면 다음의 날들을 잘 기억해두시라. 아주 중요한 날들이다.

보험 판매 데이 마케팅	
3월 8일 여성의 날	7월 28일 감염의 날
3월 21일 암 예방의 날	9월 20일 치매 극복의 날
3월 24일 잇몸의 날, 결핵의 날	10월 2일 노인의 날
4월 7일 보건의 날	10월 20일 간의 날
4월 20일 장애인의 날	10월 25일 금융의 날(저축의 날)
5월 17일 고혈압의 날	10월 29일 뇌졸중의 날
5월 31일 금연의 날	11월 9일 소방의 날
6월 5일 환경의 날	11월 14일 당뇨병의 날
6월 9일 구강 보건의 날	12월 3일 세계 장애인의 날

3월 21일 암 예방의 날이 되면 이날 신문이나 TV, 인터넷, 건강 채널, 라디오는 모두 암에 대한 기사를 특집으로 다룬다. 특별한 사회적 이슈가 없으면 기자들은 이런 날을 특집 기사로 부각시킨다. 정부는 계도 차원에서 이런 날을 이슈화시키도록 광고 대행사들을 통해 언론을 독려하고 드라마와 예능에서까지 메시지를 내보낸다. 한마디로 이런 날은 나라에서 영업하라고 도와주는 날이다. 이날은 암 보험 상품을 열심히 팔아야 한다.

"고객님, 오늘 암 예방의 날을 맞이해서 유용한 정보를 DM으로 보내드리고자 합니다" 하면서 고객에게 한 번이라도 더 연락할 건수가 생긴다. 마찬가지로 3월 24일 잇몸의 날과 6월 9일 구강 보건의 날은 치아 보험을 팔아야 한다. 이날은 반드시 치아 관련 뉴스 보도가 나온다. 따라서 일반인들에게 니즈가 더 살아 있다.

5월 17일과 10월 29일은 혈관 질환 담보를 가진 상품으로 고객을 만나야 한다. 7월 28일 감염의 날에 간과 관련된 기사도 반드시 나온다. 9월 20일이 되면 온통 치매 이야기를 한다. TV 공익 광고에서는 1899-9988이 치매 상담 콜 센터니 궁금한 것은 물어보라고 하며, 다큐 프로에서는 치매 환자들을 보여준다. 당연히 이날은 치매 보험과 간병 보험을 팔기 좋다. 10월 25일은 저축 상품을 팔아야 하고, 11월 9일은 주택화재보험을 팔아야 하며, 11월 14일 당뇨병의 날은 유병자 보험(당뇨가 있어도 가입이 가능한 보험)을 팔아야 한다. 이런 이슈는 해마다 반복된다. 그러니 데이 마케팅을 최대한 이용하라.

계절의 변화는 소름 끼치도록 정확하다. 여름이 영원히 끝날 것 같지 않아도 한순간 낙엽이 진다. 영원히 얼어붙을 것 같은 겨울이 지나면 언제 그랬냐는 듯 새싹이 돋아난다. 계절은 몸으로 느끼게 하는 재주가 있다. 계절의 힘은 막강하다. 가령 강원도에 사는 사람들을 11월이 되면 차에 제설용품을 비치한다. 머리가 아니라 계절이 시키는 것이다. 그 시즌이 되면 자연히 떠오르고 생각나는 것들이 있다. 그것을 공략하는 것이다.

나도 오랫동안 마케팅과 세일즈 업을 해오다보니 그 달이 되면, 그 날짜가 되면, 그 계절이 되면 저절로 나오는 멘트가 있고 접근 방식이 있다. 그리고 큰 빗나감 없이 거의 정확하게 먹힌다. 머리와 몸이 이미 계절 마케팅에 적응되어 그런 듯하다.

시즌 전략의 또 하나 큰 장점은 첫 해만 접근 공식을 잘 만들어놓으면 이듬해부터는 쉽게 접근할 수 있다는 점이다. 트렌드는 쉽게 변해도 계절은 한결같기 때문이다. 계절을 잘 이용해보라.

사회적 이슈와 뉴스거리, 사람들의 관심사도 놓치지 마라. 나는 미국 대사가 얼굴에 칼을 맞는 테러를 당했을 때 한 어린이 보험 영상을 만들고 있었는데, 보장 내용에 크게 중요하지 않은 어린이 얼굴 성형 자금 지원 담보를 갑자기 크게 부각시켰더니 매출이 확 느는 것을 경험했다. 낚시꾼이 물때를 노리듯이 마케팅도 때를 잡아야 한다.

고객을 함부로 재단하지 마라. 고객의 마음은 달과 같다. 달의 모양이 볼 때마다 달라지듯이 고객의 마음도 월초, 보름, 월말마다 다르다. 멋진 시즌 언어로 고객의 마음을 사로잡아보라.

3장

공간 언어,
같은 제품도 특별한 곳에서 산다

공간 법칙
좋아 보이는 곳에서 잘 팔린다

놀이공원 내 선물 가게는 사파리를 즐기고 나오는 출구에 위치해 있다. 공통점은 직원들이 적극적으로 세일즈를 하지 않는다는 점이다. 가만히 앉아 있어도 동물 친구들을 막 만나고 나온 아이들에게 동물 인형은 잘 팔려나가기 때문이다. 좋은 전략이다. 반대로 적절치 못한 공간도 있다. 조카들을 데리고 대관령 양떼 목장을 간 적이 있다. 양에게 건초도 먹여주고 사진도 찍으며 행복한 시간을 보냈다. 그리고 밖으로 나왔는데, 양고기 꼬치구이를 팔고 있는 게 아닌가. 조카들뿐만 아니라 다른 아이들 모두 울면서 동물 친구들, 아니 양꼬치를 먹는 어른들을 뜯어말리고 있었다.

　여러분께 질문을 한 가지 하겠다. 다음 중, 연을 잘 띄우기 위해 제일 중요한 조건을 골라보라.

1. 연의 모양과 성능

2. 연 날리는 이의 능숙함

3. 바람이 잘 부는 곳

정답은 3번이다. 아무리 멋진 연으로 생활의 달인이 날린다 해도 바람이 안 불면 띄울 수 없다. 그래서 연날리기는 장소가 제일 중요하다. 마찬가지로 마케팅과 세일즈에서도 무엇을 파느냐보다 어디서 파느냐가 더 중요할 수 있다.

위치가 판매의 관건

떡볶이는 추울 때 잘 팔릴까? 더울 때 잘 팔릴까? 당신은 추울 때라고 답할 것이다. 그러나 정답은 '위치'다. 위치가 좋으면 잘 팔린다. 한국외식산업연구원에서 만난 몇몇 떡볶이 프랜차이즈 점주들도 똑같이 위치라고 대답했다.

마케팅에서 위치는 매우 중요하다. 편의점 차려 돈 벌었단 얘기 못 들었다고? 천만에, 부산 서면 일번가점 세븐일레븐 편의점은 연매출 70억 원이 넘는다. 수원역점 GS25는 80억 원이 넘는다. 서울 올림픽공원점 GS25는 연매출이 무려 115억 원이나 한다. 이 편의점들은 다른 곳보다 마케팅이나 진열 방식, 화술이 특별할까? 아니다. 그저 자리를 잘 잡은 것이다. 자리가 중요하다. 그 점을 증명하는 사례로 여의도 편의점들의 평소 매출은 고만고만하다가 가을 불꽃축제 때 단 하루에 몇 달치 매출을 번다.

박카스나 비타500 같은 드링크 음료는 누가 많이 마실까? 20대 국회의원 선거 시즌에 편의점의 드링크 음료 매출은 2배로 늘었다. 다름 아닌 하루 종일 떠드는 선거 운동원들이 박스째 사서 마시기 때문이다. 지하철역과 대로변 근처 편의점이라면 선거철에 이런 특수를 미리 예측해서 더 많은 물량을 준비해야 한다.

위치가 중요함을 증명하듯 별다른 노력을 하지 않아도 손님이 끊이지 않는 장소가 있다. 병원 옆 죽 집이나 운전면허시험장 옆 사진관이 그렇다. 위치의 위력을 증명하는 사례들을 보자.

얼마 전 KBS 별관에 녹화를 하러 갔다. 녹화 전에 배가 고파 건물 코앞에 있는 분식집에 들어갔다. 그런데 겉보기에도 평범하고 맛도 평범한 이 분식집 벽에 웬만한 유명 맛집보다 더 많은 연예인 사인이 도배돼 있었다. 아마도 이 분식집은 연예인들 사인만 가지고 다른 곳에 오픈해도 쉽게 자리 잡을 수 있을 것이다. 심지어 연예인 사인을 타 식당에 비싸게 팔 수도 있다.

하물며 구걸을 해도 실력보다 위치가 중요하다. 예전에 영등포역을 지나는데 한 걸인이 구걸을 하고 있었다. 그런데 일회용 지하철 교통카드 보증금 반환기 바로 옆에 앉아서 구걸을 하는 게 아닌가. 500원짜리 동전을 거의 기계로 회수하듯 쓸어가는 모습을 볼 수 있었다.

좋은 위치에 관한 편견 깨기

당신은 톨게이트에서 통행요금을 내고 거스름돈을 받자마자 기부금 모금함을 들고 꾸벅 인사하는 대한적십자사 회원을 본 적이 있을 것이다. 많은 사람들이 받은 거스름돈이 얼마 되지 않으니 대부분 그 모금함에 넣고 출발한다. 역시 자리를 잘 잡았다. 이는 강남역 같은 유동인구가 가장 많은 곳에 서 있는 것보다 훨씬 효과가 클 것이다.

사람들에게 "연말 구세군 자선냄비 최고 명당자리는 어디라고 생각하십니까?" 하고 질문했다. 가장 많은 대답은 지금 당신의 생각처럼 명동이었다. 그러나 최근 몇 년간 1위 자리는 잠실 롯데월드 지하 입구였다.[1] 가족 방문객이 많았기 때문이다. 반면 유동인구 1위 자리 명동역 입구는 9위에 그쳤다. 뜨내기 관광객이 위주였기 때문이다. 그러니 장소를 선택할 때는 막연한 추측으로 덤비면 안 되고 면밀히 실질적 분석을 해야 한다.

이쯤 얘기했으니 비싼 임대료에 유동인구 많은 곳이 가장 좋다고 말할지도 모르겠다. 하지만 꼭 그런 것만도 아니다. 화장품 매장은 주로 대로변에 위치하지만, 호주 화장품 브랜드 이숍AESOP은 골목매장만 낸다. 이 브랜드는 소비자 실생활과 밀접한 곳에 위치시킨다는 전략으로 성공을 거두고 있다. 그러니 때로는 선입견을 버리는 것도 중요하다.

왜 그 사람이 말하면 사고 싶을까?

다양한 공간 전략

장소가 마케팅의 필수 요소 중 하나가 되다 보니, 주소 자체를 상호로 쓰는 가게들이 생겨나고 있다.

'도산대로1길12' 카페는 주소 자체가 상호다. '테헤란16번가'는 테헤란로 16번 길에 자리한 샐러드바다. '안국153'은 안국동 153번지에 있는 빵집 이름이고 '수택동280 13'도 빵집 주소이자 이름이다. 내가 일하는 미국 LA의 윌셔 대로에 있는 대형 빌딩에는 빌딩 이름 대신 커다랗게 숫자만 '3550'이라고 쓰여 있다. 빌딩 이름이 곧 번지수다.

주말에 장을 보기 위해 대형마트에서 한 시간만 쇼핑해도 2*km*나 걷게 된다. 마트 판매 담당자는 어느 곳에 어떤 상품을 진열해야 고객이 계속 쇼핑을 하며 지치지 않고 카트에 물건을 주워 담게 할 수 있는지 늘 연구한다. 유통업에서는 이런 것을 플래노그램Planogram이라고 하는데, 공간 대비 매출의 효율성을 분석하고, 판매 데이터를 기반으로 한 진열 프로그램을 말한다. 고객의 동선에 맞게 잘 팔리는 것은 눈에 잘 띄는 곳에 배치하고, 상품 연계성이 있는 상품군을 묶어 함께 배치하는 기술이다. 예를 들면 동선 좋은 매대 끝에는 기획 상품과 특가 상품을 놓고, 회 코너 옆에는 술을, 맥주 코너 옆에는 안주를, 우유 코너 옆에는 시리얼을 함께 배치하는 식이다.

나는 사업 설명회와 PT, 기타 행사 대행을 많이 했고 컨벤션,

코엑스 등에서도 다년간 행사 진행 경험이 많다. 그런데도 부스 선정이 되면 그 위치에 맞는 모든 것은 따로 VMD(visual merchandiser : 행사 취지나 컨셉에 맞게 상품을 전시하고 매장 인테리어 전체를 꾸미는 사람)에게 비용을 지불하고 맡긴다. 사진 작업도 마찬가지다. 우리 회사는 전문 사진작가와 스튜디오를 보유하고 있지만, 제품 컨셉에 맞게 어디서 어떤 식으로 주변을 꾸미고 만들 것인지는 DP 코디네이터 전문가에게 따로 의뢰한다. 공간 배치의 중요성을 잘 알기에 그에 대한 전문가를 쓰는 것이다.

공간이 좋아야 계약도 잘된다

국내 5대 대형 로펌의 공통점이 있다. 하나같이 고층에 자리 잡아서 사무실 창밖 전망이 끝내준다는 것이다. 한 로펌 변호사는 내게 이렇게 말했다.

"답답한 지하실 같은 곳에서 얘기하면 가뜩이나 스트레스 잔뜩 짊어지고 온 의뢰인이 수임을 잘 맡기지 않는 데 반해, 탁 트인 전망을 보며 상담하면 일이 잘 해결될 것 같은 느낌을 받고 회사 규모에 대해서도 신뢰를 가져서 수임도 더 잘 맡긴다." 그는 공간이 선사하는 힘을 아는 것이다.

나는 대학 강의를 많이 하는 편은 아니지만 신간이 출간되면 강의를 가는 대학이 몇 있다. 그중 부산 동서대학교와 대학원에 여러 해 출강을 나갔는데, 이 학교의 산업디자인학부 강범규 교수님이 운영하는 회사에 방문한 적이 있다. 디자인과 교수님답게 광안대교가 훤히 내려다보이는 언덕 위에 지어진, 카페를 겸한 정말 끝내주는 건축물이었다. 기업 방문이 아니라 힐링의 시간을 보내고 온 듯했다. 누구를 부러워한 적이 별로 없는데, 그런 멋진 건축물을 갖고 있는 교수님은 정말 부러웠다. 회사로 돌아오자마자 나도 그 옆에 부지를 사서 건물을 지으면 얼마나 들지 계산해볼 정도였으니 말이다. 이처럼 그 회사의 상품보다 공간이 기억에 남는 경우가 있다.

부동산만큼 위치가 중요한 상품은 없다. 같은 아파트의 동이라도 조망, 배치, 향, 동선에 따라 억 단위의 돈이 오르내린다. 잠실의 주상 복합 갤러리아 팰리스는 같은 평수여도 A동이 C동보다 가격이 높다. 전망 때문이 아니다. A동은 엘리베이터를 타고 내려오면 바로 수영장과 헬스장이 있는 상가로 이어지는 데 반해 C동은 지하 주차장을 걸어서 지나와야 하는 약간의 불편함이 있기 때문이다. 그 50m 거리 때문에 값어치가 달라지는 것이다.

공간 멘트
공간에 적합한 언어를 사용하라

공간 맞춤 언어

좋은 공간이 좋은 매출을 내는 것은 당연한 일이다. 공간의 중요성을 알았다면 이제부터 그 공간에 어울리는 맞춤 언어, 즉 공간 언어의 중요성을 알아보자. 우리는 심지어 좋은 공간이 아니라 할지라도 현재 머물고 있는 공간에서 최상의 효율을 낼 수 있는 공간 언어를 만들어야 한다.

당신이 헬스장 체인점을 3개 냈는데, 하나는 실버타운이 있는 건대역 '클래식 500' 상가 내에 있고 다른 하나는 명동 '밀리오레' 쇼핑몰 내에 있으며 나머지 하나는 금융센터가 몰려 있는 여의도 '파크센터'에 있다고 하자.. 같은 헬스장, 같은 기구라도 메시지는 장소에 맞게 써야 한다. 따라서 회원 유치 홍보 시에도 문구는 다음과 같이 달라져야 한다. 내가 만든 문구들을 소개한다.

실버타운 내 헬스장	운동은 건강과 장수의 최고 묘약. 백세 시대 운동으로 건강하게 삽시다.
의류 쇼핑몰 내 헬스장	비싼 명품 둘러도 테가 안 나는 사람 많다. 몸을 명품으로 만들어라.
금융센터 내 헬스장	근육이 연금보다 강하다.

이처럼 그 공간에 맞는 공간 언어를 구사해야 한다.

당신이 여행사를 운영한다고 가정해보자. 여행 상품을 잘 팔려면 한방에 끌리는 매력적인 한 줄 문구를 만드는 것이 관건이다. 고객이 언제 여행을 제일 많이 가느냐를 고민하기 때문에 '시즌 언어'를 쓰는 게 좋지 않겠냐고 생각하겠지만, 잘 만든 '공간 언어'도 큰 효과를 본다. 다음은 하나투어를 세일즈 코칭하면서 역시 내가 만든 몇몇 문구다.

베트남 다낭 여행 상품	이곳을 이 가격에 다녀올 수 있다는 것은 아시아에 살고 있어 가능한 찬스입니다.
호주 시드니 여행 상품	이곳을 시차 걱정 없이 다녀올 수 있다는 것은 한국이기에 가능한 일입니다.
러시아 블라디보스토크 여행 상품	두 시간 만에 가는 쉬운 유럽 여행. 유럽의 첫 아침이 시작되는 숨은 보석. 한국이기에 누릴 수 있는 특권입니다.

그 공간에 맞는 언어가 가장 현장감이 느껴지게 하는 동시에

3장 공간 언어, 같은 제품도 특별한 곳에서 산다

표현을 생기 있게 만들어야 한다.

화장실 남자 소변기 앞 문구는 거의 전국 공통으로 이렇다. "한 걸음만 더 다가와주세요." 아니면 누가 처음 시작한 명언인지는 몰라도 "남자가 흘리지 말아야 할 것은 눈물만이 아닙니다." 한번은 마케팅 포럼 참석차 골프장 내에 딸려 있는 리셉션장에 갔는데 남자 화장실 소변기 문구가 다음과 같았다.

"비거리가 짧다면 한 발자국 앞으로."

위치에 적절한 문구였다. 사례 하나 더. 한 정보 보안 회사에 방문을 했는데 이곳 화장실 남자 소변기 앞 문구는 이러했다.

"한 발만 더 가까이 오시면 개인정보! 완벽하게 보호됩니다."

종로	"종로 숙박, 와이리 종로!"
잠실역	"놀기엔 삼실보다 잠실"
신천역(현 잠실새내역)	"좋은 숙박, 말보단 행동으로 신천하자."
건대역	"그냥 가면 아쉬울 건대?"
천안 두정동	"좋은 숙박, 개봉박두정동"
부산 해운대	"방 없대. 우리 어떡 해운대."
부산 서면	"좋은 숙박 여기있서면~"
동대구	"방 없어 발 동동 대구 있니?"

공간 언어가 돋보이는 또 다른 광고 문구를 소개한다. 종합 숙박 어플 '야놀자'의 지하철 및 버스 광고 문구인데 지역명을 살

왜 그 사람이 말하면 사고 싶을까?

려 재미있게 문구를 지었다. 천편일률적이지 않고 지역 맞춤형 메시지를 던져 해당 지역 상권에서 이 문구를 접한 고객에게 직접적으로 어필한다. 공간 언어를 만들 때, 단순히 어떤 특정 지역과 지명을 활용하는 것에서 더 나아가 그 공간에서 벌어지는 상황을 염두에 두고 빗대어 말하거나 공략하는 것도 한 방법이다.

다음은 외국인들이 많이 타고, 출입국 승객도 많은 인천 공항 가는 9호선에 걸린 '시원스쿨' 지하철 광고다.

"여기서 내리세요? 몇 정거장 남았어요? 여기 자리 있어요? 가방 좀 치워줄래요? 이걸 영어로 못하면 왕 초보."

9호선은 외국에 가기 위해 공항을 이용하는 승객들이 많다. 그러한 특수성을 염두에 두고 타깃을 잘 공략한 메시지다.

또 다른 예시를 보자. 다음은 크로커다일의 버스 광고다. "오늘도 같은 옷 입고 이 버스 타세요?" 버스를 타려다가 이 문구를 보면 정말 직관적으로 꽂힌다.

대학로의 한 만화방 간판 이름은 '연극보다 만화'다. 연극이나 볼까, 볼만한 게 있나 배회하는 사람들을 겨냥한 간판 이름이다. 나름 고민한 흔적은 보이지만 나 같으면 '두 시간 연극보다 종일 만화방'이라고 짓고 '좁은 연극 의자보다 구름 같은 만화방 소파'라고 서브타이틀을 붙여줬을 것이다. 만화방 주인이 비용을 들여 우리 회사에 마케팅 컨설팅 의뢰를 하지는 않을 테지만 말이다.

공간의 상황을 이용하라

미국 공항 일대에서는 비행기를 기다리는 탑승객들이 벽에 콘센트만 보이면 아이폰 충전기를 꽂고 그 자리를 떠나지 못하는 모습을 흔히 볼 수 있다. 콘센트가 있는 벽에는 삼성전자의 재미난 데칼 광고가 붙어 있다.

"갤럭시 S4(보조 배터리 포함 배터리 2개)였다면 면세점에서 신나게 쇼핑할 시간에 벽에 딱 붙어 있는 한심한 아이폰(배터리 1개) 유저들아."

다음에는 삼성 스마트폰으로 바꿔야겠다는 생각이 충분히 들게 하는, 위치에 적합한 공간 언어다.

언젠가 아프리카 수단의 옥외 광고판에 삼성전자가 "다음은 무엇인가?What's next?"라고 적어놓은 광고가 있었다. 물음표 우측에 화웨이가 같은 크기의 입간판을 나란히 세워놓았다.

"다음은 화웨이야Next is here."

경부 고속도로를 타고 가다보면 충북 청원군 남이 JC에서 회덕 JC의 상습 정체 구간이 나온다. 이곳은 항상 막힌다. 코레일은 이곳에 가로 18m, 세로 8m의 옥외 광고판을 설치하고 'KTX 탈걸'이라는 문구를 노출시켰다. 수많은 운전자들의 한탄이 나오는 곳에 자리 잡은 참으로 적절한 공간 언어다.

경기도 광주 곤지암에 위치한 수목원 화담 숲의 장점은 계단 없이 완만한 경사로가 있어 유모차를 끌고도 정상까지 천천히 올라

왜 그 사람이 말하면 사고 싶을까?

갈 수 있다는 점이다. 그 때문에 어린아이를 데리고 가는 부모들이 많다. 그런데 유모차를 끌고 가는 사람은 늦고, 혼자 가는 사람은 빠르니 거리가 벌어질 수밖에 없다. 혼자 가는 사람들은 빠른 걸음으로 올라가면서 하나같이 뒤를 돌아보며 "빨리 와"하고 재촉한다. 아니나 다를까, 산 중간에 이런 문구가 있다.

"왜 그렇게 서두르십니까? 급한 일 있으세요? 경치 구경하면서 천천히 산책하세요."

꽤 오랜 시간 그곳에서 지켜봤는데 확실히 이 문구가 노출된 지점부터는 다들 속도를 늦추는 것을 알 수 있었다.

언젠가 조카들과 함께 코엑스에서 개최하는 모래 체험전에 갔다. 모래성도 만들고 클레이 놀이도 하고, 온통 아이들 밭이었다. 아이들끼리 놀게 하고 벽 쪽에 있는 의자에 앉으려고 하는데 이렇게 쓰여 있는 것이었다. "아이들은 멀리서 구경하는 것보다 부모와 함께하는 것을 더 좋아합니다."

그 문구 위에 도저히 엉덩이를 붙일 수가 없었다. 이 한마디 때문에 피곤함을 누르고 아이들과 즐겁게 시간을 보내줬다.

5호선 광화문역 지하철에 내리면 교보문고 가는 길에 한 광고가 있다.

"책 재밌게 보시고 구매는 예스24에서 하세요." 책은 오프라인에서 마음껏 구경하고 주문은 인터넷에서 싸게 주문하라는 말인데, 위치를 기가 막히게 잘 잡았다.

한번은 미국 네바다 주를 종일 달리다가 로플린이라는 지역의, 작은 카지노가 딸린 호텔 하라스에서 숙박하게 됐다. 이 지역을 지나가는 사람들은 트럭 기사를 비롯해서 장거리 여행자들이 많다. 다음날 새벽이면 또 길을 떠나야 하니 피곤해서 쉬어가기 위해서다. 나도 얼른 쉬어야지 생각하고 호텔방 키를 받았는데 방 카드 키에 이런 문구가 있었다. "좀 나가 놀아라!come out and play!"

적절하고도 간단한 이 한마디의 공간 언어로 카지노 매출은 올랐다. 나 같으면 "내려가! 트럭 운전대 대신 요트 운전대를 잡게 될 거야!Go down to the Casino on the first floor. You'll soon be sailing a yacht instead of driving a truck!"라고 만들어줬을 것이다.

신촌 연남동에는 '서서갈비'라는 유명한 식당이 있는데, 이곳에서는 밥도 김치도 찌개도 안 판다. 반찬도 없다. 진짜 서서 고기만 먹고 나가야 한다. 그런데도 항상 줄이 길게 늘어서 있다. 가게 문을 따라 길게 줄을 서 있으면 옆 벽면에 작은 종이가 한 장 붙어 있는데 내용은 이렇다.

"서서갈비 정문에서 뛰어 딱 3초 걸리는 슈퍼! 서서갈비 먹을 때 필요한 4대 필수 아이템은 햇반, 김치, 즉석 캔 반찬, 페브리즈 비치." 이 문구를 보는 순간 무조건 사러 갈 수밖에 없다.

적절하지 않은 장소라도 맞춤 공간 언어로 재탄생시키면 돈이 벌린다. 공간에 맞는 언어를 만들면 된다.

당신이 장사를 하려고 임대할 상가를 알아보고 있는데, 장문

왜 그 사람이 말하면 사고 싶을까?

정이 운영하는 부동산 중개소에 들어왔다고 가정하자. 당신은 남향 상가와 북향 상가 중 남향을 소개해달라고 요구했다. 안타깝게도 나는 북향 상가 매물만 보유하고 있다. 그렇다면 나는 당신의 의뢰를 포기할까? 아니다. 공간에 맞는 언어로 바꿔서 북향 매물을 권할 것이다.

"상가는 남향이 찬밥입니다. 어떤 업종이 들어와도 힘듭니다. 상가는 통유리이기 때문에 하루 종일 내리쬐는 햇빛과 고열로 냉방비가 장난 아니게 나옵니다. 음식점이 들어오면 식재료가 금방 쉬고, 옷가게가 들어오면 옷이 금방 빛바래고 탈색됩니다. 어떤 종목이라도 상품 변색이 심해져서 상품 진열에 애먹습니다. 또한 자연 일조량이 쏟아지면 상품을 돋보이게 하는 조명을 원하는 대로 할 수도 없습니다. 상가는 태양빛을 피하시는 것이 유리해요. 상가는 냉난방비도 줄이고 조명 연출도 쉬운 북향이 최고예요." 이러면 고객이 원하지 않던 공간이라 할지라도 쉽게 팔 수 있다.

비언어 공간 전략

지금까지의 사례들은 모두 그 지역, 장소, 위치, 공간에 적절한 공간 언어의 예들이다. 하지만 꼭 언어라는 것이 글씨로만 구현돼야 하는 것은 아니다. 안산시 단원구에는 외국인 노동자가 많이 모여 산다. 쓰레기 불법 투기가 장난 아니다. 구에서 아무리 홍보하고 벌금을 물려도 소용이 없다. CCTV를 달아봐야 어차피 불법 체류자이고 외국인들이라 신경 쓰지 않는다. 그런데 이 문제를 단번에 해결한 방법이 있다. 쓰레기를 무단 투기하는 곳에 그 노동자들 나라의 국기를 붙여놨더니 더 이상 버리지 못하는 것이었다. 차마 조국의 국기 아래 쓰레기를 버릴 수 없었을 것이다. 정말 그 공간에 어울리는 탁월한 전략이었다.

공간은 물리적·지리적 위치에만 국한된 것이 아니다. 온라인 공간도 포함된다. 중국어 교육을 전문으로 하는 문정아중국어에서 처음 일이 들어왔을 때, 제일 먼저 이 회사에 대해 조사해보았다. 문정아중국어 홈페이지 방문자 수가 매월 100만 명이나 되었다. 놀라운 수치다. 이유 없이 놀러 들어가는 포털이나 뉴스 페이지와는 달리, 구매 목적을 가지고 자발적으로 방문하는 잠재 고객이 월 100만 명이면 이 숫자 자체를 허수가 아닌 실수로 봐야 한다. 그들을 놓쳐서는 안 되는 것이다.

이쯤 되면 이 홈페이지 자체가 정말 중요한 공간이 된다. 그런데 막상 방문 수에 비해 매출은 그다지 높지 않았다. 많은 고객들이 웹상에서 눈으로 탐색만 하고 나가버린다. 그래서 이들을 잡기 위한 묘수를 고안했다. 웹페이지 안에 내가 등장하여 직접 상품 세일즈를 하는 직판 영상을 홈페이지 중심에 알박기로 심어놓아 유입된 자들이 영상을 클릭하게 해놓았다. 매출이 일어나는 공간에서 직접 장사를 하고 있으니 반응이 오지 않을 수 없다. 현재 이 회사는 이

왜 그 사람이 말하면 사고 싶을까?

런 식의 영상 마케팅으로 큰 매출 효과를 보고 있다. 당신도 고객과의 접점이 일어나는 그 공간에서 매출이 발생될 수 있도록 모든 공간에 세일즈 장치를 만들어야 한다. 이런 사례들을 통해 당신의 마케팅 공간에는 무엇을 넣을까 통찰력을 얻길 바란다.

공간 개척
돈 되는 공간으로 찾아간다

팔리는 공간으로 이동하라

공간은 이동이 쉽지 않다. 그러므로 가능하다면 우리가 공간으로 뛰어드는 것도 방법이다.

우리 동네 상가 건물 지하에 반찬 가게가 있다. 대충 봐도 매상이 신통치 않아 보인다. 그런데 맛은 있다. "밖에서 판매해보지 그러세요" 하고 지나가듯 한마디 했다.

어느 날부터 사장님은 정말 그렇게 하셨다. 1층 상가 입구 앞에서 매일 저녁 식사 시간마다 '만 원에 4팩'이라고 써 붙여놓고 반찬을 팔았다. 밖에서 파니 누가 봐도 떨이 같고 행사처럼 보였다. 지나가는 아기 엄마와 직장인들이 주 고객으로 대부분 현금을 내고 간다. 물어보니 퇴근 시간대에 2시간 동안 240팩이 팔렸다고 한다. 하루 내내 팔아도 못 팔 양을 2시간 만에 60명에게 판 것이다. 이제 그분은 오후가 되면 아예 밖에다 자리를 펴고 판매 준비를 하신다.

가끔 지방 출장 때문에 이른 새벽 서울역에 들를 때가 있다. 서울역 2층에는 던킨도너츠가 있는데, 아침 출근 시간에는 일부러 1층 입구에서 도넛과 커피를 판다. 아주 불티나게 팔린다. 대충 봐도 초 단위로 팔리는 것 같다. 출근하느라 바쁜 회사원들 중 2층까지 올라가 도넛을 사는 수고를 감수하려는 사람은 많지 않겠지만, 1층이라면 잠깐 짬을 내 지갑을 열 용의가 충분한 것이다. 이처럼 공간을 적극적으로 개척해야 돈을 벌 수 있다.

톨게이트에 줄을 서서 인내심을 시험하는 오랜 기다림 끝에 통행료를 지불하고 나오면 하이패스 단말기 판매점이 어서 오라고 손짓한다. 비싼 임대료를 내야 하는 가전 양판점보다 이 얼마나 더 효과적으로 판촉 효과를 기대할 수 있는 공간인가?

가전 판매점도 이제 제자리에서 손님이 오기를 기다리지 않는다. 롯데 하이마트나 삼성 디지털프라자 같은 가전 양판점들은 새로 입주하는 아파트 단지 앞에 '입주 기념 가전 패키지 할인 행사' 또는 '입주 세대만을 위한 이사고객 우대'라는 현수막을 걸어놓는다. 손님이 매장에 와서 가전제품을 사 가는 것이 아니라 매장 직원이 직접 상품을 들고 손님을 찾아가기도 하는 것이다. 이와 비슷한 사례로, 폐경 여성 전문병원 앞에 좌판을 놓고 갱년기 건강식품을 파는데 기가 막히게 팔리는 것을 봤다.

중국집은 이사 온 집만 골라 전단지를 주고 간다. 이삿짐을 대강 정리하고 점심 먹을 때가 되었는데, 동네에 식당이 어디에 있는지도 모르고 짐을 놓아두고 나가서 먹기도 애매하다. 그러니 자연스럽게 아까 받은 전단지의 중국집으로 음식을 주문하게 된다. 공간 파고들기 성공이다.

직장인들은 점심을 먹고 나면 으레 커피를 들고 회사 건물 옆 흡연 구역에서 담배를 피우며 수다를 떤다. 그런데 그들 주변에서 종종 목격되는 사람이 있다. 바로 야쿠르트 아줌마다. 그분 자체가 점심 먹고 관성적으로 의미 없는 커피를 마시기보다 몸에 좋은 유제품을 마시라는 소리 없는 메시지처럼 느껴진다. 위치의 중요성을 인식한 한국야쿠르트는 심지어 야쿠르트 아줌마가 실시간으로 어디에 있는지 알려주는 앱을 개발해서 배포하고 있다.

찾아가는 공간 마케팅 전략

한솔교육 영업 선생님들에게 세일즈 코칭을 하면서 좋은 효과를 보고 있는 영업 전략이 있다. 바로 재롱 잔치 장소로 파고드는 것이다. 재롱 잔치 때 엄마 아빠들은 기분이 최고조가 되어 거의 이성을 잃는다. 즉, 아낌없이 돈을 쓰고 싶어 한다. 더구나 내 아이와 남의 아이가 명확히 비교되는 날이기에 내 아이가 뒤처지는 꼴을 못 본다. 바로 그 현장에 유아 관련 교육 상품을 들고 영업하러 가면 최고의 효과를 볼 수 있다. 홍보물과 학습지 샘플이라도 전해주고 오면 다른 어떤 날 대면 영업을 하는 것보다 효과가 크다. 또한 요즘은 재롱 잔치에 조부모들도 많이 참석하기 때문에 조부모의 재력도 과시되는 날이다.

그런데 대부분의 유아 교육 회사들이 이 날을 놓치고 있다. 전국의 유치원 수는 8,000개가 넘는다. 일자와 장소를 알아내는 것도 전화 한 통이면 되고, 누구나 행사장에 들어갈 수 있기 때문에 행사장 바깥에서 일부러 부스 행사를 할 필요도 없다. 재롱 잔치가 시작되기 전에 자리를 돌면서 참석자들에게 브로슈어와 샘플을 나눠주기만 하면 된다. 이러한 판촉 활동은 대부분 같은 날 동시에 하지 않고, 12월부터 이듬해 2월 사이에 함으로써 3개월이나 영업의 씨앗을 뿌릴 수 있다. 현재까지도 이곳은 무풍지대다. 당신이 교육업에 종사하고 있다면 한번 뛰어들어 보라.

내가 세일즈 코칭을 하는 주방 브랜드 '타파웨어'가 있다. 가끔씩 용산 빌딩 본사에서 타파웨어 판매원들을 만나 상품 세일즈에 대해 함께 고민한다. 타파웨어의 방판 구조는 이렇다. 팀원에 해당하는 카운슬러가 있고, 그 위에 팀장에 해당하는 매니저, 그 위에 그룹 리더가 있다. 그런데 이분들의 세일즈 실력이 장난 아니다. 매니저들은 연매출 1,000억을 찍는다. 그룹 리더들도 1인당 개인 월 2,000만 원 이상 실적을 낸다. 사무실도 없는 이분들의 영업 방식은 홈 파티라고 부르는 방식인데, 찾아오라 식이 아니라 찾아간다 식이다. 고객의 가정에 직접 찾아가는 것이다. 고객은 주변 지인들을 소집해서 장소만 제공한다. 고객의 집에서 타파웨어 주방용품을 이용한 요리 시연과 레시피, 다양한 정보를 제공하면서 동시에 판매 수익도 올리는 구조다.

이 방식은 이미 1948년,《비즈니스위크》최초의 여성 표지 모델 브라우니 와이즈가 개발했다. 그녀는 미국 중산층 가정주부들의 오후 커피 타임 혹은 사교 파티장을 찾아가 타파웨어 브랜즈 제품을 판매했다. 그것이 지금의 직판 영업 방식으로 굳어진 것이다. 그 자리에서 제품에 대한 모든 궁금증과 사용 방법, 성능이 확인되고 입소문도 함께 붙는다. 더구나 세일즈에 대한 무장 해제가 되는 가정이라는 공간에서 모든 것이 진행되니 의심할 생각이 들지 않는다는 장점이 있다.

한국의 은행은 시중 은행, 국책 은행, 지방 은행을 모두 합쳐 17개다. 보험사는 재보험사를 제외한 손해보험과 생명보험만 합쳐도 41개로 은행보다 2배나 많다.[2] 그럼에도 그동안 보험 순익은 은행 순익을 한 번도 이기지 못했다. 2011년만 해도 2배 이상 차이가 났다. 2015년에 처음으로 보험사 순익이 은행 순익보다 많았다.[3] 그리고 계속 격차가 커지고 있다. 각계에서 그 이유를 다양하게 내놓지만 내 생각은 단순하다. 가만히 앉아서 고객이 찾아오기만을 기다리는 은행은 고객을 찾아가는 보험사를 더 이상 이기지 못할 것이다. 앞으로도 보험사는 계속 은행에 앞서나갈 것이다. 낚시꾼도 본인이 편한 자리가 아니라 물고기가 많이 있는 곳으로 찾아가지 않는가.

요즘 버스 랩핑 광고가 활성화되고 있다. 움직이는 버스는 어디든 찾아가서 알박기를 할 수 있다. 사람이 붐비는 강남역이나 홍대 주변 같이 옥외 광고비가 비싸서 엄두가 나지 않는 곳에 버스 광고를 활용하면 된다. 또한 타깃이 명확한 장소로 찾아갈 수도 있다. 공무원 학원 광고를 달고 공무원 시험이 끝나는 시험장 앞에 버스를 세워두면 된다. 도로 바깥 차선 인도를 걷는 소비자들 눈에 광고가 매우 직접적으로 노출되어 각인 효과가 상당하다.

공유 경제를 이용하라

공간을 활용하는 공유 경제도 좋은 방법이다. 점포 쉐어링은 한 지붕 두 가족처럼 한 가게를 업종이 다른 사람들끼리 서로 공유하거나 빌려 쓰는 것이다. 주류 장사의 경우는 보통 오후 늦게 점포를 연다. 그러니 식당을 차리려는 사람이 가게를 따로 얻지 않고 이 점포에 전전세나 숍인숍 개념으로 들어가 임대료를 내고 아침, 점심에 식사 메뉴를 팔아도 된다. 2명의 사장이 임대료를 나눠서 부담하면 되니 누이 좋고 매부 좋은 일이다.

우리 회사는 강의를 업으로 하지 않는다. 하지만 책이 출간되면 많은 곳에서 강연 요청이 들어오기 때문에 출간 초기에는 책 홍보도 할 겸 부지런히 기업 강의를 다닌다.

전작이 출간됐을 때의 일이다. 출판사를 통해 한 곳에서 강연 요청이 들어왔다. 장소는 임대료가 비싼 강남 테헤란로 중심의 빌딩이었다. 그런데 막상 도착해보니 강연장이 없었다. 나를 초청한 분은 강연 전문 기업이라고 적혀 있는 명함을 내게 내밀었다. 알고 보니 이 기업은 다른 회사의 사무실을 무료로 이용하고 있었는데, 그 회사 직원들이 모두 퇴근한 저녁 시간에 빈 사무실을 강연장으로 사용하는 것이었다. 대신 그 회사의 직원들은 회비를 내지 않고 무료로 강연을 들을 수 있게 했다. 사무실 한쪽 벽을 슬라이드로 사용하고, 작은 앰프를 놓고, 강연료를 받아 강사료를 지급하고 나머지는 본인의 수익이 되는 구조였다. 대관비 한 푼 내지 않고 강의 전문 회사를 운영하다니, 참으로 능력 대단하시다.

홈그라운드 전략
고객을 불러들여라

기 싸움에서 이기고 들어가기

장소 자체만으로도 승부를 볼 수 있다. 내 직무는 협상으로 시작된다. 사전 협상 때 컨설팅 금액을 책정하고 일을 시작하니 제일 중요한 일이다. 그래서 기업에서 내게 일을 맡기고자 연락하면, 제일 먼저 미팅을 잡고 상품 회의를 해야 하는데 상대의 첫마디는 "어디서 뵐까요?"다. 이때 당신이 고객사를 방문하는 것이 옳다고 생각하는가, 아니면 상대를 당신의 회사로 부르는 것이 옳다고 생각하는가? 특별한 경우가 아니면 우리 동네로 불러야 한다.

물론 고객사에서 상품 체험과 자료를 더 쉽게 접할 수 있는 경우라면 찾아가야 옳지만, 되도록이면 내 구역으로 불러들여야 한다. 이것은 일종의 기 싸움이다. 보통 상대의 회사에 가면 1층 인포메이션에 신분증을 맡기고 서명한 뒤 보안키를 받아 개찰구를 찍고 어리둥절한 얼굴을 한 채 미팅 룸으로 안내되어 "어이구, 감사합니다" 하며 대접해주는 차를 넙죽 받아 마신다. 이렇게 되면 내가 꿀리고 들어가는 격이 된다. 그러나 상대를 내 회사로 오게 하면 모든 것이 반대가 된다.

마지막으로 재직했던 홈쇼핑 회사에서는 퇴사하기 3년 전부터 이미 내 회사를 따로 운영해서 키우고 있었기에 기업 일감이 속속 들어왔다. 이때 미팅은 어지간하면 내가 재직 중이던 회사에서 하도록 끌어들였다. 대기업 본사 입구에서부터 두 번에 걸쳐 보안 검사를 받고, 카드키를 찍고, 일반인이 쉽게 들어오지 못하는 방송국에 들어오면 상대는 이미 기가 확 죽어 있다. 지나가는 연예인 게스트와 모델들을 신기한 눈으로 바라보며 앉아 있을 때쯤, 막 방송을 끝내고 방송용 분장과 의상을 입은 채로 바삐 내려와서 명함을 건네면 상대의 기가 눌려 있음을 알 수 있다. 그런 분위기 속에서 차와 케이크를 대접하면서 협상을 시작하면 늘 내가 원하는 쪽으로 기선을 잡게 된다. 장소가 한 몫 하는 것이다.

유통업을 하면서 정말 많은 중간유통사를 만났다. 여러 식품을 론칭하면서 늘 익숙하게 지냈던 사장님이 한 분 계셨는데, 그분은 상품을 입점시키는 을의 입장이다 보니 연신 굽실거렸다. 내가 근무하는 회사에서 그를 봤을 때는 항상 위축된 모습이었다.

그런데 한번은 내가 그 회사를 방문할 일이 있었는데, 현관에서부터 입이 떡 벌어졌다. 꽤 큰 빌딩을 소유하고 계셨고, 맨 위층 회장실에 올라갔더니 손님 접대실에 여러 명의 비서가 앉아 있었다. 잠시 뒤 이 사장, 아니 회장님이 등장했는데 나도 모르게 벌떡 일어나서 그 회사의 말단 사원마냥 직원들과 함께 머리를 조아렸다. 장소가 주는 영향력이 상황을 역전시키는 순간이었다.

공간으로 상대를 압도하라

이런 이유로 내 회사는 미국 LA에서 요즘 한창 잘 나가는 윌셔 대로의 중심에 자리 잡고 있다. 한국 사무실은 계동에 있다(계동이라고 하면 모르고 북촌이라고 하면 다 안다). 기와 담장을 따라 문을 열고 들어오면 고풍스러운 한옥이 등장하고, 아름다운 한복과 한복을 입고 있는 외국인들의 모습이 보이니 처음 방문하는 분들은 대부분 당황한다(10년 전 북촌에서 최초로 고급 한복 숍을 오픈해서 한복 사업을 겸하고 있다). 그러면서 신발을 벗어야 하나 말아야 하나 어쩔 줄 몰라 할 때 대청마루에 한방차를 내놓고, 그 사이 한복을 입게 하고 기념사진을 찍어준다. 일단 한복까지 입혀놓고 미팅을 진행하면 예외 없이 시작부터 기선을 잡게 된다.

그러니 당신도 회사가 따로 있다면, 미팅 때 어수선한 커피숍에서 하기보다 당신의 구역으로 끌고 오라. 고급 외제차에는 투자하지 않더라도 사무실에 대한 투자는 무리한 수준이 아니라면 최대한 고려해 봄직하다. 축구도 홈그라운드에서 뛰면 더 좋은 성적을 낸다. 하물며 동네 길고양이들도 자기 구역에서는 90점 먹고 들어간다.

맺음말

행사 대행을 맡을 때 제일 중요한 것 중 하나가 부스 위치 선정이다. 고객사가 계약한 부스를 행사 전에 미리 방문해보는 이유도 여기에 있다. 위치를 보면 시작부터 한숨이 나올 때가 있는데, 그 슬픈 예감은 틀린 적이 없다.

여러 논문들에서는 고객이 장소에 따라 구매 의도가 달라지고 언어까지 바뀐다는 것을 관측했다.[4] 그래서 백화점은 DP에 목숨을 건다.

한 실험에서는 소비자들이 어떤 곳에서 상담을 하고 물건을 파느냐에 따라 같은 상품이라도 구매율 차이가 현격히 달라지는 것을 보여줬다. 어수선하고 복잡한 장소에서는 구매할까 말까 고민하고 언어도 과격해지는 데 반해, 조명과 인테리어가 훌륭하고 부드러운 분위기의 장소에서는 더 편안한 언어를 사용했고 구매액도 더 높았다.[5]

공간에 대한 투자는 비용cost price으로 직결되기에 돈 쓰시라는 말은 함부로 할 수 없다. 하지만 공간에 적합한 언어를 만드는 것은 돈이 들지 않는다. 건설적 고민을 통해 마치 이사한 집에 가구를 배치하듯 그 공간에 맞는 적합한 언어를 배치해보시라.

장소가 달라지면 언어도 달라진다. 언어가 달라지면 생각이 달라진다. 생각이 달라지면 태도가 달라진다. 지갑 여는 태도 말이다.

4장

사물 언어,
눈앞에 보여야 믿는다

직접시연 효과
보여준 만큼 신뢰를 얻는다

1986년 한국에 미국 드라마 〈맥가이버〉가 방송됐을 때 사람들은 몹시 열광했다. 주변의 사물과 상황을 이용해서 위기를 헤쳐 나가는 순발력과 상황 판단력 때문이었다. 껌 종이 하나면 멈췄던 기계도 돌리고, 사탕으로 폭탄까지 만들어 적을 물리친다. 총질만 해대던 람보나 코만도와는 차원이 달랐다.

　　나는 많은 협상과 PT를 한다. 그러다보니 늘 생각지 못한 변수를 많이 만나는데, 그럴 때 현장 주변의 물건과 상황을 이용해 애드립을 하여 생각지 못한 좋은 결과를 얻을 때도 많다. 이름하여 사물 시연법을 이용한 사물 언어를 소개한다. 사물 시연법은 실제 사물을 직접 보여주거나, 시연을 이용하거나, 특정 사물을 빗대어 설득해나가는 방식이다.

"엄마, 얼룩말이 뭐예요?" 아이의 물음에 응하는 최고의 방법은 직접 동물원에 데려가서 보여주는 것이다. 음식점에서 글씨로만 된 메뉴판보다 실물 음식 사진이 나와 있을 때 이해가 빠르고 주문하기 쉽듯이 어필하고자 하는 바를 직접 드라마틱하게 시연하거나, 주변의 흔한 사물을 이용해서 예시를 들거나, 유사한 상황에 대입시켜 쉽게 풀어 설명하는 방식을 말하는 것이다.

이런 실물 교습의 장점은 사물의 예시를 들기 때문에 상대의 이해를 쉽게 도울 수 있고, 미리 준비돼 있지 않아도 주변 상황을 즉흥적으로 이용하는 느낌을 주기 때문에 임기응변과 순발력이 돋보이게 하고, 실재적이기 때문에 현장감이 느껴지게 만든다.

다음은 사물 시연법을 쓰는 방법이다.

1. 상담 또는 PT 현장 주변에 놓여 있는 물건들과 상황을 대화의 매개체로 사용한다.
2. 딱히 사용할 만한 물건이 없다면 그날의 이슈나 뉴스거리, 날씨 등을 이용하거나 그마저도 없다면 고객의 머릿속에 그림을 그려나간다는 느낌으로 예시를 든다.

사물 언어의 설득력

　　　　　　　우리 회사의 해외 사례는 배제하고 국내 사례 위주로 서술하겠다고 프롤로그에서 밝혔으나, 이 주제와 적절하다고 판단돼 최근에 미국에서 있었던 일을 하나 언급하겠다.

　　얼마 전 미국 LA에서 마케팅 자문과 강의를 했다. 미국 BBCN과 윌셔 뱅크가 합병돼 덩치가 커진 포브스 선정 미국 최고 은행 21위에 오른 '뱅크오브호프Bank of Hope'라는 회사였다. 1차로 이 은행의 마케팅 컨설팅을 했다. 마침 LA 윌셔에 있는 내 회사와 거리가 멀지 않아서 한동안 이 회사에 출근했다가 퇴근 후에는 다시 내 회사로 돌아오는 일을 반복했다. 그들과 함께 지내면서 회사 내부의 경영과 실태를 진단해보니 문제점이 극명했다.

　　고객과의 관계가 아니라 사내 구성원 간의 조화가 큰 문제였다. 한인 1세대(성인이 된 후 이민 간 세대)는 80년대 한국식 사고방식을 간직한 채 미국으로 떠나서 보수적이고 고지식하다. 반면 1.5세(어릴 때 부모를 따라 이민 간 세대)는 생김새만 한국인이지 마인드는 미국인이고, 2세대(미국에서 태어난 세대)는 그냥 미국인이다. 한인 은행이라는 기반에 타 은행들과 합병돼서 각자 기존 회사의 문화에 익숙해진 사람들끼리 함께 모여 일을 하니 조직 내 융화가 안 된다는 것이 가장 큰 난제였다. 그에 더해 요즘은 현지 미국인들도 많이 채용돼서 한인, 생김새만 한인, 미국인까지 뒤섞여 있기 때문에 구성원 간의 커뮤니케이션이 쉽지 않았던 것이다.

원인을 파악한 다음 2차로 브리핑 및 강의를 진행했다. 이 은행의 모든 지점장이 내 강의를 듣기 위해 미국 전역에서 비행기를 타고 날아왔다.

본사 임직원을 포함해 지점장들이 모두 모여 있는 자리에서 토의를 진행했다(미국에서는 한국처럼 강사가 혼자 떠드는 일방적 주입식이 아니라, 청강생과 적극적인 토의식으로 강의가 진행되는 경우가 많다). 조직 내 불협화음을 일으키는 존재가 1명이라도 있다면 인사권을 발휘해 조직에서 추방할 것인지, 그래도 계속 보듬어가면서 끌고 갈 것인지 리더로서 한쪽을 선택하라고 했다. 그러고는 사물 시연을 예로 들어서 그 이유를 설명해보라고 했다. 그때 코칭했던 사물 시연법들을 소개한다.

먼저, 문제가 있는 직원도 이끌고 간다는 쪽의 주장이다. 코칭이므로 나도 관여한 멘트들이다.

처음에 발표한 직원은 한 번 환하게 웃고는 이렇게 말했다.

"사람이 이렇게 웃을 때는 아무리 간단한 미소라도 38개나 되는 근육이 조화롭게 움직여서 환한 얼굴을 만드는데, 만약 단 하나의 근육이라도 사용하지 않는다면 이렇게 될 것이다."

그러더니 이번에는 한쪽 입꼬리를 추켜올리며 웃어 보였다.

"단 하나의 근육만 빠져도 이처럼 일명 나이키 웃음(한쪽 입꼬리만 올리는 비웃음)이 만들어질 것이다. 미소가 마음에 들지 않는다고 그때마다 그 근육을 배제시킨다면 최종적으로는 아무 근육도 남아 있지 않게 되고 결국 웃지 못하게 된다. 이와 마찬가지로 각각의 구성원이 모여서 움직일 때 비로소 회사도 웃는 얼굴이 되지, 문제가 있다고 그때마다 구성원을 버린다면 결국 무표정한 얼굴밖에 안 될 것이다." 그는 얼굴 표정을 사물 언어로 만들어 사람들을 설득한 것이다.

다음 직원은 퍼즐로 된 액자를 들고 나왔다.

"퍼즐을 볼 때 그것이 100피스든 1,000피스든 조각 하나가 빠져 있으면 전체의 그림이 눈에 들어오는가? 아니면 빠진 구멍 하나만 눈에 들어오는가? 마찬가지다. 마음에 안 든다고 쉽게 구성원 1명을 빼버리면 그 사람의 빈자리는 생각보다 클 수 있다."

또 다른 직원은 동물이 동물을 잡아먹는 사진을 보여준 다음 이렇게 말했다.

"직원을 쉽게 해고하는 것은 동물적인 사고이며, 회사를 정글로 만드는 일이다. 동물의 세계에서 정글의 법칙은 강력하고 필요한 자만 살아남는다는 적자생존의 원칙이 지배한다. 만약 효용성 없고 약한 자라고 그때마다 퇴출시키면 우리는 동물과 다를 바 없다."

구구절절 옳은 말들이다. 당신이 인사권자라고 가정했을 때 이처럼 사물에 빗댄 사물 시연을 듣는다면 문제 직원에 대한 화가 금방 누그러질지도 모른다.

이번에는 불화를 유발하는 직원은 부서 이동을 시키든지 잘라야 한다는 주장을 들어보라.

"마트에서 카트를 뽑아서 장을 볼 때, 간혹 카트 바퀴 4개 중 1개가 말썽인 적이 있지 않은가? 그 경우, 나는 정육 코너에 가려고 하는데 카트는 생선 코너로 간다. 별것 아닌 고장 난 바퀴 하나도 잠깐 장보는 내내 나를 성가시게 괴롭히고 발목을 잡는데, 조직에서 1명이 말썽을 일으키면 조직 전체의 방향이 틀어진다."

한 사람은 나사를 하나 집어 들고 말했다.

"2011년 한국에서 경부선 KTX 열차가 나사 하나 때문에 탈선한 사례가 있다. 큰 덩치의 열차가 작은 나사 하나에 발목을 잡힌 것이다. 1986년 우주 왕복선 챌린저 호도 부품 하나가 말썽을 일으켜 공중 폭파되어 달나라에 가지 못하고 모두 죽었다. 달나라까지 가는 우주선이 작은 부품 하나가 문제되어 성공하지 못했다. 더 힘차게 전진해나가야 하는데, 나사 같은 아주 작은 구성원 1명 때문에 발목을 잡힐 수 있다. 그러니 버리고 가야 한다."

"국가 공인 시험을 볼 때, 모든 과목에서 만점을 받아도 단 한 과목에 과락 점수를 받으면 결국 탈락한다. 기준 이하로 미달되는 자가 결국 조직 전체를 무너뜨릴 수 있다."

이처럼 주변에서 응용할 수 있는 간단한 사물을 예로 들어 실물 교습을 하거나, 그것도 없다면 그 사물에 빗댄 비유나 예시를 들어 사용해도 된다.

생생하게 묘사하라

　　　　　　　　보험 시장의 예를 들어보자. 설계사들이 고객을 만나는 현장은 집, 사무실, 카페 세 곳 중 하나다. 그 현장의 주변을 둘러보라. 놓여 있는 물건들, 고객의 옷매무새, 사회적 이슈, 날씨, 분위기, 이 모든 것들이 대화의 매개체가 될 수 있다. 그것들에 빗대어 대화를 진행해나가는 것이 사물 시연이다.

　간병 보험이란 것이 있다. 나이가 들어 여러 가지 이유로 일상생활이 힘들어져 간호와 수발을 받아야 하는 상황이 왔을 때 자금을 지원해주는 보험이다. 이런 보험을 왜 들어야 할까?

　나는 한 보험사 세일즈 코칭을 할 때 이런 실물 교습을 사용했다. 교육생들에게 두 사람씩 짝을 지어 옆 사람의 어깨를 주물러주라고 했다. 처음에는 열심히 주무른다. 하지만 곧 지치거나 힘들어 하는 모습이 보인다. 나는 계속 하라고 한다. 다시 조금 기운을 쓰는 것 같지만 1분도 못 되어 다시 건성이 되거나 멈추는 자들이 속출한다. 나는 말한다.

　"가족 중에 누가 이렇게 당신의 어깨를 주무르면 당장 '아유, 시원해'라는 말이 나옵니다. 계속 주무르면요? 저처럼 계속 더하라고 말하는 사람 없죠. 그만하라고 합니다. 왜 그렇습니까? 미안하니까요. 당신이 혼자 식사를 못하고 옷을 못 입고 용변을 못 보는 일상생활이 힘들어지는 날이 오면 그때부터 가족들에게 그 미안한 짓을 평생 시켜야 된다는 것을 아셔야 합니다. 이 보험이 있다면 간병인을 자유롭게 쓸 수 있습니다."

이렇게 적절히 사물 시연에 빗대어 그에 맞게 풀어나가는 것이 사물 언어다.

내가 보험사에 만들어 납품하는 직판 영상은 현재까지 성공하지 못한 사례가 거의 없다. 다시 말해 매출이 안 나온 적이 없었다. 그 이유는 내가 시나리오를 잘 만들어서가 아니라 사물 언어를 이용한 실물 교습법 때문이다. 가령 암 보험 상품이 있다고 하자. 전국 최고의 설계사가 아무리 입으로 열심히 떠들어봐야 내 영상을 못 이긴다. 내 영상에서는 배를 가르고 위에서 암 덩어리를 직접 꺼내는 수술 장면을 보여주기 때문이다. 경악하면서 즉시 암 보험에 가입한다. 사물 시연은 단순히 보여주기 식으로 끝내면 안 되고, 기승전결의 시나리오가 탄탄하게 받쳐줘야 한다.

암 보험 영상에서 나는 A4 용지를 들고 이렇게 말한다.

"이런 종이에 손을 베여본 경험이 있으실 겁니다. 베이는 순간 그 소스라치는 아픔을 기억하십니까? 머리털이 곤두서며 소름끼치게 아픕니다. 겨우 몇 밀리미터 베이지도 않았는데 말이죠. 하지만 당신이 미만형 위암에 걸려 수술을 하는 경우, 겨우 1기라도 의사는 이 종이와 비교도 안 되는 날카로운 메스를 들고 당신의 식도를 깊숙이 찌릅니다(미만형 위암은 1기라도 전체 절제를 시행). 그리고 창자까지 쭉 땁니다. 다시 찌릅니다. 다시 창자까지 그어 내려갑니다. 그러면 수박이 갈라지듯 배가 갈라집니다. 그 속에 손을 집어넣고 위를 꺼

냅니다. 가위로 식도를 자르고 창자를 자릅니다. 그리고 꿰맵니다. 수술 후 고통이 어떨 것 같습니까? 더 큰 고통은 이제 평생 죽만 먹어야 한다는 것이지요." 그리고 이 멘트에 맞춰 모든 과정을 영상으로 보여준다.

당신이 보험 설계사라면, 이런 직판 영상 없이 고객용 청약서 종이 한 장만 가지고도 주변 사물을 이용한 실물 교습을 할 수 있다. 이처럼 사물 시연을 이용한 기법은 고객의 머릿속에 그림을 그리듯 구체적으로 묘사하는 것이 중요하다.

한 보험사에서 암 보험 상품의 세일즈 전략을 이렇게 짰다. 대장암에 대한 위험을 강조하는 방법인데, 생수병 하나만 있으면 된다. 마시면서 대화하자고 한 뒤 고객에게 $500ml$ 생수병 하나를 건넨다. 잠시 뒤 그 생수를 잠깐만 빌리자고 해서 손에 쥔 다음, 찰랑거리는 물소리가 들리게 물병을 흔들면서 이렇게 말한다.

"이 생수병 두 병 정도가 지금 당신의 대장 속에 있는 세균의 무게입니다. 사람의 대장 길이는 $9m$나 되는데 그 속에 유익균과 유해균이 85 대 15의 비율로 서식하죠. 즉 이 컵 한 잔에 유해균이 가득합니다. 이 나쁜 균들은 끊임없이 대장을 공격해서 폴립(대장 용종)을 일으킵니다. 한국인의 대장 용종은 대부분 대장암과 직결되는 선종이죠.[1] 안타깝게도 당신과 저, 둘 중 1명의 뱃속에 있습니다.[2] 한국인의 대장 용종 비율은 50%나 되니, 둘 중 1명은 뱃속에 대장암의 씨앗 내지는 시한폭탄을 품고 있는 셈이지요. 실제로 시한 폭탄에는 친절한 알람 따위 없습니다. 언제 터질지 모르죠.

동양인의 몸은 원래 육류 위주의 식사를 하도록 설계돼 있지 않습니다. 그러나 요즘 우리는 고기를 너무 많이 먹습니다. 육류는 채소나 과일보다 소화가 안 되고 배출이 느려서 대장에 오래 머물면서 부패해 독성 물질을 뿜어내며 대장 점막을 공격해서 세포가 비정상적으로 증식해 폴립이 되고 용종이 되고 대장암이 되는 겁니다.

지금 당신의 대장은 건강한가요? 대장암은 피검사, 엑스레이, 초음파로는 진단에 한계가 있어서 대장내시경으로 확인되는데, 2리터나 되는 장 청소 약을 먹고 항문에 기구를 삽입하는 만만치 않은 검사를 1, 2년마다 정기적으로 받고 계신가요? 제 직원은 젊은데도 내시경 검사 때마다 용종이 발견돼서 지금까지 전기 올가미로 8개나 떼어 냈습니다. 지금 당신의 장 속 상황이 어떤지 당신은 절대 모릅니다."

보통 이러면서 대장암에 대해 고객과 상담을 하면 재미난 현상이 발견된다. 흔들어 보이기 전까지 잘 마시던 생수를 절대 마시지 않는다. 마치 자신의 뱃속 세균을 마시는 것이라고 생각하는 모양이다. 다름 아닌 사물 시연의 힘이다.

보험 상품 중에 2대 질병(뇌질환, 심장질환)을 보장하는 상품이 있다. 이런 보험에 왜 들어야 할까? 어느 날 멀쩡히 길을 가다가 갑자기 머리를 부여잡거나 심장을 쥐어뜯으며 억 하고 쓰러질 일이 있겠는가? '그럴 수 있지'라고 생각하는 사람이 있다면 좋은 유망 고객을 만났으니 당장 가입시키면 된다. 하지만 뇌와 심장으로 가는 혈관이 갑자기 막혀서 지금 당장 쓰러질 거라고 생각하는 사람은 별로 없다. 이럴 때 머릿속에 그림을 그려주면 된다.

"부항을 떠본 적 있으세요? 지금 당신의 어깨에 사혈침을 마구 찌르고 부항기를 대고 빨아내면 맑고 깨끗한 피가 나올 것 같은가요? 선지처럼 검고 걸쭉한 핏덩어리들이 빨려나올 것 같은가요?" 대부분 후자라고 답한다. 분명 내 어깨에 피가 순환이 안 되어 뻐근하고 막혀 있음을 인정하는 것이다. "그런데 왜 심장과 뇌로 가는 혈관이 막혀 있을 거라고는 생각하지 못하십니까?" 이렇게 머릿속에 뇌와 심장을 살짝 어깨로 바꿔주고 부항기라는 사물을 빗대서 그림을 그려나가면 된다.

비슷한 맥락에서 건강식품 오메가3를 왜 먹어야 할까? 다음과 같이 또 다른 사물에 빗대어 사물 언어를 만들 수 있다.

"피는 산소와 양분을 운반하는 일도 하지만 노폐물, 즉 기름 찌꺼기(중성 지방)도 운반합니다. 그 찌꺼기가 혈관 속을 동동 떠다니다가 혈관 벽에 껌처럼 달라붙습니다. 하루 세 번 이상 양치질을 잘해도 치아에 치석이 끼는데, 혈관 청소는 평생 단 한 번 못해보고 사니 혈관에 때가 안 끼었겠습니까? 그래서 혈관은 20대에 20% 막히고, 40대에 40%, 60대에 60% 막힌다는 말이 있지요. 봄에 대청소하겠다고 방충망을 열 때 손바닥으로 쓱 방충망을 만지면 손이 새카맣게 됩니다. 맑은 공기가 지나다니는 것 같아도 때가 낍니다. 세탁기 안에도 세제 찌꺼기가 쌓이고 설거지를 해도 개수대에 음식물 찌꺼기가 쌓입니다. 심지어 가습기에 정수기 물만 넣어도 물때가 끼잖아요? 우리의 혈액에도 찌꺼기가 쌓인다는 것을 잊으시면 안 됩니다. 오메가3가 그 혈관 벽의 때를 녹여서 혈행을 개선시켜주지요. 꼭 드셔야 합니다."

껌, 방충망, 개수대, 가습기까지 모두 주변에 흔히 볼 수 있는 사물을 이용한 사물 시연 기술이다.

내가 최근에 만들어 납품한 오메가3 직판 영상에도 사물 시연을 활용했다. 사람 크기 정도의 혈관 구멍 모형 안에 내가 들어가서, 혈관 벽에 기름 덩어리를 붙여가면서 혈관이 좁아지는 원리를 설명했다. 사물 시연을 활용한 그 영상은 현재 방판 채널에서 아주 유용하게 사용되고 있다.

상황 대응력 높이기

이런 사물 시연 방식은 현장감도 느껴지지만 주변 사물을 보고 갑자기 떠오른 느낌을 말하기 때문에, 준비되지 않은 상황에서도 유연히 대처하는 사람 혹은 언어 감각이 탁월한 사람이라는 인상을 심어주기도 한다. 젊은 시절, 나는 방송국에 취업을 지망하는 학생들의 면접 PT를 짜줘서 학생들 사

왜 그 사람이 말하면 사고 싶을까?

이에 인기가 높았다. 내가 먼저 시범을 보이고 그것을 녹화한 다음 학생들이 그대로 따라하는 방식으로 여기저기 방송국에 많이 합격시켰다. 보통 방송국 지원자들은 사전에 준비해온 멘트를 앵무새처럼 시연한다. 하지만 나는 오전 타임용, 오후 타임용으로 나누어 각각의 시간대에 맞는 애드립을 준비시켜 그 상황에 갑자기 떠오른 것처럼 말하게 했다. 지금도 방송 활동을 활발히 하고 있는 나의 옛 학생 중 하나는 이 면접 PT로 합격을 거머쥐었다.

나는 면접 하루 전, 학생들에게 그 회사를 미리 방문해보게 했다. 보통 회사 화장실 소변기 앞에는 볼일을 보면서 읽으라고 격언이나 명언을 써놓는 경우가 많다. 그래서 나는 미리 어떤 문구들이 있는지 보고 오라고 했다. 면접관들도 화장실을 가지 않겠는가? 그들에게 친숙한 문구로 시작하자고 작전을 짠 것이다. 그리고 자기소개 시작을 이렇게 사물 언어로 시작했다.

"면접 전에 미리 화장실을 들렀는데요, 소변기 앞에 금주의 실천이라는 문구로 정직하자는 글이 써 있더군요. 공감합니다. 정직은 편안한 베개라는 독일 속담이 있습니다. 바로 제 생활신조입니다. 어떤 상황에서도 타협하지 않고 정직하게 방송하겠습니다."

그는 가장 고득점으로 합격했다. 미리 외워서 읊어대는 앵무새들과 격이 다른 현장감이 느껴졌고, 본인도 자신감이 넘쳐 더 유들유들하게 멘트를 해나갔기 때문이다.

퍼포먼스 연출
극적 효과를 더하면 반응이 커진다

시연 능력은 전문가의 진가

개통령 강형욱 씨가 강아지를 조련하면 신기하게도 그 자리에서 복종한다. 내가 우리 집 강아지한테 똑같이 해보면 변함없이 건방지다. 요리 올림픽 금메달리스트 구본길 대가가 요리를 만들면 비주얼이 끝내준다. 함께 방송하면서 옆에서 본 대로 집에서 똑같이 따라해보면 내 음식은 꽝이 된다. 시연력이 다르기 때문이다. 오랜 시간 경험과 반복에서 얻어진 능숙함의 차이다.

주방 브랜드 타파웨어의 매니저들이 쿠킹 스튜디오에서 홈파티를 진행하는 것을 본 적이 있다. 손놀림이 그야말로 예술이었다. 보면 저절로 사고 싶게 만드는 시연력은 그 자체로 설득력을

왜 그 사람이 말하면 사고 싶을까?

지닌다. 시연이 능숙할수록 구매 욕구도 높아진다. 홈쇼핑을 보고 고객이 물건을 주문할 때도, 쇼호스트의 이미지나 화법보다 시연 능력에서 가장 구매 욕구가 높아지는 것으로 나타났다.[3]

고객의 빠른 반응을 보고 싶다면

시연은 고객의 눈앞에서 일어나는 일이기 때문에 반응도 빠르다. 시연력이 꼭 특별한 기술과 노하우가 필요한 것은 아니다. 어렵지 않다.

패션 업체들의 세일즈 코칭을 할 때 만들어준 아주 간단한 시연 사례를 소개한다.

언젠가, 한 기능성 운동화 브랜드의 세일즈 코칭을 맡았다. 보통 내가 만들어주는 응대 화법 매뉴얼에는 깨알 같은 세일즈 스크립트가 가득한데, 이 회사의 경우에는 내용을 많이 쓸 필요가 없었다. 말보다 행동으로 보여주는 작전을 짰기 때문이다.

먼저 손님을 매장 한 편의 커다란 전신거울 앞에 세워둔다. 그러고는 두 눈을 감고 1분만 편안히 계시게 한다. 1분 뒤 눈을 살짝 뜨고 자신의 모습을 확인하라고 한다. 그러면 10명 중 9명이 한쪽 어깨가 올라가 있거나, 고개가 한쪽으로 기울어져 있거나, 짝다리가 되어 있거나, 몸 전체가 한쪽으로 기우뚱하게 되어 있다. 눈으로 자신의 몸이 삐딱하다는 것을 확인하는 순간이다. 이어서 멘트를 보태기만 하면 된다.

"보셨죠? 고객님의 몸이 평소에 가만히 있어도 불균형하다는 것을 말이죠. 신체 불균형은 발부터 시작된 겁니다. 발은 26개의 뼈와 33개의 관절, 214개의 인대와 38개의 근육, 25만 개의 땀샘과 신경이 유기적으로 연결되어 있기 때문에 이것들을 기능적으로 꽉 잡아주는 신발을 신어야 합니다. 발의 상태는 네 가지로 무동작 상태, 발에 체중이 실린 상태, 운동 상태, 열이 나는 상태입니다.

무동작 상태로 발이 쉬는 것은 오직 누워 있을 때뿐입니다. 신발을 신고 1m만 걸어도 16톤의 무게를 지탱하게 됩니다. 하루 평균 300톤의 하중을 받는 고달픈 곳이 발입니다. 발은 가장 중요하지만, 가장 무시받으며 사는 신체부위입니다. 이 발을 보호하는 것이 바로 신발이죠. 걸음걸이가 잘못되면 발이 아프다고 생각하는데 실제로는 신발이 불편해서 걸음걸이가 이상해지고 잘못되는 겁니다. 신발이 좋아야 바르게 걸을 수 있고 몸에 무리가 가지 않습니다.

기억해야 할 가장 중요한 점은, 길을 들이는 것은 신발이 아니라 발이라는 사실입니다. 지금 고객님의 몸이 오른쪽으로 기울어져 있는데, 신발을 보면 안 봐도 오른쪽 바깥 밑굽이 닳아 있을 것입니다. 반대로 신발의 닳아버린 상태만 봐도 몸이 어디로 치우쳐 있는지 알 수 있죠. 그만큼 잘못된 신발 때문에 몸 전체에 늘 불균형이 있다는 말입니다. 올바른 신발은 허리 건강의 시작입니다. 신

왜 그 사람이 말하면 사고 싶을까?

발만 좋아도 체형 교정 효과를 볼 수 있습니다. 고객님께 꼭 맞는 맞춤형 기능성 신발을 신고 다시 한 번 거울 앞에 서 보세요. 아주 반듯하게 선 자신을 확인하실 수 있습니다."

이렇게 말하면 고객은 거의 신발을 구매한다. 지나가는 고객을 단지 거울 앞에만 세워둘 수 있어도 8할의 승률은 따낸 것이다. 요즘은 방식이 조금 진보했는데, 역시 거울 앞에서 눈을 감고 제자리걸음을 크게 50번 시킨다. 그리고 눈을 떠보라고 하면 분명 위치가 달라져 있다. 처음 위치에서 앞쪽으로 나와 서 있다면 그는 등이 굽고 아랫배가 나오고 O자 다리에 구두 뒷굽의 바깥쪽이 닳아 있을 것이다. 좌측으로 서 있다면 왼쪽 골반과 어깨가 처져 있고, 대부분 오른쪽으로 가방을 매며 티셔츠를 입어도 목 라인이 왼쪽으로 기운다. 우측이라면 반대로 생각하면 된다.

처음 위치보다 뒤로 서 있다면 신발이 안쪽으로 기울어 닳아 있고 평발일 가능성이 있다. 이런 점을 알려주면 역시 고객은 기능성 신발에 즉시 관심을 기울인다. 모두 시연의 힘이다.

말에 퍼포먼스를 더하라

겨울 패딩을 살 때 가장 큰 고민은 색상이다. 마음은 하나같이 흰 패딩을 입고 싶지만 결국은 검은 패딩만 사간다. 당연히 흰 패딩이 예쁘긴 하다. 문제는 자녀와 패딩을 사러 온 부모들은 하나같이 실랑이를 벌인다는 것이다. 아이는 흰 패딩을 입고 싶다고 생떼를 부리고, 부모는 때 탄다고 말도 안 된다며 검은색을 입으라고 한다. 그러다가 싸우면서 매장을 떠난다.

당신이 판매 직원이라면 누구 편을 들어야 할까? 부모님 말씀을 들으라고 하면 초짜다. 이럴 때는 자녀 편을 들어서 흰 패딩을 파는 것이 답이다. 아이 고집은 대단해서 원치 않는 것을 입을 바엔 안 입고 만다. 아이가 떠나가면 물주인 부모도 떠나가고 매상도 떠나간다.

이때 사물 시연이 매우 간단하다. 아주 작은 먼지 한 톨을 검은 패딩에 툭 묻혀주면 끝이다. 검은색에 흰 먼지가 붙은 티가 확 난다. "보세요. 검은 패딩도 작은 먼지 하나만 붙으면 티 나는 건 마찬가지예요"라고 하면 아이는 의기양양해지고 부모는 져줄 수밖에 없다.

이 두 가지 사례의 시연처럼, 단지 거울 앞에 세우거나 옷에 먼지 하나 묻히는 간단한 사물 시연만으로도 고객을 공략할 수 있다. 이것은 우리가 오로지 입에만 의존하기보다는 퍼포먼스를 곁들일 때 시너지는 배가된다는 점을 보여준다.

한 교육회사의 가정방문 선생님들에게 세일즈 코칭을 해준 적이 있다. 부모님들이 하는 고민 중 이런 것이 있다. "이걸로 공부해도 성적이 안 올라요. 변화가 없어요. 달라지는 게 없어요."

이 얘기는 "학습지 효과가 없으니 이제 끊어야 될 것 같아요"

왜 그 사람이 말하면 사고 싶을까?

라는 말을 내뱉기 위한 전초전으로, 선생님들이 가장 듣기 무서워하는 말이다. 나는 이런 질문을 던지라고 했다.

"하나의 사물을 인지하기 위해 우리 아이는 몇 번의 경험을 해야 할까요?"

그리고 하얀 종이에 숫자를 써내려 가는데 1부터 차례대로 천천히 숫자를 늘려나가다가 '…'을 찍고 마지막에 1,000을 쓴다.

"제가 이렇게 숫자를 1부터 1,000까지 쓴다면 참 답답하시겠죠? 첫술에 배부르게 만드는 묘약이라도 있다면 저도 좋겠습니다. 주변에 대한 호기심이 생기면서 세상을 알아가기 시작하는 아이들은 1,000번 이상의 경험을 통해 하나의 사물을 기억하고 인지하고 비로소 이해합니다. 그러니 조급해하지 마세요. 아이는 17개월까지는 50단어밖에 구사하지 못해요. 20개월 지나면 100단어를 사용하고요. 그게 정상이에요. 그런데 24개월부터 36개월 사이에 갑자기 10배 이상 1,000단어를 쓰다가 그때부터는 하루가 다르게 단어가 늘어갑니다. 고속도로가 만들어질 때는 더뎌 보이지만 뚫리고 나면 그때부터는 쌩쌩 달립니다. 우리 아이도 지금 지식의 도로를 만들고 있는 중이잖아요. 조금만 저랑 인내해보시자구요."

이렇게 종이 한 장에 숫자 조금 쓰는 간단한 시연과 뒤이은 클로징 멘트로 마무리하면 마음이 급한 엄마들을 쉽게 달랠 수 있다.

시연 전략의 실제

뉴스킨 코리아의 '파마넥스'라는 건강식품의 판매 화법을 만든 적이 있다. 그중 글루코사민을 판매할 때 끝내주는 방법이 있다. 이 방법 하나면 너도나도 다 산다. 글루코사민의 구매 연령은 60대 이상 여성들인데, 그동안 이들에게 썼던 판매원들의 설득 방식은 다음과 같았다. 그들은 '글루코사민은 연골의 구성 성분이며, 인체에 많이 존재하면 연골이 튼튼해져 골다공증 발생 감소에 도움을 주고 관절 기능을 유지하고 향상시키는 데 도움을 준다'는 등의 원론적인 이야기만 죽 늘어놓고 있었다.

나는 간단하게 지우개 하나만 준비하라고 말했다. 그리고 고객 앞에서 반쯤 닳아버린 지우개로 바닥을 긁어주는 시연을 하면서 이렇게 사물 언어를 덧붙이라고 했다.

"지우개는 쓰면 쓸수록 닳듯이 연골도 쓰면 쓸수록 소모됩니다. 뼈와 뼈 사이에 스폰지처럼 완충재 역할을 하는 연골이 닳아버리면 그때부터는 뼈끼리만 닿아 고통이 되죠. 연골은 수명이 있습니다. 통상 25세 이후 늘어난 체중을 과체중으로 보면 되는데, 체중이 $1kg$ 늘면 무릎 연골이 받는 하중은 $10kg$이 됩니다. 그러니 25세 이후 몸무게가 $5kg$만 늘어났다 해도 무릎 연골은 $50kg$의 하중을 받습니다. 이 지우개를 몇 배의 힘으로 더 눌러서 빨리 닳게 만드는 것과 같죠. 글루코사민은 그 닳아버린 연골을 다시 채워줍니다."

왜 그 사람이 말하면 사고 싶을까?

이 멘트 하나로 글루코사민 매출이 눈에 띄게 달라졌다.

다른 건강식품 브랜드의 직판 영상들을 만들 때도 이 기법은 어김없이 사용됐다. 밀크 시슬 구매 유도 영상에서는 바짝 구워진 고기를 보여주며 "한 번 구운 고기를 다시 생고기로 되돌릴 수 없듯이 한 번 상한 간을 다시 멀쩡한 생간으로 되돌릴 수는 없습니다"라고 말했다.

최근 헤드업 디스플레이(HUD: 자동차 계기판의 정보가 전면 유리창에 표시되는 것) 시장이 커지고 있다. 당신이 자동차 딜러인데, 고객에게 옵션으로 헤드업 디스플레이 장착을 권한다고 가정하자. 고객은 이렇게 말한다. "계기판에 어차피 정보가 다 나오는데 전면 유리창에 정신 사납게 이것저것 숫자가 나오면 오히려 운전에 방해돼요. 그리고 내비게이션이 있는데 생전 한 번 안보는 계기판이 중요한 것도 아니고…" 굳이 웃돈 줘가며 그 옵션을 달 필요가 있냐는 것이다.

이때 당신은 고객을 어떻게 설득할 수 있을까? 아주 간단한 시연으로 고객의 묵살을 묵살시킬 수 있다. 고객이 시승차를 운전할 때 종이로 계기판을 가려버리면 된다. 운전 중 우리는 계기판을 잘 안 보는 것 같지만, 계기판이 종이로 가려지면 절대 운전을 하지 못한다. 불안해서 고객이 속도를 높이지 못하는 모습을 보게 될 것이다. 이때 한마디만 덧붙이면 된다.

"운전자가 시속 $100m$로 달리다가, 계기판에 시선이 가 1초만 전면을 응시하지 못해도 그 사이 차는 30m 앞으로 나갑니다. 계기판을 볼 때마다 우리 차는 주인 없이 수십, 수백 미터씩 내달리고 있는 것이죠. 헤드업 디스플레이는 선택이 아니라 필수입니다."

이처럼 시연에 대해 큰 부담을 느낄 필요가 없다. 큰 준비물이나 노하우도 필요 없다. 고객의 보편화된 생각에 반전을 주고 강하게 자극할 수만 있으면 된다.

모 침대 회사에서 세일즈 코칭할 때였다. 내가 알려준 시연은 호텔 직원처럼 각 잡히게 이불 잘 개는 노하우도 필요 없고, 단지 작은 우유팩 두 개만 준비하면 끝이었다. 고객이 오면 이 우유팩 두 개를 찰랑거리게 흔들고 나서 이렇게 말하면 된다.

"한여름 하룻밤에 흘리는 땀의 양은 300~400ml입니다. 그러니 매일 밤 나 혼자 이 우유팩 두 개를 침대에 쏟는 겁니다. 한마디로 침대는 위생이 가장 좋지 않은 곳이라고 할 수 있지요. 침대의 생명은 항균력입니다." 이렇게 말한 뒤 항균에 대한 이야기를 풀게 했다. 그리고 골프공 시연도 하게 했다.

"침대를 살 때는 꼭 누워봐야 합니다. 침대 밑에 이런 골프공이 있다면 등이 배겨서 잠이 오겠습니까?"

그리고 골프공을 깔아놓은 채 그 위에 고객을 누워보게 하면 의외로 아무런 배김도 느껴지지 않는다.

"여기까지는 다른 침대도 가능합니다. 그런데 이 제품은 얘기가 다르죠"라고 하면서, 이번에는 훨씬 크고 딱딱한 야구공을 보

　　　　　　　　왜 그 사람이 말하면 사고 싶을까?

여준 뒤 역시 침대에 깔아놓는다. 그러고는 다시 누워보라고 한다. 고객이 반신반의하면서 눕는데 이번에도 아무런 배김 없이 편하기만 하다. 이쯤 되면 침대가 달라 보인다.

　자, 그러면 만질 수도 없고 보이지도 않는, 사물로 형상화할 수 없는 무형 상품을 팔 때는 어떻게 시연을 할까?

　무형 상품의 대표 격인 보험 상품의 사례를 들어보겠다. 보험 상품의 시연은 일단 아프거나 다쳐야 하는데, 그것이 쉽지 않다. 물론 직접 보여주면 최고다. 과거에 한 여성 쇼호스트가 다리가 부러져서 깁스를 하고 출근했다. 다른 직원들은 모두 '안됐네, 딱하네' 걱정을 하는데 보험 사업부 직원들만 묘한 웃음을 지으며 눈빛이 반짝거렸다. 그 쇼호스트는 바로 섭외가 돼서 깁스를 한 채 출연했다. 상해 사고 위험에 대해 본인의 경험을 얘기했는데, 거의 모든 보험 방송에서 섭외 요청이 쇄도했다. 시연의 효과를 아는 것이다. 그러면 이제 깁스를 하지 않아도 쉽게 따라할 수 있는 검증된 시연 몇 가지를 소개한다.

　첫 번째로 소개할 것은 치아 보험 상품을 판매하는 방법이다. 대개 보험 설계사들의 멘트는 "나이가 들수록 치아는 약해지고…" 이렇듯 진부하게 시작한다. 내가 코칭하는 사물 시연은 다르다. 고객과의 대화 장소는 집, 사무실, 카페 중 한 곳일 것이다. 어느 곳이든 설계사와 고객 사이에는 늘 커피나 차가 놓여 있다. 치아 보험에 대해 말을 하다가 적절한 시점에 고객에게 손을 펴보라고 하고 그 손에 찻잔의 물을 단 한 방울만 떨어뜨려주면 된다. 그리고 이렇게 말한다.

"이 한 방울이 고객님의 침이라고 합시다. 침 한 방울에는 700종 이상의 세균이 1억 마리 이상 존재합니다.[4] 그중에는 몸속으로 들어가면 세균 감염을 일으키는 진지발리스균, 고도니균 또는 산소가 없어도 증식이 가능하고 독성이 강한 뮤탄스균들도 있죠. 이제 다시 삼켜보시겠어요?" 하며 손바닥의 물 한 방울을 삼켜보라고 한다. 이런 말을 듣고 삼키는 고객은 아직까지 못 봤다.

"누구도 그러지 않겠죠. 하지만 아침마다 그런 짓을 하잖습니까? 입속 세균은 아침에 가장 많이 증식합니다. 밤새도록 침이 분비되지 않아 자정 작용이 떨어지니 건조한 아침 입속 세균은 수십억 마리도 넘게 번식된 상태지요. 그걸 아침에 일어나서 물 한 잔 마시는 걸로 다 넘겨버리시잖아요. 세균은 위와 장으로 그대로 침투해서 온몸 전신에 퍼지고 염증을 일으킵니다. 또 잇몸에 피가 난다는 것은 혈관이 열렸다는 것을 의미하는데 세균이 그 혈관을 타고 온몸을 돌면서 폐, 간, 심장, 뇌까지 침투해서 온 장기를 감염시키고 망가뜨리죠. 잇몸 질환이 있으면 뇌경색, 당뇨병 위험이 2배로 껑충 뜁니다.[5] 치주 질환이 있으면 남성은 발기부전 위험이 높고, 여성은 골다공증 위험이 높아진다고 합니다.[6] 실제로 무릎 관절액에서도 구강 세균이 발견됐고, 임산부 뱃속 태반에서조차 발견돼서 태아에까지 악영향을 준다고 합니다.[7]"

왜 그 사람이 말하면 사고 싶을까?

이어서 우리 회사가 만들어준 직판 영상을 보여주면 된다(당신의 경우 유튜브에서 찾아 보여주면 된다). 영상에는 호랑이가 죽어가는 모습이 나온다. "이 호랑이가 왜 죽는지 아십니까? 늙고 힘이 없어서 죽는 것이 아닙니다. 사냥을 해도 못 씹어서 죽는 겁니다." 그리고 이어서 뼈가 몸 밖으로 나온 사진을 보여준다.

"우리 몸에서 유일하게 몸 밖으로 노출돼 있는 뼈가 있죠. 바로 치아입니다. 그러면 얼마나 더 소중히 여기고 보호해야 하겠습니까? 암이나 치매는 나이 들어 걸리지만 치주 질환은 나이를 가리지 않습니다. 성별, 직업, 인종도 가리지 않습니다. 치통은 고통 그 자체입니다. 그런데도 비용 부담 때문에 병원에 못 가는 비율이 열에 셋이나 된다는데, 이 보험만 있으면 바로 치과 직행입니다.[8]"

사물 시연을 적절히 활용해서 고객을 공략하도록 만든 전략이다. 이 사물 시연이 포함된 영상으로 현재 치아 보험 상품 가입자가 폭증하고 있다. 당신이 구강세정기나 구강세정제 또는 치약, 칫솔 판매업자라면 이 사례를 보면서 어떻게 응용할지 아이디어를 떠올려볼 수 있을 것이다. 현미경으로 촬영한 구강 속 움직이는 세균을 영상으로 보여준다거나, 칫솔질을 하고 나서도 여전히 기어 다니는 세균 수를 이미지로 구현해서 보여줄 수도 있다.

"양치질을 아무리 열심히 해도 평생 놓치는 부분이 있습니다. 남들이 잘 안 닦는 입천장과 혀 밑까지 의도적으로 노력해서 닦을 수는 있지만 아무리 노력해도 평생 닦아본 적이 없는 곳이 있죠. 바로 혓바닥 안쪽입니다. 사람 혀의 길이는 10cm나 되는데, 실상 앞부분 몇 센티밖에 안 닦게 되고 깊숙이 칫솔을 넣어 닦지는 않지요. 금방 헛구역질이 나니까요. 그러나 혓바닥 세균의 대부분은 혀의 3분의 1 안쪽에 서식하기 때문에 항상 세균이 번식 중입니다. 칫솔질로 놓치는 세균은 ○○○으로 잡으세요."

이런 식으로, 뇌리에 강렬하게 남는 시각적 이미지를 보여주면 효과가 좋다.

침구 청소기를 팔 때 가장 효과적인 방법은 이불 속에 기어다니는 빨강, 파랑의 진드기 모습을 보여주는 것이다. 진드기들이 이빨로 각질을 파먹고 똥을 싸는 영상 한 번이면 누구나 그 자리에서 바로 구매한다. 고객은 언제나 현미경 속의 적나라한 영상에 움직이더라.

두 번째로 소개할 것은 연금 보험 상품을 세일즈 코칭할 때의 시연 방법이다. 지금 연금을 가입하고 나중에 연금생활을 하라는 메시지는 먼 미래에 일어날 일로, 고객으로 하여금 "다음에 할게요"라는 방어막을 치게 만든다. 이때는 폐지나 신문 뭉치를 쌓아놓고 고객에게 이렇게 제안해보라.

"혹시 폐지 1kg의 부피가 얼마나 되는지 아십니까? 한번 쌓아보시겠어요?" 그러면 대부분의 사람들이 정말 조금만 올려놓는다. 다시 그 양의 몇 배를 더 올리게 한다. 그리고 이렇게 말한다.

"이 정도가 돼야 1kg입니다. 우리가 생각하는 양보다 꽤 됩니다. 그런데 고객님께서 폐지 이만큼을 길에서 줍는다면 쉬운 일일 것 같습니까? 아닙니다. 뭐 하나 내놓으면 동네 노인들이 빛의 속도로 가지고 갑니다. 아무튼 뭐, 어렵게 폐지를 주웠다고 치죠. 고물상에 가져다주면 얼마를 줄까요? 3,000원? 2,000원? 1,000원?"

고객은 보통 1,000원, 2,000원 정도로 대답한다. 그때 그의 손에 50원짜리와 10원짜리 동전을 하나씩 꺼내서 쥐어주면 된다.

"60원 줍니다. 그 고생해서 받는 돈이 60원입니다. 10kg을 주워도 김밥 한 줄 못 사 먹습니다. 이 돈 줄 테니 지금 나가서 폐지 주워오라면 하시겠습니까? 경제력이 있을 때야 아무도 안 할 일이지만, 대한민국의 많은 노인들이 바로 이 일을 하고 있습니다. 그분들이 열심히 안 사셨나요? 누구보다 열심히 일하고 자식들을 위해 희생했는데 단지 노후 준비만 안 했을 뿐입니다. 그러니 제 얘기를 너무 쉽게 흘려듣지 마셨으면 좋겠습니다."

이렇게 자신이 쌓아올린 폐지를 보며, 실제로 고객의 손에 동전 두 개를 쥐어보도록 하면 강렬한 느낌과 함께 적절한 긴장감까지 줄 수 있다.

실험 기법
의심과 걱정은 실험으로 해소하라

직접 보면 안심한다

고객은 실험에 목을 맨다. 성형외과, 피부과는 꼭 'before'와 'after'를 보여줘야 하고, 기초 화장품 하나도 어디어디 대학에서 어쩌고저쩌고한 임상실험을 했다는 그래프와 사진을 보여줘야 지갑을 연다. 실험만큼 고객이 이성적으로 받아들이는 것이 없다. 실험이라는 것은 실상 객관적이지 않은데도 그렇다.

이·미용 시연 모델은 조명과 메이크업에 따라 얼마든지 그 자리에서 달라보이게 할 수 있다. 나도 무슬림 시장에 진출하는 화장품 직판 영상을 만들 때, 스튜디오에서 특수 분장과 촬영만으로 얼마든지 차이가 나도록 구현했었다. 이제 와서 하는 말이지

왜 그 사람이 말하면 사고 싶을까?

만, 홈쇼핑에서 하는 프라이팬 코팅 시연은 믿지 마라. 보통 홈쇼핑에서는, 마른행주로 열심히 닦아낸 후 기름 한 방울 두르지 않고 계란을 깨서 떨어뜨린다. 그러면 아이스 링크장처럼 프라이가 프라이팬에 굴러다니는 모습을 확인할 수 있다. 이때 사용한 마른행주는 사실 식용유에 완전히 적신 기름 행주다. 이처럼 실험 결과는 조건과 변인을 조작하면 완전히 달라질 수 있다. 그러니 실험을 무조건 맹신하는 실수를 범하지 마라. 그럼에도 불구하고 고객이 설득 당하는 것은 이성의 눈으로 본다는 자기 안심이 숨어 있기 때문이다. 그래서 실험 기법을 이용한 전략은 늘 성공적이다.

박근혜 정부는 무슬림 시장 확대를 위해 할랄 산업을 육성했었다. 경제 활동을 하라고 판을 깔아줬으니 우리 같은 기업은 외화를 벌어올 뿐이다. 그 정책의 일환으로 2016년 8월 셋째 주 한국 코엑스에서 할랄 산업 대전이 열렸고, 전 세계 무슬림 바이어들이 한국의 할랄 상품을 보기 위해 대거 들어왔다.

나는 3개 업체의 상품을 맡았는데 그중 하나가 화장품이었다. 상품 컨셉, 용기 제작, 디자인, 사진 작업, 전시 영상, 행사 진행, 협상까지 토털 마케팅 컨설팅 솔루션 회사답게 전 과정을 맡아서 진행했다. 그때 바이어들에게 보여줄 직판 영상에 실험 영상을 담았다. 5가지 베리에서 추출한 비타민 화장품이 컨셉이었는데 영상 속에서 구현한 실험은 이렇다.

두 개의 접시에 각각 물을 담고 콘크리트 못을 양쪽에 넣어둔다. 한쪽 접시는 시간이 지나면 물은 증발하고 콘크리트 못은 녹이 슬어서 접시 바닥에 녹물 자국이 그대로 노출된다. 하지만 반대쪽 접시에는 이 비타민 화장품 원액 오일을 몇 방울 떨어뜨려주는데 똑같은 시간이 지나도 못과 접시에는 녹이 전혀 생기지 않는다. 그런 뒤 영어 내레이션이 이어진다.

"이 같은 차이는 왜 생길까요? 바로 비타민이 산화를 막아주는 강력한 역할을 하기 때문입니다. 우리 피부도 활성 산소와 접촉하면서 산화가 끊임없이 생겨납니다. 사물과 다르게 사람이 겪는 이 현상을 노화라고 부릅니다. 하지만 이 비타민을 피부에 바르면 산화 방지, 즉 노화 방지가 일어납니다. 이 5가지 천연 베리에서 추출한 비타민 화장품이 지금도 쉴 새 없이 녹이 슬고 있는 당신의 피부에 보호막을 씌워드립니다."

구체적인 수치는 언급하기 어렵지만, 현재까지도 이 제품은 꾸준히 주문이 들어오고 있다.

실험은 설득력 높은 판매 전략

독일 주방 기구 실리트는 냄비 소재에 따라 세균 번식이 얼마나 차이 나는지 실험으로 보여준다. 실리트는 냄비에 '실라간'이라는 세라믹 소재를 사용하는데, 음식을 세 종류의 각기 다른 냄비에 담고 동일한 시간이 지난 후 세균을 검출하는 실험을 했다. 결과 PETT 코팅은 5만 마리의 세균이 번식했고, 알루미늄은 3만 5,000마리, 스테인리스는 2만 마리의 세균이 생겨났다. 반면 실라간은 다른 소재에 비해 월등히 적은 650마리가 검출되었다. 또 타사 냄비와 실리트사의 냄비에 똑같이 계란을 깨뜨려놓고 보름이 지났을 때 확인했다. 타사 제품은 완전 부패되었지만 실리트는 비교적 노른자가 멀쩡했다. 실리트는 이러한 실험 결과를 비교해서 보여준다. 그러면서 소재 자체가 박테리아가 성장하고 증식하는 것을 억제하기 때문이라고 말한다. 끼니마다 집에서 음식을 만들어 먹는 것도 아니고 보통 찌개나 국을 한 번 끓여놓으면 여러 끼에 걸쳐 먹기 때문에, 세균 번식이 안 되는 냄비는 가족 건강과 위생에 매우 중요하다고 말한다. 말보다 이렇게 직접 실험 결과를 보여주니 얼마나 더 효과가 있겠는가?

꼭 수치나 그래프, 영상을 써서 보여줘야만 하는 것은 아니다. 다한증 치료기 하이드로엑스의 광고는 아주 심플하다. 사진 속에는 하얀 티슈가 쌓여 있고, 손바닥으로 티슈를 찍어 올렸더니 손에 티슈가 붙는다. 밑에는 티슈 한 장과 함께 이런 문구가 쓰여 있다. "이것은 다한증입니다."

이 사진을 보는 사람들 중 손에 땀이 많은 사람들은 당장 따라해볼 것이다. 휴지 한 장만 있으면 되니 어렵지도 않다. 그리고 정말 달라붙는다면 이 광고의 제품에 관심을 갖게 될 것이다.

과거에 집집마다 어머님들이 한 장씩 사놓은 옥장판과 옥팔

찌를 기억하는가? 요즘도 팔릴까 하고 의구심을 갖겠지만 여전히 잘 팔린다. 어떻게 하면 손님을 우리 매장에 들어오게 할 것인가가 관건이지, 매장에 들어온 손님에게 어떻게 팔 것인가는 고민의 축에도 못 낀다. 일단 고객이 체험 매장에만 들어오면 거의 살 수밖에 없게 만든다.

판매자는 미세 현미경 위에 당신의 손가락 마디 하나를 올려놓고 직접 눈으로 보라고 한다. 중간중간 붉은 핏줄기가 강물의 퇴적물처럼 가늘게 보이는 것이, 뚜렷하게 보이지 않는다. 판매자는 "모세 혈관이 막혔고 혈액 순환이 안 되네요" 하면서 혀를 끌끌 찬다. 그리고 이번엔 당신의 다른 손에 큼직한 옥 덩어리를 쥐게 한 다음 다시 현미경을 들여다보라고 한다. 아까와는 다르게 깜짝 놀랄 만큼 혈관 줄기들이 굵어졌고, 붉은 핏줄기가 쫙쫙 빠르게 흐르고 있는 모습이 눈으로 틀림없이 확인된다.

"당장 혈관이 뺑 뚫렸죠? 옥을 지니면 몸도 따뜻해지고 혈액 순환이 잘 되어 염증도 예방되니 근육 통증도 줄어들고 만사 혈血통합니다."

이쯤 되면 당신은 안 살 수 없다. 사실 이 실험에는 숨겨진 몇 가지 비밀이 있지만 옥 판매업자들도 먹고 살아야 하니 밝히지는 않겠다.

극적 효과를 연출하라

실험은 두 대상의 간극을 극명하게 부각시키거나, 원하는 대상의 강점을 극적으로 돋보이게 하는 효과도 있다. 갤럭시 노트7의 배터리 폭발 문제가 전 세계적인 이슈가 되자 LG는 G6을 출시하면서 배터리를 못으로 관통시킨 후 전류를 흘려도 발화가 없다는 과격한 실험을 보여줬다. '안전한 배터리'를 강조하는 데 이보다 더 확실한 전략이 있을까?

나도 직판 영상을 수년째 제작하고 있지만 초창기에는 딜레마가 있었다. 영화나 광고는 다양한 CG나 촬영 기법, 연출 등으로 저절로 감탄을 이끌어낼 수 있는데, 내 설득 영상은 주로 내가 등장해서 말로 사람을 홀려야 한다는 점이 그랬다. 말로만 설득하려니 강약 조절이 안 되고 계속 강한 멘트가 나온다. 아무리 멋진 설득 멘트라도 강한 어조의 말을 계속 듣다보면 귀가 닫힌다. 와우 포인트(생각지도 못했던 감동적인 장면이 나와서 감탄사가 터져 나오는 부분)를 만들어야 했다. 그래서 직판 영상의 한 부분에 포인트를 심는 작업을 했다.

한번은 모 손해 보험사의 주택 화재 보험 영상을 만들어야 했다. 이때 촬영을 스튜디오가 아닌 가벽으로 세트를 세운 안방에서 했다. 그리고 방구석에 전기 합선으로 인한 불을 내고 스톱워치로 시간을 쟀다. 방 전체가 활활 타올라 단 46초 만에 전소되는 장면을 연출했다. 그런 다음 내가 등장해서 타버린 책 한 권을 손으로 으깨면서 말했다.

"이 교과서 한 권을 다시 사줄 수 없을 때 부모님 심정은 어떨까요? 당신 집의 모든 가전, 옷, 소유물은 당신의 인생 그 자체인데 한순간 재가 될 수 있습니다. 당신의 집은 평생 모은 재산 목록 1호인데, 단 1분도 안 돼 잿더미가 되어 날아갈 수 있습니다. 쓰다 버릴 휴대폰도 보험을 드는데, 가족의 보금자리에 보험 하나 없다는 것은 말이 안 됩니다."

그러고는 은행 고지서를 보여준다.

"당신의 집이 없어져도 은행 대출 청구서는 계속 날아옵니다."

근래 만든 직판 영상 중 최고라고 생각한다. 반응은 말할 것도 없었다.

체험 전략
직접 경험해야 가장 효과가 크다

행동은 말보다 강하다

고객의 눈앞에서 확인시켜주는 것보다 정직한 세일즈는 없다. 바로 '직접 사물 시연법'이다. 미국의 건축 및 주택 자재 전문 매장인 'The Home Depot'에 방문했을 때의 일이다. 판매자에게 나는 MDF가 아닌 원목이 맞는지 물었다. 다음 장면에서 나는 깜짝 놀랐다. 판매자는 대답 대신 전기톱을 들어 그 자리에서 가구 상판을 잘라 보여줬다. 더 이상 무슨 질문이 필요하겠는가? 이성적 질문에 가장 이성적 대답을 한 셈이다.

삼성 스마트폰의 전면 유리는 고릴라 글래스라고 하는 코닝사의 강화 유리를 사용하는데, 어지간해서는 흠집조차 안 날 정도로 매우 튼튼하다. 영상에서 나는 튼튼하다고 말하지 않고 "바로 보여드리죠" 하면서 콘크리트 못으로 자동차 문짝을 긁어 스크래치를 낸 후 곧바로 스마트폰 유리에 가차 없이 긁어댔다. 그리고 긁힌 흔적조차 없는 모습을 영상으로 보여줬다.

장수돌침대 세일즈 코칭 당시 나는 사전에 매장을 방문해서 고객들이 가장 궁금해 하는 질문 리스트를 알아봤다. 돌침대를 살 때 고객들의 궁금사항 1위는 바로 "안 깨지냐"는 것이다.

"돌침대는 사용하다보면 자주 깨진다던데…" 나는 판매원에게 이 루머에 어떻게 대응하는지 물었다. 판매원은 말없이 신발을 벗고 침대 위로 올라가더니 방방 뛰면서 말했다. "제가 체중이 90kg인데요. 여기서 줄넘기를 해도 끄떡없어요." 돌침대는 쉽게 깨진다는 루머는 두 번 다시 나올 수 없을 것 같았다.

앞서 이야기했던 주택 화재 보험의 세일즈 코칭을 하면서 가르쳐준 방법이 있었다. 보험사마다 주택화재 보험이 있는데 미국과 달리 한국은 이 상품을 잘 팔지 않는다. 고객이 필요성을 못 느끼기 때문이다.

"우리 집에 불이 왜 나요. 불나면 뉴스에 나와요. 우리 집이 평생 뉴스에 나올 일이 있겠어요?" 하면서 일축한다. 이때 고객의 눈앞에서 국민재난안전 포털을 검색해 현재 전국의 화재 현황 건수를 보여주면 고객은 크게 놀란다. 이어서 하루 평균 120건의 화재가 발생하고, 연간 4만 건에 이르며 재산 피해는 2조 원이 넘는다는 말을 해주면 된다. 고객에게 지금 이 시각 수십 건의 불이 나

왜 그 사람이 말하면 사고 싶을까?

고 있다는 것을 눈으로 확인시켜주니 가입률은 훨씬 높아졌다.

비슷한 방식을 옴니엘피에스라는 낙뢰방지 설비부품 제조 기업의 PT 코칭을 할 때도 사용했었다. 정전 차폐 효과를 통해 건물 전체를 보호하는 시스템을 제조·설치하는 기업인데 해당 영업사원들이 빌딩 주인들을 만나 설비를 들여놓으라고 PT해야 한다. 기존 방식을 보니 기술력을 나열만 하는 식이었다.

나는 실제 낙뢰 피해를 당해 시커멓게 그슬린 서버와 장비를 PT룸에 전시하고, 이왕이면 냄새까지 나도록 했다. 그리고 전산 장비가 생명인 기업부터 우선 공략해 그에 맞는 사물 언어로 멘트하도록 지시했다.

"당신 기업의 모든 자산이 빛의 속도로 끝장나버릴 수 있습니다. 기업의 생존을 운에 맡기지는 않으시겠죠?"

고객이 직접 체험하게 하라

전 세계 100여 개 나라에서 국제 구호 활동을 하고 있는 비영리기구 월드비전에서 내게 연락을 했다. 이유가 궁금했다. "나는 상업 활동을 돕는 사람인데, 비상업 활동을 하는 단체에서 왜 저에게 연락을…." 역시나 그들도 후원자의 지갑을 여는 방법을 알고자 했다. 월드비전은 한 달에 3만 원씩 통장에서 자동 이체를 신청하면 빈민국의 어린이들을 위해 좋은 일을 할 수 있는 정기 후원자들을 어떻게 더 모을 수 있을지 궁금해 했다.

자료를 받아 활동 내역을 보니, 기업체 컨택이 아닌 일반인을 대상으로 부스 행사를 할 때는 지나가는 사람 서명만 받고 있었다. 아니면 사랑의 동전 던지기, 식수 펌프 모형이나 해외 아동이 먹는 죽이나 환경, 상태를 담은 사진전을 소개하는 정도였다. 나는 컨설팅을 하면서 모금 활동에 더 많은 시연 기법을 이용하라고 조언했다. 즉 '직접 보여주기'를 강권했다. 현재 실천되고 있는 일부를 소개한다.

먼저 진흙 쿠키를 만들어 예비 후원자들에게 "흙인데 드셔보시겠어요?" 하며 직접 먹어보라고 했다. 35초 만에 30만 명이 죽은 아이티 지진은 한 국가가 겪은 자연재해 중 가장 큰 피해였다. 아이티는 서반구에서 가장 가난한 나라다. 너무 가난하다보니 먹을 게 없어서 진흙 쿠키를 만들어 판다. 진흙 쿠키는 진흙에 물과 조금의 마가린을 섞어서 빚은 흙과자다. 이것을 돈 받고 파는 것이다. 그런데 놀랍게도 사 먹는 사람이 있다. 지진으로 부모를 모두 잃은 아이들은 이마저도 사 먹을 수 없어 멀리서 쳐다만 본다. 후원자들이 이 진흙 쿠키를 직접 보면 참으로 울컥해 한다.

또 인형을 비치해놓고 옆에 사진과 함께 이렇게 적어놓았다. "이 인형은 3세 소녀가 4세 언니와 함께 하루에 1달러를 벌며 만든 것입니다. 이 소녀들은 한 번도 배부름을 느껴본 적이 없습니

왜 그 사람이 말하면 사고 싶을까?

다. 이 아이들이 밥을 먹게 해주세요."

마찬가지로 카펫을 비치해놓고 이렇게 적어놓았다. "이 카펫은 4세 소년이 하루 15시간 앉아서 고사리 같은 손을 재빠르게 놀려가며 짠 것입니다. 이 아이가 공부를 하게 해주세요."

또 벌채용 칼을 전시해놓고 옆에는 농약에 장시간 노출된 손과 발의 사진과 벌채용 칼로 사탕수수를 베다가 팔이나 다리가 잘려 나간 아이들의 사진을 전시해놓고, 안전장비 하나 없이 일하다 바로 이 칼 때문에 저런 일을 당했다고, 저 아이들은 이제부터 죽는 날까지 손과 발도 없이 구걸만 해야 한다고 적어놓았다. 현장에서 이런 물건을 만져본 사람들의 얼굴에선 하나같이 미소와 웃음기가 사라지고, 일부는 눈물을 보이기도 한다.

또 수도꼭지를 놓아두고 후원자들에게 직접 틀어보도록 했다. 물이 안 나온다. 그러면 이어서 말한다. "맞습니다. 후원자님께서는 어제도 오늘도 내일도 수도꼭지를 틀어 당연한 듯 물을 쓰시죠. 하지만 평생 흐르는 물에 손과 몸을 단 한 번도 씻어본 적이 없는 아이들이 있답니다. 그들을 위해 우물을 만들게 도와주세요."

이처럼 말보다 사진과 영상이 강하고, 그것들보다 실물이 강하다. 이 모든 직접 시연은 내가 미국에 있을 때 워싱턴 홀로코스트 박물관을 가본 데서 착안한 것이다. 유대인 학살을 했던 고문기구들과 그들의 죄수복, 심지어 개밥그릇만도 못한 식기들까지 그대로 만져보고 느껴볼 수 있었는데, 나도 한참 눈물을 흘렸다.

직접 시연만큼 내면에 깊이 파고드는 무기는 없다.

식당에서 반찬을 재사용하지 않는다는 것을 보여주는 제일 좋은 방법은 손님이 식사를 끝낸 자리에서 남은 반찬을 잔반통에 직접 쏟는 것이다. '반찬 재사용 안 함'이라고 대문짝만 하게 붙여 놓고 반찬이 남은 접시를 섞이지 않도록 조심스레 들고 나가는 모습을 보여준들 무슨 힘이 있겠는가?

왜 그 사람이 말하면 사고 싶을까?

맺음말

법을 잘 안다고 제아무리 '주둥이 파이터'가 되어 떠드는 사람이라도 변호사 자격증을 보여주는 사람을 이기지는 못한다. 실물 앞에선 공허한 메아리일 뿐이다. 사물로 직접 보여주는 것이야말로 최고의 무기다. 상담 현장에서도 말보다 신문이나 스크랩 자료를 활용하는 것이 낫다. 더구나 요즘은 다양한 기기를 갖추고 있고, 이미지와 영상도 손쉽게 이용할 수 있다.

나도 기업의 직판 영상을 제작할 때면 되도록 현장 스케치와 리포팅, 인포그래픽을 이용한 객관적 자료를 담으려고 한다. 필리핀 세부와 클락의 해외 리조트 분양 대행 업무를 맡았을 때는 이미 자료 영상이 충분했지만 촬영팀과 함께 비행기를 타고 현지로 직접 날아가 내 마음에 드는 영상을 담아왔다. 덕분에 사업설명회 때 200억이 넘는 매출을 올렸다. 사물 구현이 여의치 않다면 추상적 언어를 형상적 언어, 즉 사물 언어로 바꿔주면 된다.

평소 주변의 물건을 매개체로 대화에 힘을 보태는 연습을 한다면 실력은 올라갈 것이고, 상대는 당신의 순발력에 감탄할 것이다. 상대가 온갖 감미로운 목소리로 내게 "당신을 신뢰합니다"라고 입으로만 떠드는 것과 "내 현금 맡아줘"라고 하면서 돈다발을 툭 주고 가버리는 것 중 어느 쪽이 진정 더 나를 신뢰한다고 생각하는가? 말보다 실물이 강하다.

5장

공포 언어,
끔찍한 진실을 알린다

공포 전략
두려움을 공략한다

공포는 사람들이 위협으로 인식할 때 심리적 차원과 생리적 차원에서 일어나는 내적 감정 반응을 말한다.[1] 공포의 기술은 공포 소구라고도 하는데, 위협적인 요소로 공포를 유발시켜서 소비자를 설득하는 것을 말하며 일반적으로 부적 강화negative reinforcement를 많이 이용한다. 부적 강화는 먼저 공포스러운 것을 보여준 뒤 내 말대로 안 하면 그 무서운 일을 겪게 될 것이라고 엄포를 놓는 방법을 말한다.[2] 이런 공포 유발 전술은 사실 아주 고전적인 선전 수법이다.[3]

영국인 교수 필립 M. 테일러에 따르면, 3500년 전 아시리아 사람들도 적들을 지배하기 위해 공포 유발 정책을 썼다고 했다. 아시리아의 수도 니네베에서 발견된 돋을새김을 보면 갈고리로 포로들의 코나 입술을 뚫은 다음 줄로 연결해 끌고 갔고, 산 채로 가죽을 벗기고 혀를 뽑아내서 다른 민족들이 꿈에서조차 도발할 생각을 못하도록 만들었다.[4] 오랫동안 인류를 요리하는 데 쓰여 왔다는 것은 그만큼 이 방법이 검증되었다는 반증이기도 하다. 하지만 대중을 상대로 하는 서적들이나 시중 자료들에서는 이 기술을 많이 다루지 않고 있다. 아마도 저자의 인성에 부정적 요소가 심겨지는 것을 염려했기 때문이 아닐까. 하지만 나는 이번 편에서 가감 없이 몇몇 사례들을 공개하고자 한다. 상대에게 행위가 아닌 언어로 공포를 심어주어 목적을 달성시키는 방법을 말한다. 공포를 심어줄 때는 상대의 기분과 감정이 상하지 않는 범위 내에서 해야 한다. 잘못하다가는 반감과 적대심만 유발할 수 있기 때문이다.

효과와 반감 사이에서 줄타기를 잘해야 한다. 한순간 고객에게 외면당할 수 있다는 리스크가 있음에도 이 공포의 기술을 추천하는 이유는, 즉각적인 반응과 효과가 나타난다는 점에서 위력이 강하기 때문이다.

공포 수위가 점점 높아진다

KBS 〈전설의 고향〉 덕대골 편의 '내 다리 내놔'를 기억하는가? 병든 남편을 둔 아내가 있었다. 죽은 지 3일 된 시체 다리를 삶아서 곰국을 끓여 먹이면 남편 병이 낫는다는 말에 부인은 야밤에 무덤을 파헤쳐 시체 다리 하나를 썰어들고 나온다. 그런데 뒤에서 그 시체가 내 다리 내놓으라고 쫓아오는 게 아닌가! 당시 얼마나 무서웠는지 시체가 쫓아오던 장면에선 옆집 비명이 다 들렸다. 수십 년이 지났지만 아직도 생생한 것을 보면 제대로 무서웠나보다.

언젠가 이 추억의 드라마가 재방송하는 것을 초등학생 조카들이 옹기종기 모여서 보고 있었다. 그런데 한심하다는 듯 "뭐래, 어설프게" 이러면서 시큰둥한 표정으로 채널을 돌리는 것이었다. 옛날에는 어른도 무서웠는데 요즘에는 애들한테도 안 먹힌다. 수십 년 전 공포 영화를 지금 개봉한다면 틀림없이 망할 것이다. 이제 어지간한 공포에는 눈 하나 깜빡하지 않을 정도로 사람들의 공포 수위가 높아졌다. 그 때문에 공포 수위가 날이 갈수록 높아지고 있다.

금연·금주 경고의 효과가 낮은 이유

다음 이유에 답해보라. 담뱃갑이나 술병에 쓰인 경고 문구는 사실 무용지물이다. 왜 그럴까? 위협의 수위가 낮아서이다.

한국에서 흡연으로 인해 죽는 사람은 1년에 3만 명으로, 교통사고 사망자의 6배나 된다. 이처럼 담배는 치명적인 기호품이다.

하지만 담뱃갑 경고 문구를 보면서 식은땀을 흘리고 두려워하며 덜덜 떨리는 손으로 "이걸 피우면 병들어 죽어"라고 생각하는 사람은 없다. 점심 먹고 삼삼오오 모여 깔깔대며 한 대씩 빨아대는 애연가들의 모습은 마냥 행복해 보인다.

보건복지부에서 2000년부터 지금까지 꾸준히 TV 금연 공익 광고를 하고 있지만 애연가들은 광고 내용이 뭔지 기억도 못한다. 과거 담뱃갑의 경고 문구는 이랬다. "건강에 해로운 담배, 일단 흡연하게 되면 끊기가 매우 어렵습니다." 이런 말은 어린아이도 하겠다. 바뀐 경고 문구는 이렇다. "임신 중 흡연은 유산과 기형아 출산의 원인이 됩니다" "흡연은 폐암 등 각종 질병의 원인이 되며 내 가족, 이웃까지 병들게 합니다" "부모의 흡연은 자녀의 건강을 해칩니다" "심장 질환의 원인 흡연! 그래도 피우시겠습니까?" 역시 거기서 거기다.

겨우 이런 경고가 실제로 흡연율을 떨어뜨릴 것이라고 생각하는 관료들은 어린아이보다도 순진한 것 아닌가? 물론 한국건강증진개발원 국가금연지원센터에서 담뱃갑 경고에 대한 대국민 인식도 조사 결과 "무섭다" "금연해야겠다"라고 응답한 사람도 있다. 하지만 그것은 설문을 위한 대답일 뿐이다. 나부터도 취지를 충분히 이해하는 이런 설문지를 받으면 질문자가 원하는 예쁜 대답을 하겠다.[5]

나는 실질적인 효과를 말하고 싶다. 우리는 애연가들 50명에

왜 그 사람이 말하면 사고 싶을까?

게 본인이 피우고 있는 담배의 경고 문구를 말해보라고 했다. 대부분 명확하게 대답하지 못했다. 늘 호주머니에 들어 있는데도 기억하지 못한다는 것은 문구 자체가 효과 없음을 증명하는 것이다.

한국에서 음주로 인해 사망하는 사람도 1년에 3만 명이 넘는다. 술도 담배만큼 치사율이 높다. 모든 술병에 어김없이 적혀 있는 경고 문구를 보자. 과거에는 "지나친 음주는 간경화나 간암을 일으키며 운전이나 작업 중 사고 발생률을 높입니다. 또한 알코올 중독을 유발할 수 있습니다"라고 적혀 있었다. 이 문구를 어떻게 생각하는가? 지나친 음주가 운전 사고를 일으킨다니, 그러면 적당한 음주는 운전에 문제가 없다는 말인가? 더구나 이런 뻔한 말을 모르는 사람이 있을까?

바뀐 경고 문구는 이렇다. "지나친 음주는 뇌졸중, 기억력 손상이나 치매를 유발합니다. 임신 중 음주는 기형아 출생 위험을 높입니다." 무슨 격언도 아니고, 잠깐 주의력을 환기시킬 뿐 경각심을 크게 일깨우지는 못한다. 소주병 뚜껑을 비틀면서 간암과 치매를 걱정하는 사람은 없다.

술, 담배를 줄인 사람들에게 그 이유를 물어보면 건강과 가족 때문이라고 말하는 사람은 있어도 경고 문구 때문이라고 대답하는 사람은 없다. 이처럼 술, 담뱃갑의 경고 문구 캠페인이 아무 소용없는 이유는 낙관주의 편향 효과optimism bias 때문이다. '나는 아닐 거야'라고 안심하고 회피하는 심리 말이다.

고속도로를 타면 목적지까지 운전 조심하라는 문구가 끝없이 눈에 들어온다. 그렇지만 그 문구가 뒷목에 담이 올 정도로 나를 긴장시키지는 않는다. 역시 낙관주의 편향 효과가 발생하여 '나는 괜찮다'고 치부해버리기 때문이다. 우리나라의 한 해 교통사고 사망자는 약 5,000명이고 부상자는 33만 명이나 되지만 본인의 경우는 아니라고 넘겨버리기 때문이다. 그러니 위협의 수위를 더욱 높여야 한다.

적당히 공포 분위기를 조성할 바에는 안 하느니만 못하다. 어설프게 공포 소구를 시전했다가는 오히려 역효과만 난다. 한 쇼호스트는 탈모 방지 샴푸를 방송하면서 "관리 제대로 안 하시면 대머리 돼요. 미혼이면 나중에 결혼도 힘들어요"라고 했다가 시청자에게 사과를 해야 했다.

공포 연상력
무서움은 상상력을 자극한다

공포, 기피의 대상

공포는 외면하고 싶은 감정이다. 홈쇼핑에서 식칼 방송을 하면서 여성 쇼호스트가 세워둔 식칼을 만지며 소개했다. 홈쇼핑 상품 시연은 쇼호스트가 제품을 많이 만져줄수록 매출이 높아진다는 매뉴얼이 있다. 직접 만져보지 못하는 고객에게 간접 체험 효과를 일으켜 마치 써본 것 같은 착각을 주기 때문이다. 그런데 칼날을 손가락으로 쓱 쓸어내리다가 방송 사고가 났다. 화면 가득히 칼날을 따라 빨간 핏물이 주르륵 흘렀다. 자신도 모르게 손가락을 깊게 베였고, 심각할 정도로 피가 줄줄 흐르는 모습이 그대로 방송된 것이다.

이 장면 이후 주문 콜이 올랐을까? 내렸을까? 칼의 생명력은 날카로움인데 그것을 사람 살을 썰어 제대로 보여줬으니 당연히 주문이 많아졌을 것 같지 않은가? 아니다. 주문 콜은 완전히 가라앉았다. 공포와 섬뜩함에 시청자들은 바로 채널을 돌려버렸기 때문이다.

요즘이야 와이파이가 안 터지는 카페가 거의 없지만 2G 시대에는 인터넷이 안 되는 카페가 많았다. 내가 강의를 하러 다니던 학교의 학생 몇 명과 함께 와이파이가 없는 카페에서 각자 노트북을 켜고 작업하고 있는데, 한 학생이 본인의 스마트폰으로 테더링을 잡았다. 그런데 순식간에 카페 안에 있는 사람들이 그 학생의 테더링으로 동시 인터넷 접속을 하는 것이었다. 비밀번호 설정이 안 되는 스마트폰이었기에 접속 숫자가 마냥 늘어나는 것을 차단할 방법은 없고 인터넷 속도는 당연히 떨어졌다. 나는 그 학생에게 말했다.

"네 와이파이 ID를 공포 언어로 바꿔봐. 그러면 접속 안 할 거야." 그리고 이렇게 바꿔줬다.

"접속하면 바이러스 감염된다." 그때부터 카페에 머무는 3시간 동안 접속한 사람은 단 1명도 없었다. 옆의 학생들 스마트폰에는 "접속 순간 해킹 당함"이라고 바꿔줬는데 역시 그 누구도 접근하지 않았다. 공포의 힘은 지속력이 강하다.

안구 건조증이 있어서 일회용 안약이나 인공 눈물을 늘 넣고 다니는 사람에게 이렇게 말해보라.

왜 그 사람이 말하면 사고 싶을까?

"안약을 비틀어 따고 나면 한 방울을 바닥에 흘리고 넣으세요. 왜냐면 안약 뚜껑을 비틀어 딸 때 소량의 플라스틱 가루가 눈에 들어갈 수 있기 때문입니다."

그때부터 그는 권고대로 실천할 것이다. 공포의 힘은 계속적으로 연상력을 불어넣기 때문이다.

공포 언어 소구력

공포 언어의 위력을 제대로 보여주겠다. 많은 사람이 식당에서 거저 주는 김치를 먹으면서 그 김치가 국산인지 중국산인지 중요하게 생각하지 않는다. 만일 당신이 식당을 운영한다면 요식업장 원산지 표기 의무를 따라야 한다. 그런데 메뉴판에 '쌀 국내산, 김치 국내산'이라고 붙여놔 봐야 손님들은 별다른 반응을 보이지 않는다. 그럴 바엔 차라리 값싼 중국산 김치를 쓸까 고민할 수도 있다. 하지만 쉐프의 자존심상 재료의 질을 포기할 수 없어 계속 국내산 김치를 고집하고자 한다. 이때 공포 언어를 사용하면 얘기가 달라진다.

"중국산 김치는 절대로 먹지 마세요. 한국인은 1960년대만 해도 회충, 요충, 십이지장충 같은 기생충 감염률이 무려 80%에 달했습니다. 이유는 농작물 재배에 인분을 썼기 때문이었죠. 하지만 50여 년이 지난 지금은 3.4%까지 떨어져[6] 100명 중 3명만 기생충이 있습니다. 하지만 중국산 김치를 먹으면 기생충 감염이 확 올라가는데, 중국에서는 아직도 배추를 기를 때 인분을 퇴비로 쓰기 때문입니다. 음식에 대장균이 검출되는 이유는 한 가지뿐입니다. 대장균은 오로지 대변에서만 발견되기 때문에 조리사가 화장실을 다녀온 후 손을 깨끗이 씻지 않았을 때입니다. 하지만 그 외의 다른 이유로 대장균이 발견될 수도 있는데 바로 중국산 김치 때문이죠. 다른 사람의 변을 당신 입에 넣고 싶으십니까? 중국산 김치는 먹지 마십시오. 우리는 국내산 김치만을 고집합니다."

이 문구를 본 사람들은 국내산 김치를 주는 가게만 찾을 것이다. 그리고 아마도 죽는 날까지 중국산 김치는 못 먹지 않을까.

시중에 나와 있는 10종의 손 세정제 광고 문구를 비교해봤다. 가장 많이 보이는 문구는 '손 보호' '세정 후 촉촉' '달콤한 향' 등이었고 그나마 공포 문구는 '각종 세균 99.9% 제거' 정도였다. 소비자가 과연 달콤한 향이나 촉촉함 때문에 돈을 지불할까? 이런 제품을 구매하는 이들의 심리는 본인 손의 위생이 비누로도 해결이 안 된다고 염려하기 때문이라는 점을 알아야 한다. 다음과 같이 풀면 얘기가 다르다.

"미국 메릴랜드대학의 2007년 조사 결과, 화장실 이용자의 46%가 손을 씻지 않으며, 손을 씻지 않은 사람과 악수를 나눈 15명 중 11명의 입(손이 아니라)에서 그 사람의 대변에 있는 균이 발견됐다고 한다. 또 영국의 한 선술집 땅콩 그릇을 조사했더니 14종의 소변

왜 그 사람이 말하면 사고 싶을까?

성분과 유해 세균이 검출됐다고 한다. 종업원도, 손님도 손을 씻지 않은 채 땅콩을 집어댔기 때문이다. 실험에 따르면 일반 비누는 미생물을 제어하고 살균하는 효과가 떨어지기 때문에 비누 세척을 해도 여전히 변과 균이 남아 있을 수 있다.[7] 따라서 사업장과 가정에서는 반드시 전용 손 세정제를 사용해야 한다."

이렇게 공포를 심어주면 당장 세정제를 사러 갈 것이다.

공포로 설득력 높이기

모 가전 브랜드의 판매 사원들을 위해 세일즈 화법을 만들어 납품한 적이 있다. 생활가전 중에 공기청정기가 있었는데, 역시 기존 방식은 기능 설명에만 치중해 있었다. 내가 만든 화법은 공포를 심어주는 다음과 같은 방식이었다.

"지금 고객님 창문의 방충망을 손으로 쓱 만져보십시오. 손바닥이 당장 시커멓게 됩니다. 방충망에 들러붙지 않고 집안으로 넘어온 나머지 초미세먼지들은 종일 코와 입으로 흡입되어 당신 가족의 폐 안에 들어 있습니다. 그동안 폐가 인간 공기청정기 필터 역할을 한 거지요.

미세먼지는 그 자체로도 나쁘지만 더 나쁜 3가지가 붙어 있어요. 바로 세균과 미생물, 중금속이죠. 중금속은 죽는 날까지 체내에 축적돼 있고, 살아 있는 세균과 미생물은 코 점막을 거치지 않고 바로 폐로 도달한 후 3억 개나 되는 허파 꽈리를 통해 모세혈관을 따라 신체 구석구석으로 퍼져 체내에 염증을 발생시키고 몸을 망가뜨립니다.

세계보건기구의 발표에 따르면, 전 세계 사람들 8명 중 1명이 대기 오염으로 인해 사망한 것으로 추정됩니다.[8] 예를 들어 고객님 자녀가 다니는 어린이집 한 반에 인원이 8명이라면, 그중 1명은 앞으로 공기만 들이마셔도 죽게 됩니다. 작년에도 전 세계 약 700만 명이 공기 오염으로 사망했는데, 그중 430만 명은 실내 공기 오염 때문이었습니다. 실외 오염 물질과 다르게 실내에서 자체 발생되는 라돈, 미세먼지, 건축자재, 가구에서 나오는 포름알데히드, 벽지, 페인트에서 나오는 휘발성 유기 화합물 모두 주요 발생지가 실내입니다.[9] 그러니 공기 청정기는 필수입니다.”

대기 오염이 심해져 공기 관련 사업을 하려고 한다고 해보자. 마스크라도 제조해서 판매를 시작하려는데 “미세먼지를 예방하세요”라고 문구 작업을 한다면 누가 쳐다보기나 하겠는가? “죽음의 검은 먼지! 계속 흡입하실 겁니까?”라고 공포 문구로 바꾸기만 해도 매출이 달라질 것이다.

당신은 화장품을 사는 데 얼마의 비용을 쓰는가? 화장품이 피부의 구세주인 양 구매에 병적으로 열을 올리는 고객들이 상당히 많다. 화장품 과다 오용을 막자는 취지에서 공포 소구를 불어넣어 보겠다. 물론 기존에도 그런 접근법이 있긴 했다. “화장품 마

왜 그 사람이 말하면 사고 싶을까?

케팅은 스킨부터 크림까지 쭉 늘어놓고 순서대로 바르라고 하지만, 이것저것 너무 많이 바르면 오히려 피부에 안 좋을 수 있어요. 화장품은 한두 개면 적당합니다." 이런 정도였다. 거듭 말하지만 약한 멘트는 안 하느니만 못하다. 쭉 풀어볼 테니 들어보라.

"피부 좋아지자고 바르는 화장품이 오히려 몸을 망가뜨릴 수 있다. 화장품 성분 중 산화 방지제인 부틸하이드록시아니솔은 소화기나 간의 출혈을 일으킬 수 있다. 클렌징 폼에 들어 있는 계면활성제인 폴리에틸렌글리콜은 신장과 간에 괴사를 일으킬 수 있다. 또 계면 활성제인 소디움라우레스설페이드는 석유에서 추출한 성분인데, 눈과 호흡기에 부작용을 일으키는 것으로 보고됐다(당신은 얼굴에 석유를 바르고 있었다). 폴리에틸렌글리콜은 두드러기를 유발할 수 있다. 이소프로필알코올은 잘못 바르면 혼수상태에 빠질 수도 있다. 선크림에 들어 있는 벤조페논-3는 암을 일으킬 수 있다. ○○ 파라벤으로 끝나는 성분도 11종이나 되는데 메칠파라벤, 부틸파라벤, 쇼듐에칠파라벤 등등이다.

화장품은 식품과 달리 1년을 둬도 끄떡없는 이유가 이 파라벤 때문인데 거의 모든 화장품에 들어가는 대표적인 방부제다. 이 파라벤은 호르몬과 내분비계를 교란시키고 유방암 발병률을 증가시킬 수 있다는 보고가 계속 나온다. 토너와 클렌징 폼에 들어 있는 1,4 다이옥산은 세계보건기구가 2B 발암물질로 규정한 성분이다. 합성 착색료 중 황색 4호, 적색 219호, 황색 204호는 흑피병을 유발하고 적색 202호는 입술염의 원인이 된다는 보고가 있다.

　나도 많은 화장품 브랜드의 컨설팅을 맡아 일하는 사람이라 이런 말은 자폭과도 같음을 안다. 하지만 나는 고객이 가볼 수 없는 화장품 제조 공장을 가보고 나서야 알았다. 화장품 원료는 완벽한 화학 물질이라는 것을. 경악스런 화학 물질들이 예쁜 용기 안에 담긴 후 좋은 냄새와 예쁜 케이스로 포장되고 미녀 모델의 선전으로 둔갑되어 당신 손에 쥐어지는 것이다.

　당신이 좋아하는 화장품의 광고 모델이 나와서 피부를 두드리며 '촉촉해요. 보습력이 최고예요'라고 말하는 모습에 혹하고 만다. 하지만 그 촉촉함은 '약국에서도 파는 석유에서 뽑아낸 글리세린(보습력 효과)이 많이 들었어요'라는 말밖에 안 된다. 글리세린은 관장약으로도 사용되고 이뇨제로도 사용된다. 심지어 다이너마이트에도 들어 있다. 니트로글리세린은 폭발력을 가진 위험물이기도 하다(물론 당신 피부에서 폭발하진 않는다). 화장품 아니, 화학품을 발라봐야 좋을 것 별로 없다. 그러니 너무 많이 바르지 마라."

　화장품 회사에 불만이 있어서가 아니다. 우리 회사도 이·미용 제품 컨설팅을 많이 하며 많은 화장품 회사들이 직접적인 고객사다. 단지 공포 언어의 힘을 입증하고 싶었을 뿐이다. 감전이 순식간에 저릿하는 물리적 자극을 주듯 공포 언어는 언어적 전기 충격을 주어 그 대상을 빠르게 회피하게 하는 힘을 준다. 그러니 적절히 사용한다면 강력한 이성의 무기가 된다.

　　　　　　　　　　　　　　　　　왜 그 사람이 말하면 사고 싶을까?

공포 탈출법
위기에서 벗어날 정보를 전하라

공포 전략은 인질 게임

무조건 겁만 주면 무슨 의미가 있겠는가? 공포 전략은 일종의 인질 게임과도 같다. 공포를 심어주면 고객은 내가 만들어놓은 공포 속에서 모종의 인질이 된다. 고객이 두려움 속에서 어쩔 줄 모를 때, 그 무서움을 담보로 '내 상품을 사야만 공포로부터 탈출할 수 있다'고 하는 것이 이 전략의 핵심이다.

예를 들어 당신에게 기능성 비누를 팔고 싶은데, 그냥 사라고 하면 안 산다. 하지만 공포라는 포승줄로 당신을 내 포로로 묶어버리면 얘기가 달라진다.

"사람 얼굴에 사는 벌레가 있다. 바로 모낭충인데 모공 속에서 살을 파먹으며 사는 벌레다. 당신의 피부를 뚫고 나와 바깥바람도 쐬

다가 다시 얼굴을 파먹고 들어가 그 속에서 잠도 자고(실제로 잠도 잔다) 배설물도 싼다. 그래서 여드름, 화농, 염증, 홍반을 일으킨다. 머리 위로 올라가서는 두피와 머리카락 사이로 파고 들어가 탈모도 일으키고 가려움증도 발생시킨다. 정도의 차이만 있을 뿐 사람들 대부분은 모낭충을 가지고 있다. 폼 클렌징을 해도 죽지 않고 오히려 건재하다. 방법이 없을까? 피부에 식초 한 방울만 떨어뜨리면 톡 하고 밖으로 튀어나온다. 이제부터는 식초를 기반으로 한 모낭충 전용 클렌징 비누를 쓰시라."

이 책을 읽고 있는 당신은 지금 관련 제품을 검색할지도 모르겠다.

공포 존과 공포 도피처

달갑지 않은 공포 존을 만들어놓고 그 옆에 공포 탈출구, 공포 도피처를 마련해놓으면 사람들은 공포를 피해 내가 놓은 덫(내 상품) 안으로 자연스럽게 들어온다.

소다수 만드는 기계를 팔고 싶다면, 소다수를 마시는 사람들에게 다음과 같이 공포 존을 만들어놓고 그 옆에 상품을 놓아두라.

"합성 에스트로겐, 내연제, 로켓 원료의 공통점은 뭘까요? 이 3가지 성분은 탄산음료 한 캔에서 발견할 수 있습니다. 합성 에스트로겐인 비스페놀 A는 캔을 구성하는 플라스틱을 부드럽게 하기 위해서 사용되는 화학 물질입니다. 내연제는 컴퓨터나 휴대폰에 불나지 말라고 들어가는 유해 물질이죠. 로켓 원료는 말할 것도 없고요. 이런 화학 물질들을 돈 주고 몸속에 집어넣고 싶으세요? 콜라, 사이다, 마운틴듀 같은 합성 소다를 사 먹다보면 뱃속에서 무슨 일이 벌어지겠습니까? 그런 것 사 먹을 돈 아껴서 직접 순수 소다수를 만들어 먹읍시다!"

이러면 내가 조성한 공포를 피하기 위해 도피처, 즉 내 상품을 사게 된다.

과거 홈쇼핑에서 심야마다 원두커피를 팔았는데, 이문세 씨의 노래를 틀어주면서 다방 DJ 연출도 하고 시 낭송도 하고 기타를 치며 감성적 분위기를 조성했다. 그러면 이성의 무기인 공포 언어로도 원두커피를 팔 수 있을까? 이렇게 하면 가능하다.

"커피 크림과 자외선 차단제 선크림의 공통점은 무엇일까요? 바로 합성 착색료인 이산화티타늄이 들어 있다는 겁니다. 이 첨가제는 간을 상하게 하고 나쁜 콜레스테롤을 증가시키며 기억력을 약화시킵니다. 그런데도 드시고 싶으세요? 이제 순수 원두커피를 즐기세요."

공포가 심어지면 고객의 이성을 연약하게 만들어서 간단히 압도한다. 방어하려는 심리 기제를 무너뜨려서 그렇다. 이때부터는 고객의 마음속을 마음껏 활보하며 다닐 수 있다.

공포 전략의 실제

코엑스에서 한국 중소기업 상품대전에 초대를 받아 참석한 적이 있다. 괜찮은 상품들이 있나 둘러보고 있는데 중년의 한 사장님이 환한 표정으로 인사를 건네며 내 책의 독자라고 말씀하셨다. 반갑게 인사하고 명함을 주고받았는데, 그분이 본인의 아이템을 보여주셨다. 장바구니였다. 부피는 작은데 펴니까 바퀴가 나오고 근사한 쇼핑카트가 되는 신기한 물건이었다. 역시 문제는 시장 판매 개척이었다. 그분은 고객들에게 상품이 어필되지 않는다고 고민이 많으셨다.

나는 먼저 고객의 기존 패턴을 분석해보셨냐고 물었다. 고객은 마트에서 장을 본 후 카트에 담았던 상품을 박스에 싣고 테이프로 포장해 가져가는 경우가 대부분이니, 돈 주고 바퀴 달린 장바구니를 구매할 이유가 없다고 말씀하셨다. 당신도 마트를 다니겠지만 장을 봐서는 마트에 널린 공짜 박스에 담아온다. 이처럼 늘 하던 버릇을 버리고 평소에 필요성을 못 느꼈던 새로운 상품을 팔아야 할 때가 가장 어렵다. 사람들이 '필요하지 않다'고 말하는 상품은 늘 골치 아프다. 오랫동안 굳어진 관성적 습관을 깨버려야 하는데, 그러기 위해선 강한 충격 요법이 답일 수 있다. 나는 말했다.

"공포를 심어줘 보시죠."

"무슨 말씀이신지?"

"지금부터 딱 2분만 말씀드리면 누구라도 이 장바구니를 쓰

왜 그 사람이 말하면 사고 싶을까?

게 될 겁니다."

"어떻게요?"

"저도 마트에서 오랫동안 근무한 경험이 있습니다. 마트가 사실은 바퀴벌레의 온상이라는 것 아십니까? 마트는 생선과 육류, 즉석 식품 등 온갖 음식의 집합소입니다. 제 아무리 청결을 유지해도 그 부산물과 처리된 음식물 쓰레기를 버리는 폐기장 같은 모습은 장난이 아닙니다. 생선 국물이 줄줄 흐르고, 비린내와 각종 음식물 냄새가 진동합니다. 바퀴벌레들의 최적의 서식 장소죠. 걔네들이 어디서 알을 낳는지 아십니까? 한국의 마트는 부지가 좁다보니 입고장, 검수장, 폐기물 처리장이 한군데 모여 있는 경우가 대부분입니다. 즉, 폐기 장소와 골판지, 종이 박스 보관소가 같은 곳에 있습니다. 바퀴벌레들이 차곡차곡 쌓여 있는 박스들 속으로 들어갑니다. 박스 사이에 보면 엠보싱처럼 완충재가 있습니다. 바퀴벌레가 그 사이로 쏙 들어갑니다. 안성맞춤인 서식처죠.[10] 그 포근한 곳에서 지내며 알을 까죠. 고객은 그것들을 집안으로 들이는 겁니다. 알에서 깨어난 바퀴벌레 새끼들은 고객의 집안을 휘젓고 다닙니다. 단 한 마리의 바퀴벌레가 10만 마리의 바퀴를 번식시킨다는 것을 아신다면 어떤 일이 있어도 마트에서 쓰다 버린 박스는 집으로 가져오지 않을 겁니다. 특히 식품이 담겨 있던 박스는 더하죠. 또한 카트 손잡이는 아무리 소독을 한다 해도 불과 몇 초 전까지 다른 사람이 쓰던 겁니다. 사람 몸의 세균이 가장 많은 곳이 손인데, 수백 명의 손이 직접적으로 거쳐 간 곳을 나도 잡는 겁니다. 실제로 해외 연구에서는 카트 손잡이를 오래 만지면 손독이 오른다는 보고도 있었죠.[11] 그 손으로 시식용 음식도 먹고 자녀의 얼굴도 만지죠. 이렇게 공포를 심어주고 나서 위생적인 나만의 장바구니를 갖고 다니라고 홍보해보시죠!"

그 사장님은 그때부터 블로그와 SNS에 마트 박스와 쇼핑카트의 비위생 문제를 부각시키는 전략을 짰다. 그러자 판매 실적은 즉각적으로 증가했다. 이렇게 글로만 읽어도 느낌이 오는데, 박스 속으로 들락거리는 바퀴벌레 영상을 단 3초만 보면 두 번 다시 마트 박스는 집에 들여놓지 못할 것이다. 고객에게 공포를 심어주라. 그들은 바로 동요한다.

공포와는 상관없어 보이는 상품군에도 공포 언어를 삽입할 수 있다. TV를 판다면 저화질이 눈에 미치는 악영향을 말해주면 되고, 청소기는 저가 제품이 미세먼지의 악영향을 증가시킨다는 것을, 온수 매트는 전자파의 위험성을 공포 언어로 바꾸면 된다. 한 예로 침구 청소기에 대한 상품 설명을 공포 언어로 바꿔보자.

"진드기 한 쌍이 40일 만에 10만 마리의 새끼를 침대 위에 생산해버린다. 현미경으로 보면 진드기는 엄청난 알들을 흘리며 지나가는데, 그 알들이 모두 깨어나자마자 미친 듯 다시 번식한다. 진드기들의 배설물에 있는 구아닌이라는 단백질 성분은 알레르기를 유발한다. 진드기들이 밤새 당신의 온몸을 기어다니면서 각질을

왜 그 사람이 말하면 사고 싶을까?

파먹고, 잠자는 눈 속과 콧구멍 속을 들락거린다고 생각해보라.

또한 당신이 침대 위에 남기는 피부 각질은 1년에 4kg이나 된다. 부부라면 8kg의 각질이 진드기들의 식량원으로 공급되어 번식을 돕는다. 침대 시트와 이불에도 평균 150만 마리의 집먼지 진드기가 산다. 광주광역시 전체 인구(150만 명)만큼의 유해 생명체가 당신의 침대 위에서 동거하는 셈이다. 결국 침대는 집먼지 진드기의 사체, 알, 배설물, 각질, 죽은 세포, 박테리아, 신체 분뇨의 집합소다. 이 문제를 해결하는 방법은 침대를 옥상으로 들고 가 햇볕에 말리는 것이다. 그게 안 된다면 침구 청소기가 답이다. 강한 자외선으로 진드기를 모조리 죽이고 바짝 말려버리고, 강한 흡입력으로 빨아내 침구를 반도체 공장처럼 깨끗하게 유지할 수 있다."

여기까지 소리 내서 읽어봐도 30초가 안 걸린다. 이 정도만 얘기해줘도 고객은 당장 이 제품을 사고 싶다는 눈빛을 보인다. 그러니 당신이 가전 판매 사원이라면 기능을 설명할 시간에 공포를 심어주는 편이 낫다.

충격 요법
고객의 마음을 뒤흔들어라

강렬하고 직접적인 충격의 활용

직접적인 충격을 주는 것도 방법이다. "요거트를 드세요"보다 "변비가 심하면 사망할 수 있습니다"가 효과적이란 말이다.

앞서 금연 광고에 대해 얘기했는데 금연에 대한 충격 요법을 한번 보자.

미국 뉴욕에 있는 메트라이프에서 강의했을 때의 일이다. 나는 충격 요법의 예를 들면서 우리 회사에서 만든 동영상을 6명의 피실험자들(흡연자)에게 보여줬다. 김이 모락모락 나는 끈적거리는 시커먼 타르 영상을 그들에게 보여주며 말했다.

"이건 타르입니다. 아스팔트 도로를 깔 때 역한 냄새가 올라오

왜 그 사람이 말하면 사고 싶을까?

는 시커먼 것 있죠? 바로 그거예요. 한입 물고 5분 정도 계셨다가 뱉으면 됩니다. 나머지는 벤젠, 비닐, 비소, 카드뮴, 니켈 등인데요. 다 몸속에 암을 만드는 독극물이죠. 모두 한 번씩 입에 넣었다가 맛을 보고 뱉으시면 됩니다. 당신이 담배 한 대 피우는 5분 동안 이 모두를 입에 물고 들이마시는 겁니다. 대체 뭐가 좋다고 이 짓을 하십니까?”

물론 실제와 유사하게 만든 모형 타르였지만 흡연자들은 즉각 반응했고, 이후 실제로 금연을 실천한 사람들은 절반이 넘었다. 머리를 땅 하고 때리듯 충격을 주는 충격 요법이 성공한 것이다.

동양적인 정서에서 공포 소구는 확실히 약하게 표현된다. 서구권에서는 훨씬 강하다. 동서양 광고를 비교해보면 서구권의 공포 수위가 훨씬 높다.[12] 예를 들어 운전 중 문자 메시지를 보내지 말라는 공익 광고를 할 때 한국이나 일본에서는 사고 장면까지는 안 보여주고 와장창 소리와 함께 유리가 깨지거나 곰 인형이 떨어지는 모습만 보여준다. 하지만 서구권의 광고는 다르다. 뒷좌석 아이의 눈알이 튀어나오고, 머리가 터지고, 아내는 내장이 터져 쏟아지는 영상을 그대로 보여준다.

그리고 이런 문구가 뜬다. “이래도 운전 중에 문자 메시지 할래? Do you still want to text while driving?”

낙관주의 성향을 파괴하라

충격 요법의 다른 사례를 들어보자. 나는 한 보험회사에 암 보험 상품의 직판 영상을 만들어 납품했다. 전국의 보험 설계사들은 약속이나 한 듯 고객에게 "세 명 중 1명은 암에 걸린다"는 멘트를 해댄다. 설문을 해봐도 이 멘트를 안 쓰는 보험 설계사가 없다. 하도 들어서 지나가는 중학생도 아는 말이 되었다. 많은 사람이 보편적으로 인지하고 있다는 것은 그만큼 설득의 힘이 떨어진다는 뜻이다.

사람들 대부분은 다섯 손가락도 아닌 세 손가락 안에 포함된다고 하는데도, 자신은 암에 걸릴 것이라고 생각하지 않는다. "나는 괜찮을 거야"라는 자기 위안과 안심이 저변에 깔려 있는 낙관주의 편향 심리 때문이다. 그러니 충격 요법을 써서 이런 심리를 깨부숴야 한다. 우리 회사가 만든 보험사용 직판 영상 중 공포 소구로서는 최고로 꼽는 것이 하나 있는데, 담관암 영상 하나로 어느 보험사는 현재도 보험 청약이 증가하고 있다. 영상 속에 출연자로 등장한 나는 고객을 향해 담관암을 아느냐고 물으며 시작한다. 그리고 이어서 말한다.

"민물고기는 날로 먹지 않습니다. 간디스토마에 걸리기 때문이죠. 참붕어 같은 민물고기를 숙주로 삼는 간흡충, 간질충, 개회충이라는 길이 1*cm* 이상이나 되는 기생충이 있어서 그렇습니다. 낙동강, 섬진강, 금강 주변 지역 주민 중 10%가 간흡충증에 걸렸다는 보고가 있을 정도로 민물고기에는 기생충이 엄청나게 많습니다.[13] 간흡충 한 마리가 뱃속으로 들어오면 몸은 즉시 감염되고 4주 뒤부터 알을 낳는데, 산란 양은 하루에 4,000개나 됩니다. 그 알들도 모두 기생충이 되어 26년이나 생존할 수 있을 정도로 수명도 긴데다, 약국에서 파는 일반 구충제로는 퇴치가 안 됩니다. 병원에서 정밀 대변검사 후 처방받아 전문 약을 복용해야 죽습니다.

그런데 당신이 민물고기를 먹지 않아도 이미 이 기생충들에 감염되어 있을 수 있습니다. 채소의 한 종류에 이 기생충 알들이 붙어 있기 때문에 이 채소를 날로 먹으면 감염될 수 있습니다. 뭘까요? 배추? 상추? 깻잎? 바로 미나리입니다. 저도 어릴 때 하수도나 개천에서 자라는 미나리들을 보면서 별로 미나리를 좋아하지 않았는데요. 이 미나리에 붙은 기생충 알들은 끓이거나 데치면 다 죽습니다. 문제는 대충 씻어 생으로 미나리를 먹으면 위의 소화액에 간흡충 알껍데기만 녹는다는 겁니다. 기생충 애벌레는 소장 벽을 뚫어버리고 뱃속을 헤집고 다니며 간을 찾아가다가 간 옆에 있는 가늘고 긴 담관 속에 들어가서 미친 듯 번식을 하고 염증을 일으킵니다. 담관암 전문의가 담관암 환자의 담관을 잘라보면 그 안에서 기생충들이 콸콸 쏟아진다고 합니다. 이 기생충들은 수십 년간 기생하면서 담관을 딱딱하게 만들고 담도암을 유발합니다. 세계보건기구 산하 기구 국제암연구위원회는 2012년에 간흡충을 1급 발암인자로 분류했습니다. 이처럼 자신도 모르는 사이에 수십 년 전에 한 번 미나리를 생으로 먹은 것 때문에, 또는 생간 한 번 먹은 것 때문에, 또는 횟집에서 끓는 물에 소독하지 않은 칼, 도마, 행주 때문에 뱃속에서 엄청난 기생충들이 살아 꿈틀거리고 있을지 누가 압니까? 사람은 어이없이 암에 걸립니다. 걱정할 시간에 든든한 암 보험을 갖춰놓으십시오."

그러고는 담관암 수술 장면을 어렵게 구해 기생충들이 꿈틀대는 영상과 함께 보여주니 고객들이 엄청난 충격을 받은 듯했다. 어차피 보험은 위협을 담보로 파는 상품이므로, 엉성하게 접근할 바엔 강하게 한 방 먹여주는 것이 차라리 낫다.

이 정도로는 담관암이 무섭지 않다고 말할지 모르겠다. 하지만 적어도 미나리를 평생 날로 먹는 일은 없을 것이다.

왜 그 사람이 말하면 사고 싶을까?

맺음말

인체 위해성risk assessment만큼 소비자를 겁주기 좋은 것도 없다. 전 세계 인구 중 건강 문제가 없는 사람은 단 4%도 안 된다. 인구의 3분의 1은 무려 다섯 가지 이상의 건강 문제를 지니고 있다.[14] 그러니 건강 문제를 깊이 찔러주면 고객은 흔들리고 만다. TV 건강 채널에서는 끝없이 이런 위험, 저런 공포를 만들면서 이것을 안 먹으면 큰일 난다며 겁을 주어 고객의 지갑을 턴다. 그게 다 돈 받고 써주는 기획기사advertorial인 줄도 모르고 말이다.

갈수록 건강 염려증이 심해지는 추세다. 가정마다 식탁 위에 건강식품 몇 개씩은 굴러다니고, 아침이면 배가 부를 정도로 한 줌씩 입에 털어 넣는다. 한 사례에 따르면, 85세 노인이 약을 매일 27개나 처방받아 먹고 있었는데 3개만 복용하게 하니까 오히려 기침과 설사 증상이 없어지고 일주일 만에 스스로 식사도 하고 인지와 신체 기능이 향상됐다고 한다.[15]

미국에서 본 자동차 안전운전 광고였는데, 피를 흘리며 처참한 모습으로 죽어 있는 가족들 앞에 망연자실한 표정의 가장이 서 있고, 그의 손에는 피가 가득하다. 그리고 문구는 "당신이 가족을 죽인 살인자"다. 이처럼 현대인들은 공포에 익숙해져 가고 있고, 기업들 역시 공포 수위를 높이고 있다.

그만큼 요즘 공포 언어가 추세다 보니 이성 언어의 무기가 되고 있다. 그러니 당신이 판매자라면 공포의 기술을 효과적으로 써보시고, 구매자라면 공포의 기술 앞에서 중용을 지키는 분별력을 발휘해보라.

6장

저울 언어,
경쟁 대상과 비교하라

저울 전략
비교하면 선택이 좁혀진다

저울 언어의 기술은 양 손바닥에 한쪽에는 내 것, 반대쪽에는 남의 것을 올린 후 한쪽을 누르면 반대쪽이 올라가는 부정적 비교로, 시소의 원리와 같다. 게다가 이해하기도 쉽다. 많은 기능과 요소를 담고 있는 상품을 다각적으로 바라보게 할 필요도 없이 복잡한 대상을 이분법으로 간결하게 구분 지어놓고 내 것과 남의 것을 양쪽에 각각 올려놓기만 하면 된다. 다음은 질문할 때 내가 잘 쓰는 방법이다.

"누구나 60세가 되면 두 그룹으로 나뉩니다. 연금 받는 사람과 연금 못 받는 사람. 당신은 어느 쪽입니까?" 이렇게 이분화하면 굳이 한쪽을 비난할 필요도 없이 양쪽 저울에 올려놓는 것만으로 내 쪽이 부각된다.

저울 언어는 양쪽 대상을 객관적으로 비교하게 하는 이성의 도구로, 이는 늘 이기는 싸움이다. 양팔 저울에 두 대상을 각각 올릴 때는 나의 장점과 남의 단점을 비교하기 때문이다. 참으로 객관적이지 않은 이 방법을 고객은 객관적으로 받아들이게 된다.

영국 가전 업체 다이슨이 2016년 2월 서울 소공동의 한 호텔에서 공개적으로 자사 무선 청소기를 LG 청소기와 비교하는 행사를 했다. 자기네 것은 흡입력이 좋고 LG 것은 흡입력이 떨어지는 결과를 보여준 다음, 우리 것이 우세하다면서 자랑했다. 당연히 참석자들은 이 실험을 객관적으로 받아들였고 다이슨 제품에 박수를 보냈다. 그런데 알고 보면 꼼수가 있었다. 이날 실험했던 다이슨 제품은 120만 원이나 하는 고가 제품이고 LG 것은 30만 원짜리로 4분의 1 가격이다. 당연히 모터도 약하고 흡입력도 약할 수밖에 없다. 이 공정하지 않은 두 제품을, 저울이라는 공정해 보이는 추에 올려놓아 고객이 이성의 눈으로 보게 하는 방법을 지금부터 소개한다.

비교의 판매 효과

고객에게 내 상품만 제시할 때와 저울에 다른 것과 함께 올릴 때 그 힘이 달라진다는 증거를 보여준 간단한 실화를 소개한다. 꽤 오래전 일본에서 직수입한 '아쿠아이

왜 그 사람이 말하면 사고 싶을까?

온매직'이라는 액체세제 판매 방송을 했었는데 매출이 신통치 않았다. 판매를 접어야 하나 고민하면서 이 액체세제 방송을 하고 있었다. 순간 타사에서 가루세제 방송을 하고 있는 모습이 눈에 들어왔다(홈쇼핑은 방송 중 공중파와 타사 홈쇼핑 방송을 함께 모니터로 보면서 진행한다). 그때부터 자막과 진행 순서를 무시하고 가루세제와 비교하기 시작했더니 놀랍게도 그날 매출은 대박이 났다. 저울의 힘이었던 것이다.

신속한 저울 언어 메시지

다음 두 문장 중 1번은 우리가 당연하게 듣는 말이고, 2번은 저울 언어다. 어느 쪽이 더 와 닿는가?

1. 짠 것 많이 먹으면 건강에 안 좋아요.
2. 소금 섭취량은 질병의 무게와 같습니다.

비교 대상이 있는 2번이 훨씬 더 마음에 와 닿는다. 중국 칭다오 여행 상품을 팔 때 "겨우 한 시간 남짓이면 도착하는 가까운 거리입니다. 쉽게 다녀오실 수 있습니다"라고 하는 것보다 "강남 일원동에서 강남 신사동 가는 데도 한 시간 넘게 걸렸던 적이 있습니다. 겨우 강남 지나는 시간이면 칭다오 갑니다" 또는 "저는 퇴근 시간이 한 시간 정도 걸립니다. 퇴근 시간을 여행 시간으로 바꾸면 칭다오 갑니다"가 훨씬 파급력이 크다.

이렇게 비교 대상을 저울에 올리면 이 여행 상품의 판매지수가 쉽게 올라간다. 소비자들은 세일즈 행위를 접했을 때 일반적으로 '인지적 차원(인지, 지식) → 감정적 차원(호의, 선호) → 행동적 차원(확신, 구매)'의 흐름으로 변화되어가는 위계적 효과 모형hierarchy of effects model을 따른다. 그러나 저울 앞에서는 이런 설득의 순서가 무시되고, 매우 직관적으로 즉각 결론을 낸다는 점에서 저울 언어의 메시지는 신속하다.

극단화 기술
저울의 양 끝에 배치하라

극명한 차이를 부각시킨다

현대인들은 극단적으로 끊고 맺는 경향이 강하다. 회색 지대를 좋아하지 않는다. 그러니 우리 상품을 한끝에 두고 경쟁 대상을 반대편 끝에 배치한 뒤 고객을 저울의 중심에 놓고 양극단을 비교해서 바라보게 하면, 극명하게 부각된 우리 제품의 강점을 이성의 눈으로 바라보게 된다. 저울 언어를 만들 때는 최대한 간극을 벌려 한쪽 끝에서 반대쪽 끝을 바라보게 해 간극의 차이를 극명하게 보여줘야 한다.

홍삼은 크게 알약 형태의 정제형, 엑기스라 하는 농축액, 파우치 형태의 세 가지 타입이 있다. 파우치 타입은 잔에 따라놓으니 그 색깔이 검은 것이 흡사 커피와 비슷하다. 그래서 남들은 "피곤할 때 홍삼을 마시세요"라고 뻔하게 외칠 때 나는 저울 끝에 커피를 올려놓았다.

"커피는 수입산이지만 홍삼은 국내산입니다. 커피에는 카페인이 들어 있지만 홍삼에는 사포닌이 들어 있습니다. 커피는 맛을 위해, 홍삼은 건강을 위해 먹습니다. 같은 값이면 어느 쪽이 낫겠습니까?" 이 말만 하면 주문량이 올라간다.

PB 상품들은 브랜드 상품을 비방한다. 상품 가격이 높은 이유는 쓸데없이 브랜드 값이 붙어서라고 비방하고, 브랜드 상품은 PB 상품이 가격만 싸고 품질은 개떡이라고 비방한다. 이렇게 서로를 양 극단에서 바라본다.

만일 경량 패딩을 판다면 경량 패딩의 장점에 집중하기보다 헤비 패딩을 저울의 다른 쪽에 올려야 한다. "지옥철 타면서 이불 패딩이라니!"라는 한마디면 충분하다. 겨울에 실질적으로 야외에 노출되는 시간을 측정해보면 얼마 안 된다. 출퇴근 시에는 대중교통이든 자동차든 실내에 있는 시간이 많고 출근 뒤에는 겉옷을 벗고 사무실 안에 종일 머무른다. 퇴근 후와 주말에는 집 안에 있다. 그러니 헤비 패딩은 남극 탐험갈 때나 필요하다면서 "개나 줘버려"라는 식으로 눌러버린다.

이쯤에서 반대 입장도 한번 보자. 헤비 패딩은 말한다. "얇은 경량 패딩으로 감히 겨울에 덤비다니!" 지난 겨울, 한국에 불어닥친 혹한은 맹추위로 유명한 러시아 모스크바보다 심했다. 영하

18도까지 떨어졌고 바람까지 더해 체감 온도는 영하 22도까지 떨어졌다.[1] "어디서 봄 점퍼만도 못한 얇은 거적때기로 까불다니!"라며 경량 패딩을 누른다. 이런 극단화 작업을 한 사례로 법무부에서 만든 문구를 소개한다. "공중 밀집 장소에서 슬쩍 이성을 만지거나 슬그머니 카메라로 찰칵하다간 혼납니다"가 아니라 "한순간의 성범죄, 당신의 30년과 바꾸시겠습니까?"이다. 신상 정보 등록이 최대 30년 간다는 법적 문구를 저울의 양끝에 극단적으로 매단 것이다.

반대편을 찾아 공격하라

개인 과외를 홍보하려 한다면 ○○대학교 나왔고 경력은 어떻다고 늘어놓기보다 학원을 비난의 저울에 올려놓고 매도하는 방법을 사용해보라.

"공부 선배 1명과 학원 1만 개, 어느 쪽에 맡기겠습니까? 수십 명씩 앉혀놓고 일방적으로 수업하는 학원식이 아닌, 1대 1로 실력을 올려드립니다."

민물장어와 바닷장어 중 어느 것을 먹고 싶은가? 흔히 민물장어가 보양식이고 바닷장어는 값이 싸다고 생각한다. 내가 자주 가는 장어 집은 바닷장어를 판다. 주방 위에 크게 이렇게 적어놓았다.

"항생제와 사료를 먹이고 가둬서 키워 스트레스 받는 민물장어가 아닌, 바다에서 스스로 자란 자연산 장어입니다. 바닷장어는 양식이 있을 수 없습니다. 드넓은 바다를 마음껏 뛰어놀던 바닷장어가 더 육질이 찰지고 건강합니다."

가죽점퍼를 판다면 "가죽이 좋지요"보다 "인조 가죽이 나쁘지요"가 더 인상적이다.

"인조 가죽 점퍼 표면은 대부분 폴리우레탄 수지로 코팅돼 있습니다. 폴리우레탄 수지 코팅은 일반적으로 기본 수명이 3년이면 끝이죠. 해마다 세탁을 하면 어깨, 등, 칼라, 주머니의 표면이 갈라지고 들뜸 현상이 생기며 비닐 포장으로 인한 보관 시 습기와 땀으로 쉽게 망가집니다."

이렇게 인조 가죽을 저울에 올려놓고 고객에게 이성의 눈으로 확인시켜준 다음에 천연 가죽의 내구성과 기능 등을 설명해보라. 고객은 쉽게 마음을 열 것이다.

경쟁 카테고리
정수기를 팔려면 생수와 비교한다

경쟁 카테고리를 공격하라

정수기를 팔아야 한다면 생수를 저울에 올려야 한다.

"수자원공사에서는 수돗물이 좋다고 장려하면서 그 좋다는 물에 왜 그리 많은 약품을 넣는가? 수자원공사 공개 자료만 봐도 수돗물에 엄청난 약품을 투여한다. 그러니 수돗물은 약물이다. 주택 노후 수도관에서 발생되는 녹과 부식, 물탱크 세균 오염도 심각하다. 주택가 물탱크에는 뻘, 기생충뿐 아니라 동물의 사체까지도 발견된다. 노후 수도관에서 생긴 기생충으로 아파트 주민 100명이 집단 기생충 감염으로 장염에 걸린 적도 있다.[2] 학창 시절 과학 시간에 비커에 거름종이로 흙탕물을 걸러봤던 기억이 있는데 누구도 쉽게 마시지는 않았다. 생활 오폐수를 걸러서 마시지 말고 애초부터 원시 상태인 깨끗한 생수를 드시라."

이와 똑같은 전략으로 생수를 공격하며 정수기의 장점을 강조할 수 있다.

"마시는 생수에 눈에 보이지 않는 미세한 플라스틱 알갱이가 대거 포함돼 있다는 충격적인 연구 결과가 나왔다. 셰리 메이슨 미국 프리도니아 뉴욕주립대학 지구환경과학과 교수 연구진은 에비앙, 네슬레 퓨어라이프, 아쿠아 등 유명 생수에서까지 미세 플라스틱이 검출됐다는 논문을 발표했다. 또한 미국 비영리매체 '오브미디어'가 9개국 11개 브랜드 생수 259개를 대상으로 조사해보니 조사 대상 생수의 93%에서 미세 플라스틱이 둥둥 떠다니고 있다는 사실을 발견했다. 이 작은 플라스틱 조각들은 페트병 성분 폴리에틸렌 테레프탈레이트였다. 한 통의 생수병에서 최대 1만 개의 플라스틱 조각이 발견되기도 했다.[3]

생수를 마신다는 것은 플라스틱 조각들을 삼키는 것과 마찬가지다. 또한 한국의 생수는 지하수를 뽑아 만든 것인데 구제역 소동이 있을 때마다 소, 돼지가 지하에 묻힌다. 2010년 구제역이 발생했을 때만 350만 마리가 땅속에 묻혔다. 국내 돼지 3마리 중 1마리가 묻힌 것이다. 이 땅에 수백만 마리의 가축이 죽어 묻혀서 그 축산 침출수부터 생활 오폐수까지 지하수에는 대체 무슨 오염물질이 스며들었는지 알 수가 없다. 죽은 가축에서 나온 물이 생

왜 그 사람이 말하면 사고 싶을까?

수로 뽑혀 나올지 누가 알겠는가?"

이러면 당장 생수 주문을 끊는다.

정수기도 크게 두 종류로 양분되는데, 직수형 방식과 물탱크 방식이다. 여기서도 각자의 장점보다 상대의 단점을 겨냥해본다. 직수형을 옹호하여 물탱크형을 비난하고 싶다면 이렇게 하면 된다.

"고인 물은 썩는다는 말이 있죠. 아무리 정수된 물이라도 물탱크에 오랫동안 저장돼 있으면 물때가 낍니다. 수도꼭지나 노즐을 아무리 살균 세척하면 뭐합니까? 열어볼 수도 없는 물탱크 속에서 세균이 번식하면 손쓸 도리가 없죠. 더구나 물탱크가 있는 정수기는 가격도 직수형보다 비싸고 부피도 많이 차지하니까 가뜩이나 공간 활용이 중요한 주방을 더 비좁게 만들죠. 그럼에도 기존 정수기 브랜드들은 직수형 정수기를 안 만듭니다. 이유가 뭘까요? 기업 이윤 때문입니다. 굳이 물탱크 정수기보다 가격이 싼 제품을 만들고 싶지 않은 거죠. 따라서 탱크 속에 물때가 낄 일도, 세균이 번식할 일도, 탱크 청소할 일도 없는 더 저렴한 직수형 정수기가 답입니다."

반면에 물탱크형을 옹호하고 직수형을 비난한다면 다음과 같이 멘트가 달라진다.

"순식간에 거른 물은 제대로 걸러지지 않습니다. 아주 미세한 불순물까지 걸러주는 역삼투압 방식은 한 방울, 한 방울 인내를 가지고 오랜 시간 동안 천천히 모아야만 합니다. 또한 살아 있는 미네랄까지 함께 담으려면 매우 오랜 시간 서서히 모을 수밖에 없습니다. 그래서 바로 거른 직수형은 증류수를 먹는 것과 같을 뿐입니다. 물탱크가 반드시 필요합니다."

결정 장애를 해결한다

간 기능 개선 건강식품은 크게 곰쓸개(웅담)에서 뽑아낸 우르소데옥시콜산UDCA으로 만든 것과 밀크시슬(흰무늬엉겅퀴)에서 추출한 실리마린으로 만든 것 두 종류로 나뉜다. 한번은 밀크시슬로 만든 건강식품 제품의 세일즈 화법을 만들어주는 작업을 했다. 먼저 UDCA 제품을 저울에 올렸다.

"한우 파동, 갈치 파동 한 번씩만 겪어도 워낙 귀해서 가격이 한없이 올라가는데, 태어나서 직접 곰을 본 적이 몇 번이나 있습니까? 그 귀한 곰을 잡아서 손바닥만 한 작은 웅담을 얼마나 많이 확보했길래 웅담으로 만든 간 기능 제품이 그렇게나 많을까요? 저는 못 믿겠습니다. 동물성 원료인 웅담과 식물인 엉겅퀴 중에 하나를 골라 드신다면 저는 밀크시슬을 택하시라고 말씀드리겠습니다."

이처럼 저울 언어는 수많은 경쟁 카테고리에서 결정 장애로 머리 아파하는 고객의 고민을 일축시켜 인도하는 유도등과 같다.

상대성 원리
강점이 돋보이게 만든다

군계일학 되기

비용을 들이지 않고도 내 상품을 커 보이게 하는 방법은 상대적 저울에 다는 것이다. 지구는 매우 크지만 태양 옆에 두면 33만 분의 1밖에 안 되어 마치 점처럼 작아 보인다. 반면 달 옆에 두면 달보다 질량이 80배 더 나가는 지구가 훨씬 커 보인다. 물질계에서 절대적인 것은 존재하지 않는다. 무엇이든 상대적 비교로 누를 수 있다. 강해 보이는 그 어떤 경쟁 대상도 상대적 비교를 당하면 작고 미약해 보이게 만들 수 있다.

만일 당신이 떡볶이 가게 사장이라면 손님에게 떡볶이를 담아줄 때 "많이 주세요"라는 말이 안 나오게 하는 방법이 있다. 바로 작은 그릇을 쓰면 된다. 거기에 철철 넘치게 담아내면 절대로 많이 달라는 말이 안 나온다. 상대적 저울을 사용하는 것이다.

나는 홈쇼핑에서 고등어를 팔고 있는데 경쟁사는 근사한 한우 세트를 팔고 있다. 경쟁사의 모양새가 더 좋아 보인다. 고등어는 망하게 생겼다. 바로 한우를 저울에 올린다.

"태어나서 죽는 날까지 좁은 철창 우리 속에서 스트레스 받으며 인공적으로 키운 육류를 먹으면 우리 몸도 스트레스를 받습니다. 그러나 고등어나 굴비는 양식이 없습니다. 드넓은 바다를 마음껏 뛰놀던 100% 자연산 생선을 드시는 것이 건강에 더 좋습니다. 고기 많이 먹으면 혈관에 콜레스테롤만 차겠지요? 생선은 많이 드실수록 오메가3가 혈관을 시원하게 뚫어줍니다."

한번은 크루즈 여행 상품을 파는 방송을 하고 있는데, 타 방송에서도 똑같은 상품을 팔고 있었다. 몇만 톤급이니, 수영장도 넓으니 하면서 우리 배가 더 크다고 떠든다. 똑같이 응했다.

"크루즈는 커봐야 내리고 탈 때 시간 다 잡아먹습니다. 20만 톤급이면 승하선 때 한 시간씩 기다려야 할지도 몰라요. 마트에서 내 앞에 몇 명만 줄 서 있어도 짜증이 밀려오는데 그것을 견딜 수 있으시겠어요? 어린이날 놀이공원 안 가는 이유는 사람들이 몰리기 때문인데 오도 가도 못하는 밀폐된 배 안에서도 사람들이 많아지니 복잡하고 정신없기만 하죠. 뷔페에 깔린 음식이 아무리 많아 봐야 다 먹지 못하듯, 배가 크다고 다 경험하고 오지도 못합니다. 적당해야 줄 안 서고 안 기다리죠. 배 크기는 적당해야 기동력 있고 수심이 얕은 기항지도 많이 정박할 수 있어서 더 많은 관광지를 보실 수 있습니다.”

소고기는 한국 소고기가 좋을까, 미국 소고기가 좋을까? 요즘은 미국산 전문 정육점도 로드 숍으로 골목 곳곳에 자리 잡고 있다. 이 두 상품을 다음과 같이 비교할 수 있다.

“한국 소는 좁은 외양간에서 사료를 먹고 자랐고, 미국 소는 절대로 가둬두는 일 없이 드넓은 목장에서 풀 먹고 자랐습니다. 어느 소가 더 건강하겠습니까? 어느 소가 더 육질이 쫀쫀하겠습니까?”

또 다른 예를 들어보자. 어느 한식집의 점심 정식 가격은 5만 원이다. 너무 비싸다는 고객의 말에 사장님은 스테이크 가게를 저울의 다른 쪽 끝에 올려놓고 항변한다.

“스테이크하우스는 겨우 손바닥 반만 한 고기 한 덩이 나오는 게 전부인데도 5만 원이 비싸다는 인식 없이 수긍합니다. 한식은 밑반찬 하나하나 다듬고 양념하고, 재료를 재우고 무쳐야 해서 손도 많이 가고 시간과 정성도 많이 들어갑니다. 그런데도 이 가격이면 스테이크와 비교해서 굉장히 저렴한 거죠.”

주스 시장은 계속 쪼그라들고 있다. 국내 주스 시장 규모는 2013년 1조 300억에서 5년 만에 반으로 뚝 떨어졌다.[4] 하지만 착즙 주스 시장은 날로 커지고 있다. 이유는 기존 주스들과 비교 전쟁을 벌이기 때문이다. 기존 주스들은 농축 환원 주스다.

다시 말하면 외국에서 한 번 끓여서 냉동시킨 후 국내에 들어와 해동시키고 물을 탄다. 그런데 비타민은 열에 워낙 예민한 영양소라서 60도만 넘게 열을 가해도 대부분 파괴되고, 끓여버리면 거의 파괴된다. 거기다 합성 화합물과 각종 색소, 첨가물을 넣는다. 즉, 당신은 화학 물질을 섞어놓은 달달한 노란색 설탕물을 마시는 것이다. 이왕 주스를 마실 거면 몇천 원 아끼지 말고 착즙 주스를 마시라고 고객을 설득할 수 있다.

믹서기를 판매한다면 주서기를 저울에 달아야 한다.

"주서기로 착즙한 주스는 사실상 설탕물이나 다름없습니다. 과일이나 야채를 착즙하면 식이섬유가 많은 과육의 거친 부분이나 껍질은 다 걸러져 버리고 순수하게 당분 가득한 즙만 남게 되는 거죠.

실제 착즙 주스의 당류 함량은 300ml 1병당 30g으로 콜라와 비슷한 수준입니다. 해로운 당분은 더 많이 먹게 되고 이로운 식이섬유는 못 먹게 되니 혈당만 오르는 것이죠. 그런데 믹서기를 이용하면 과일, 채소의 식이섬유까지 같이 드실 수 있으니 소화도 잘되죠. 믹서기를 써야 진정 제대로 된 주스를 드시는 겁니다."

선명한 비교로 설득하기

혹시 당신은 상조 서비스에 가입했는가? 상조 서비스에 가입할 필요성을 못 느끼는 사람의 마음을

왜 그 사람이 말하면 사고 싶을까?

어떻게 움직일 수 있을까?

한 상조 서비스 회사에 저울 언어를 이용한 판매 화법을 만들어줬다. 상조 서비스의 반대편 저울에는 웨딩 서비스를 올려놓았다.

"결혼식은 선택입니다. 평생 안 할 수도 있습니다. 그러나 장례식은 필수입니다. 인간이라면 반드시 치러야 합니다. 결혼은 내의지입니다. 죽음은 내 의지가 아닙니다. 결혼은 계획대로 할 수 있지만 죽음은 계획할 수 없습니다. 결혼은 내가 원하는 날 맞춰서 계획을 세웁니다. 반면 죽음은 내가 정할 수 있는 것이 아닙니다. 마음의 준비 없이 예기치 않게 만나는 일입니다. 죽음은 밤낮, 주말, 평일, 내 상태, 내 상황 가리지 않고 갑자기 닥칩니다.

우리는 죽음과 관련해서 두 가지를 모르고 있습니다. 첫째, 언제 죽을지 모릅니다. 둘째, 어떻게 죽을지 모릅니다. 결혼식은 한 시간 걸리지만 장례식은 3일 걸립니다. 기쁨은 잠시 머물지만, 슬픔은 항구적입니다. 웨딩 플래너는 한 시간을 위해 일하지만 상조 전문가는 3일을 위해 일합니다. 상조 전문가의 지도가 필요합니다. 이 상조 서비스에 의지하십시오. 고객님의 모든 짐을 대신 지어드립니다."

언젠가 백화점 입점 프로모터들을 코칭한 적이 있다. 이들의 지상 과제는 '인터넷 말고 왜 백화점에서 사야 하는가?'에 대한 답을 찾는 것이다. 온라인에서도 똑같은 상품을 판다. 가격도 더 싸다. 얌체족들은 물건은 백화점에서 보고 주문은 인터넷으로 한다.

이것이 요즘 백화점이 당면한 가장 큰 어려움이다. 내 직업은 이렇게 그 분야 종사자들도 해결 못하는 문제들을 해결해야 하는 고달픈 일이다. 아무튼, 다음과 같은 저울 전략을 쓸 수 있다.

"가방을 살 때는 만져서 질감을 느끼고 내부를 열어보고, 어깨에 걸쳐 거울에 비친 내 모습이 어울리나 본 뒤에 사겠죠. 당연한 말입니다. 그런데 만약 만지지도 마라, 어깨에 걸쳐보지도 마라, 직접 보지도 말고 실제와 분명 다른 동영상으로 보고 심지어 궁금한 점들을 묻지도 말고 그냥 사라고 한다면 미친 매장이라고 할 테죠. 그런 곳이 있습니다. 바로 홈쇼핑이죠. 만져보지도 못하고 내게 어울리는지 확인도 못하는데, 쇼호스트들은 하나같이 상담원에게 물어보지도 말고 무조건 자동 주문 전화로 사라고 합니다.

이미지만 보고 물건을 사라는 곳도 있죠. 인터넷입니다. 옷을 살 때 보는 것과 입는 것이 다르다는 것쯤은 누구나 압니다. 쇼핑은 체험이고 경험입니다. 그것을 못하는 인터넷 쇼핑은 모험이죠. 구매하면서도 내가 생각한 것과 다르지 않을까, 반품 배송료를 물지 않을까, 사이즈가 잘못 오지 않을까, 인터넷에서 구매한 제품이란 것이 티 나지 않을까 한편으론 불안하죠. 온라인 쇼핑은 일단 물건을 받아봐야 그 물건의 품질이 어떤지 압니다. 우리는 박음질 하나도 꼼꼼히 따져보는데 언제 봤다고 무턱대고 믿고 사십니까?

백화점은 사후 관리도 잘되고 반품도 잘되죠. 또 온라인보다 백화점이 더 쌀 수도 있습니다. 백화점은 늘 세일을 하죠. 세일 기

왜 그 사람이 말하면 사고 싶을까?

간이 지나면 직원 가격이나 이월 상품 적용 등의 갖은 방법을 써서라도 할인해드립니다. 게다가 적립금도 쌓이고 상품권도 드립니다. 무엇보다, 실패하지 않는 가장 정확한 쇼핑을 하게 합니다."

이런 식으로 조목조목 비교해나가면서, 실제로 몇몇 상품의 실시간 인터넷 최저가를 고객 눈앞에서 보여주며 백화점이 더 싸다는 것을 알려주면 고객을 설득할 수 있다.

저울 언어의 마법

나는 한국금융연수원에서 오랫동안 은행 직원들의 세일즈 전략을 짜면서 세일즈 매뉴얼을 만들어주고 있다. 한번은 저축 상품의 독려 멘트를 고안해야 했다. 은행원이 저축을 권하면 고객의 대답은 한결같다. "여유가 없어요."

이때 상대적 비교를 하는 것이 중요하다. 저축의 반대편에 소비를 올려놓고 서로 비교하면서 이렇게 풀 수 있다.

"여유가 없다고 하시지만, 저축할 여유가 없지 소비할 여유는 있습니다. 한 달에 신용카드를 몇 번이나 긁는지 아시나요? 그걸 세고 다니면 이상한 사람이죠. 우리는 생각 없이 카드를 긁어댑니다. 한 달에 카드 몇 번 덜 긁는다고 삶이 피폐해지거나 삶의 질이 떨어지는 것은 아니겠지요? 그렇게 아낀 돈을 저축으로 돌리시면 됩니다. 당신은 소비형 인간입니까, 저축형 인간입니까? 사회 전체가 소비 마케팅에 젖어 돈을 쓰라고 외칩니다. 그러니 저축할 여유가 없지요.

사람들은 대부분 변명처럼 돈이 없다고 하면서도 주말이 되면 놀 것 놀고 쓸 것 씁니다. 먼저 소비할 돈은 있으나 나중에 저축할 돈은 없습니다. 해답은 선저축 후소비 습관을 기르는 것입니다. '인생 뭐 있어?' 하다가 비극적인 노후를 맞게 될 것입니다. 식당에서 밥 먹고 카드 계산할 때 정자로 신중히 사인하십니까? 대충 쓱 사인합니다. 그만큼 소비는 쉬운 일입니다.

제 청약서에 정자로 한 번만 제대로 사인하시면 결과는 반대가 됩니다. 힘든 일 같으세요? 오히려 기분 좋은 일입니다. 같은 대상도 어떻게 쓰느냐에 따라 기분이 달라집니다. 같은 12시도 야근하는 12시는 괴롭지만, 데이트하는 12시는 행복하죠. 시간도 어떻게 쓰느냐에 따라 달라집니다. 돈도 마찬가지입니다. 쓰는 재미? 허무합니다. 모으는 재미? 쏠쏠합니다. '이 세상에 지르세요'라고 말할 수 있는 사람은 저뿐입니다. '소비는 지르세요' 못합니다. 저축은 맘껏 지르셔도 좋기만 합니다."

이렇게 저축과 소비를 비교해서 저울질하면 고객은 '소비에 젖어 여유가 없었구나' 싶어 저축 상품에 가입하고 싶어 할 수 있다.

만일 고객에게 연금 상품을 권한다면 "저를 봐서라도 하나만 가입해주세요" 식의 무작정 감성에 호소하는 최악의 멘트를 쓰지는 않을 것이다. 대신 적은 금액과 높은 금액 두 가지를 저울에 나

뒤 제시할 수 있다. "10만 원 상품과 100만 원 상품 중 어느 쪽에 관심이 가시나요?" 고객은 당연히 적은 금액을 선택할 것이다. 그러면 다시 저울에 다른 대상들을 올려보고 하나를 눌러나가면 된다.

"비가 올 때 작은 종이컵과 큰 세숫대야를 밖에 놓아두면 어디에 비가 많이 담길까요? 당연히 후자죠. 저축도 그래요. 매달 똑같이 비처럼 내리는 내 월급통장에 작은 사이즈, 큰 사이즈 어느 것을 갖다 대느냐에 따라 미래의 행복 사이즈가 달라지죠. 큰 것 하시는 겁니다. 혹시 고객님과 박태환 선수가 $100m$ 수영 시합을 하면 누가 이길까요? 한참 먼저 출발하면 당신이 이깁니다. 누구는 10만 원으로 출발하고, 누구는 100만 원으로 출발하면 누가 재테크 고지에 빨리 올라서겠습니까? 한쪽 저울에 열심히 하는 사람, 운 좋은 사람, 머리 좋은 사람, 빽 좋은 사람 세워놓고 다른 쪽에 먼저 시작하는 사람 올려놓으면 먼저 시작하는 사람을 이길 수 있는 사람은 없습니다.

학년이 시작되면 똑같은 교실에서 똑같은 교과서로 똑같은 수업을 듣는데, 학기 말에 누구는 1등, 누구는 꼴찌입니다. 왜 그럴까요? 시작이 달랐기 때문이죠. 방학 때 선행 학습을 해 미리 준비한 거지요. 고객님도 나중에 금액을 늘려 100만 원으로 하겠다가 아니라 미리 100만 원으로 시작하는 겁니다. 기생 환갑 서른이란 말처럼 돈을 모을 수 있는 때는 짧습니다."

이 멘트는 실제로 내가 만든 것으로, 많은 은행과 보험사에서

널리 사용되고 있으며 성과도 톡톡히 내고 있다.

내가 컨설팅해서 홈쇼핑에 론칭한 불스원의 '불스원 미러'를 출시할 때의 일화다. 첫 방송 전에는 '시장 다지기'라고 해서 선 작업을 해놓는다. 기존 시장의 불편함과 문제점을 부각시키기 위해 비교할 제품을 선정하고 만드는 일이다. 문제는 이 제품이 사각지대를 없앤 세계 최초의 사이드 미러라서 비교할 대상이 없었다. 그래서 시판되는 부착형 보조 미러, 굴곡형 미러, 볼록 미러를 저울에 올려놓고 비교했다. 기존 제품과 달리 시야가 굴곡되는 미러가 아닌 굴곡 없는 거울이며 사각지대를 없앤 획기적인 상품이라고 설명했다. 또 공연히 타사 제품을 건드렸다가 문제될 수 있으니 굴곡, 볼록 제품들을 자사 제품으로 몇백 개 만들어서 품번만 따고 직영점과 몇 군데 대리점에 진열해놓게 한 뒤 방송 중인 자사 제품이랑 비교하도록 했다. 이런 방식으로 저울의 기술을 문제없이 사용할 수 있었다.

직접 비교 효과
경쟁자의 약점을 들춘다

연상 기법을 이용하라

간접적으로 표현의 곡예를 하지 않고 대놓고 가격하는 직접 비교는 경쟁 브랜드를 직접적으로 명시하여 자사의 유리한 부분만을 비교하는 원색적 접근을 말한다.[5] 하지만 경쟁 제품의 실제 명칭까지 거론하며 막나가는 바보는 없다. 역시나 약간의 비틀기가 필요하다. 상당히 위험하지만 지혜롭게만 사용하면 큰 무기가 된다.

비행기를 이용할 때 가장 걸림돌이 되는 것은 비용이다. 그래서 한국공항공사에서는 비행기의 반대편에 기차를 두고, '비행기 값은 비싸지 않아요'라고 하기보다 기차표 값과 비교해서 이런 표어를 걸었다.

"KTX보다 싸게 비행기 타자." KTX를 지하철 타듯 정기 승차권으로 이용하는 사람은 2016년 기준 350만 명으로, 7년 만에 2.5배나 늘었다. 기차를 저울의 반대편에 올려놓고 비행기는 더 싸니까 쉽게 이용하라는 직접 비교를 활용한 표어였다. 같은 교통수단이라 비교가 쉽고, 지상 교통수단과 항공 교통수단은 지상과 하늘 각각 다른 경로를 이용하는 것이라 KTX에서 발끈할 가능성도 적어 직접 비교를 해도 안전하다.

본설농탕은 설렁탕에 땅콩가루와 치즈를 사용하지 않고 100% 순수 사골 육수만 넣는다고 말한다. 왜 다른 재료도 아니고 땅콩과 치즈를 콕 찍어 거론한 걸까? 이유는 경쟁 업체인 신선설농탕이 그것들을 넣기 때문이다. 결국 직접 비교를 한 것이다.

하선정 김치 방송을 하는데, 경쟁사에서는 모 연예인 김치 방송을 한다. 쇼호스트가 말한다.

"밤낮없이 연예인 활동하느라 집에 아줌마 두고 살림 한 번 안 해봤을 연예인이 만든 김치랑은 비교도 하지 마세요." 브랜드만 얘기하지 않았을 뿐 한번 해보자는 얘기나 다름없다. 결단코 브랜드명은 밝히지 않았다.

"컨디션이 안 좋을 땐 아무거나 마셔도 되지만⋯." 인삼공사의 숙취 해소 음료 '정관장369'의 광고다. 이 문구는 누가 봐도 숙취 해소 음료 '컨디션'을 공격하는 것이다. 하지만 컨디션은 문장속에 녹아든 보통 명사이기에 나중에 빠져나갈 구멍이 있다.

왜 그 사람이 말하면 사고 싶을까?

경쟁자의 단점을 부각시켜라

수입 SUV를 사려고 한다면 어느 브랜드를 살 것인가? 각각 취향이 다르겠지만 랜드로버가 이렇게 얘기하면 하나로 귀결된다.

"벤틀리의 벤테이가, 마세라티의 르반떼, 재규어의 F-PACE, 람보르기니의 우르스, 롤스로이스의 컬리넌 이들의 공통점이 뭔지 아십니까? 모두 그 회사의 첫 SUV라는 것입니다. 뭐든 처음 만들어본 프로토타입은 시행착오를 겪기 마련이죠. 처음은 서툽니다. 생명과 직결된 자동차를 사는 데 마루타가 되지 마세요. 우리 랜드로버는 처음부터 지금까지 SUV만 만듭니다. SUV를 제일 잘 아는 랜드로버로 오십시오."

쌍용 자동차에 세일즈 코칭을 하러 갔다. 한참 잘 팔리는 차종들을 조사하려고 쌍용차 담당자와 얘기해보니, 쌍용차는 무조건 현대차와 비교하면서 판매한다고 했다. 예를 들면 영업 사원들 멘트 중에 이런 것들이 있다.

"차의 생명은 강판입니다. 쌍용차는 현대차보다 무조건 강판이 뛰어납니다. 그 이유는 현대차는 계열사 이해관계 때문에 어쩔 수 없이 현대제철의 강판만 씁니다. 현대제철이 어떤 재질의 강판을 만들든 상관없이 그것만 써야 하죠. 보통 그런 구조로 계속 가는 납품 회사는 나태해지고 해이해져서 제품력이 떨어지게 되죠. 하지만 우리 쌍용차는 그런 의무적인 이해관계가 없기 때문에 전

세계에서 제일 좋은 강판을 깐깐하게 선택할 수 있습니다. 쌍용차 강판이 현대차보다 튼튼한 이유가 여기에 있습니다."

오프라인 대면 판매 멘트니 녹취하지 않는 이상 문제되지 않는다. 따라서 방송이나 광고, 온라인 판매, 홈쇼핑, 인포모셜 informercial 케이블 채널의 성격이 아닌 맨투맨 대면 판매일수록 이런 저울의 기술은 더 많이 사용된다.

정수기와 달리 생수는 브랜드가 매우 많다. 그러면 서로 경쟁 관계인 브랜드 두 개를 선정해서 저울에 달아보자.

생수 시장 1위 업체는 삼다수로 45%의 독보적 점유율을 보유하고 있다.[6] 1위와 격차가 너무 많이 나서 실질적인 2위 업체는 없다. 다양한 PB 브랜드들까지 합치면 34%이다. 그럼 브랜드로 삼다수 뒤를 쫓는 생수는 어떨까? 2014년에 시작한 농심의 백산수다. 출시 1년 반 만에 점유율 5%로 삼다수를 뒤쫓고 있다. 이 제품이 더 이상 올라오지 못하도록 한참 모자라게 저울에 달아보자.

"백산수는 중국산이다. 백산수 물 퍼 올리는 곳은 엄연히 중국 땅이니 중국 물을 마시는 거다. 더구나 브랜드가 백산수라 마치 백두산 꼭대기에서 퍼 올린 물 같지만, 백두산 하류 내두천이란 곳에서 길어내는데 겨우 해발 $670m$로 서울의 청계산만도 못하다. 이게 무슨 백두산 물인가? 돈 주고 물까지 중국산을 마실 건가?"

백산수라면 자신을 변호한 뒤 삼다수를 정조준해야 한다. "백산수는 민족의 영산 백두산 천지 물이 화산 암반층을 타고

50m를 흐르면서 불순물은 자연 여과되고 천연 미네랄이 세계 최고 수준으로 자연스럽게 샘솟는 천이다. 외부 오염으로부터 철저히 차단된 백두산 보호구역 내에 있다. 이 물을 마시고 살아가는 내두천 주민들은 모두 장수한다. 이곳 주민들은 중풍과 치매가 없다. 반면 인간의 몸은 자신이 나고 자란 그 땅의 지력과 연관이 깊다. 신토불이 땅에서 나고 자라면서 그 땅에서 난 물을 마셔야지, 생뚱맞게 섬(제주)에서 퍼 나른 물을 마실 것인가?"

경쟁자의 약한 고리를 물어라

한국에서 건강식품 홍삼을 브랜드별로 나만큼 팔아본 사람도 없을 것이다. 대부분의 홍삼 브랜드를 팔아봐서 무엇이든 저울 끝에 올려놓을 수 있다. 정관장은 자사 상품을 이렇게 설명한다.

"1899년 대한제국 고종 36년부터 시작해 1세기 이상 오직 정관장이라는 한 이름으로 판매해 왔고, 1996년 전매법이 폐지되기 전까지 다른 누구도 홍삼을 만들어 팔 수는 없었다. 국가에서 법으로 관리하는 상품이 딱 3개 있었는데 소금, 담배, 인삼이었다. 나라에서 가장 중요하게 여기는 상품 3개 중 하나가 인삼이어서 전매법 전까지는 인삼을 나라에서 직접 만들어 팔았다. 개인이나 회사가 제조, 유통하면 감옥에 갔다. 그러니 다른 브랜드 제품은 역사가 길어야 20년밖에 안 되어 기술력도, 노하우도 어설프다. 선무당이 사람 잡는다. 더구나 우리는 6년 근만 쓴다. 삼은 6년 근일 때가 가장 청년이라 활력과 기운이 넘쳐난다. 다른 브랜드들은 상품성과 관리 노하우 부족 때문에 설익은 상태의 삼을 미리 뽑아버린다."

반면 천지양은 보통 4년 근을 쓰기 때문에 6년 근만을 쓰는 정관장을 이렇게 겨냥한다.

"홍삼의 사포닌은 6년 근일 때나 4년 근일 때나 동일하다. 6년 근을 강조하는 것은 마케팅 상술일 뿐이다. 또한 홍삼은 5년과 6년째에 농약을 가장 많이 뿌린다. 이유는 간단하다. 6년을 키워놓고 막판에 죽으면 끝장이기 때문이다. 당신이 4년 근과 6년 근 삼을 먹고 몸의 변화 차이를 느낄 수 있다면 10억을 주겠다. 앞으로 80년 더 먹어보면 차이를 느낄까 모르겠다."

농협 한삼인은 이렇게 말한다.

"정관장은 더 이상 국가 브랜드가 아니라 민영 기업이다. 하지만 한삼인은 돈 벌자고 영리 추구하는 민영 기업이 아닌 농부들의 땀과 수고를 위해 일하는 브랜드다."

다음은 내가 코오롱인더스트리 브랜드들의 세일즈 코칭을 할 때의 일화다. 계열사 브랜드 매니저들을 만나기 전에 나는 매장에 가서 손님인 척 잠행을 했다. 한번은 마크바이제이콥스 매장에 들러서 가방에 대해 이것저것 물어봤는데 느낌상 가격이 비쌌다.

"브랜드는 약한데 가격은 명품 수준이네요. 이 가격이면 구찌를 사겠는데요"하고 세게 말했더니 매니저 역시 세게 받아친다.

"이 가방은 최고급 송아지 가죽인데, 이 가격으로 구찌 가방 사봐야 인조 피혁입니다."

우리 회사는 마케팅 컨설팅료를 산정할 때 고객사의 재정 상태보다 상품 볼륨과 컨설팅에 관여하는 만큼에 따라 요금을 결정한다. 문제는 단순히 마케팅 자문을 해주는 회사들인데, 이런 경우는 회사마다 컨설팅료가 제각각이다. 한 회사에서 자문료를 물었을 때 기존에 그 회사 자문을 하던(기업 활동을 해보지 않은) 교수님들보다 2배를 요구했다. 비용이 너무 크다는 반응에 나는 이렇게 말했다.

"수영을 글로 배운 사람하고 몸으로 하고 있는 사람하고 몸값이 같을 수 있습니까? 물 밖에서 훈수만 두시는 분과 물속에서 먼저 나아가면서 따라오라고 하는 사람 중 누구의 코칭이 더 실제적이겠습니까?"

그리고 1년간 마케팅 자문을 했는데 3개의 상품이 잭팟이 터져서 현재까지 매출 순항 중이다.

상대 제품을 근거 없이 폄하하는 것은 최악이다. 상대 제품을 존중해주고 관대하게 표현해주면 내 제품에 대해서도 신뢰감을 준다. 경쟁 제품도 잘 인지하고 있다는 인상을 줘야 하고, 경쟁 제품을 언급할 때 무척 공정하게 말한다는 느낌을 줘야 한다.

하지만 이번 편에서 본 것처럼 저울 언어는 대상의 긍정적 요소와 부정적 요소를 이분화하면 된다는 점에서, 누구나 쉽게 쓸 수 있는 이성의 무기가 된다. 또한 프롤로그에서 언급했듯이 저울 언어는 신속함이 무기다. 상대방의 제품을 저울에 달아버리는 순간 저울의 추가 내 쪽으로 기우는 것을 고객에게 보여줄 수 있기 때문이다.

아웃도어 매장에서 비싸고 가벼운 등산 스틱을 판매할 때, 일부러 싸지만 더 무거운 옛날 제품을 몇 개 놓고 비교해주면 고객들은 쉽게 사간다. 설명을 더 듣지도 않는다. 쇼호스트뿐 아니라 아나운서나 개그맨 채용 면접도 마찬가지인데, 방송국에서 수험번호 1번이 합격하는 경우는 별로 못 봤다. 아무리 잘해도 면접관들에게는 비교 상대가 없기 때문에 점수를 일단 박하게 주고 시작하기 때문이다. 그래서 저울 언어는 직관적이다. 고객의 지적 시력은 양분화된 대상을 볼 때 관성적으로 묵직한 것, 근사한 것, 더 나아 보이는 것으로 기울기 때문이다.

7장

비난 언어,
모두 까기는 강력한 전략이다

비난 대상
범주는 크게, 비난은 강력하게

껌은 아무리 고상하게 씹어도 고상해 보이지 않는다. '아줌마'는 아무리 애를 써도 우아하게 들리지 않는다. 마케팅이 그렇다. 마케팅은 아무리 노력해도 고상할 수 없다. 오늘 하루 내내 당신의 머리는 공격받았다. 바로 선전으로 말이다.

마케팅은 보이지도 않고 냄새도 없는 유독 가스처럼 당신이 모르는 사이에 정신에 서서히 스며든다. 행동 전문가인 밴스 패커드는 선전은 그 의도를 알아차리기가 쉽지 않기 때문에 사람들은 생각보다 훨씬 더 많이 영향을 받고 조종당한다고 했다. 이것이 마케팅의 본질이다. 마케팅에서 고귀함을 찾지 마라. 당신은 서로 물고 뜯는 마케팅 정글 속에서 예쁜 이야기를 찾고자 이 책을 펼쳐들지도 않았을 것이다. 그래서 비난 언어를 소개하는 것이다. 네거티브 전략은 나에게 초점을 맞추지 않고 내 경쟁 상대를 비난의 희생물로 바쳐서 나를 살리는 방법이다.

우리 상품을 선택하게 하기 위해 우리 상품의 장점을 열심히 어필하는 것도 방법이지만, 반대로 남의 것이 나쁘다고 폄하해서 우리 것을 높이는 것도 방법이다. 이것이 바로 비난 언어다. 때로 "내 것이 좋아요"보다 "남의 것 나빠요"가 더 힘이 있다. 고객들은 희한하게 "내 것 좋아요"는 안 믿어도 "남의 것 나빠요"에는 자극을 받는다. 더욱이 그 자극은 꽤 지속력이 있다.

"제 것은 안 사도 괜찮지만 저 사람 것은 절대로 사지 마세요. 두 번 다시 그런 제품을 쓰시면 큰일 나요." 이러면 시간이 지나 그 이유는 까먹을지라도 그 제품은 회피하고 싶어 한다.

비난은 흰 벽에 던진 진흙과 같다. 진흙 덩어리가 벽에서 떨어져나가도 그 자국은 끝까지 남아 있다.[1] 또한 단순하게 나와 상대만을 비교하는 저울 언어와 달리, 나 빼고는 모조리 다 나쁘다고 전체를 매도하는 네거티브 전략이라서 저울 언어보다 강하다.

비난 대상을 넓혀라

비난 언어에서 비난할 대상을 선정할 때는 저울 언어처럼 반드시 경쟁 상대일 필요는 없으므로 비교적 자유롭다. 하지만 전혀 연관이 없다면 개연성이 떨어지므로 동

왜 그 사람이 말하면 사고 싶을까?

일 범주 내에 머무르는 대상victim이어야 한다. 그리고 그 대상의 문제를 적절히 부각시켜야 한다.

아차산을 올라가다 보면 화학 응고제를 전혀 쓰지 않고 백년 초 선인장 미네랄을 응고제로 이용해 우리 콩으로만 두부를 만드는 한적하고 조용한 단골 두붓집이 나온다. 그리고 바로 산 아래에는 각종 TV 프로그램에 소개되어 손님이 인산인해를 이루는 수입 콩 두붓집이 있다. 선인장 두부 사장님은 화학 응고제가 해로우며 바다 간수가 오염되었다는 비방 없이 묵묵히 우리 콩 두부만을 만든다. 이럴 때 무엇을 비난의 대상으로 삼아야 할까?

수입 콩을 막연하게 비난의 대상으로 골라서는 안 된다. 저울 언어를 쓰는 경우, 산 아래 동종 업계 식당을 저울에 올려놓고 "한국에 식당이 60만 개나 있는데 누구 맘대로 감히 3대 천왕이라는 타이틀을 줄 수 있겠나. 나는 매운 것을 싫어하고 너는 매운 것을 좋아한다면 너의 입맛에 3대 맛집이 나에게는 3대 악집이 될 것이다. 말도 안 된다"라면서 논리를 전개해나갈 것이다.

하지만 고객의 선택권이 비단 두붓집에 한정되겠는가? 그 옆의 고깃집으로 갈 수도 있다. 또 저울 언어라면 화학 응고제와 순수 천연식물 백년초 응고제를 단순 비교하면서 "무기성 화학 응고제를 먹을 것인가, 식물성 천연 응고제를 먹을 것인가? 우리는 하루에 80~100종 이상의 식품 첨가물을 10g 정도나 섭취하는데 이것을 장기간 섭취 시 몸이 망가진다[2]"라고 하면 되겠지만 비난 언어는 여기서 더 진일보한다. GMO 전체를 비난의 대상으로 삼아야 한다.

마트에서 옥수수를 안 파는 이유를 아는가? 감자나 고구마는 마트에서 쉽게 볼 수 있는데, 옥수수는 쪄먹고 싶어도 파는 곳을 거의 못 봤다. 그 이유는 옥수수의 국내 자급률이 겨우 0.8%밖에 안 되기 때문이다. 수입 과일과 달리 수입 옥수수는 마트에 들여놓아봐야 잘 안 팔린다. 그래서 안 보인다.

그러면 콩은 어떨까? 국내 대두 자급률은 10%밖에 안 되고 나머지는 모두 수입에 의존한다. 그런데 전 세계 대두의 83%가 GMO다. GMO의 해로움을 한 마디로 설명하면, GMO 콩과 옥수수는 해충도 안 먹을 정도다. 제초제를 뿌려도 끄떡없고, 오히려 그 농약을 고스란히 흡수하여 간직한다.

GMO란 미생물, 식물, 동물에서 병해충을 죽이는 유전자를 뽑아내서 콩과 옥수수 등에 감염시켜 병해충에 강한 식물을 일컬으며, 이는 인간이 인위적으로 만든 것이다. GMO 작물 수입 국가 1위는 일본이지만 대부분 가축의 사료용으로 쓴다. 2위는 한국인데 1년에 수입되는 GMO 식품 양만 214만 톤이다. 얼마나 많은 양인지 감이 잘 안 오는가? 참고로 한국인들이 1년 동안 소비하는 쌀이 319만 톤이다.[3] 그러니 우리 국민이 먹는 쌀의 3분의 2 정도에 해당하는 양의 GMO를 먹고 있는 셈이다. GMO의 99%는 표시 의무가 없는 식용유, 간장, 물엿으로 제조되고, 이렇게 제조된

식용유 등을 만든 뒤 남은 찌꺼기는 햄, 시판 된장, 간장류에 쓰인다. 시중에 파는 카놀라유는 전량 GMO로 봐야 한다. 콩기름과 옥수수 전분을 가공한 전분당도 무조건 GMO다.

　GMO는 과연 몸에 안 좋을까? 1급 발암물질로 지정된 담배나 술도 단기간에 문제를 일으키지 않듯 GMO도 시간이 지나야 문제가 나타난다. 결과적으로는 몸에 나쁘지만 쉽게 체감을 못하고 있다는 것이 더 무서운 일이다. GMO가 신체에 끼치는 유해성을 알아보기 위한 실험 결과, GMO를 먹인 쥐에게 여러 가지 건강 문제가 발생했고, 장기간 먹였을 때 면역체계에 문제가 생겼다. 그러나 GMO 완전표시제는 식품 업체의 반대로 시행되지 못하고 있는 상황이다.

　고엽제는 과거에는 안전한 기술로 여겨졌지만, 지금은 기형아 유발 등의 심각한 문제가 드러나면서 사용이 금지됐고, 가습기 살균제도 안전하다고 했지만 실상은 사람을 죽이는 무서운 원료임이 밝혀졌다. 이와 마찬가지로 식품 업체는 GMO가 안전하다고 주장하지만 미래에 어떤 문제가 나타날지 모른다. 중국은 군인에게도 GMO를 안 먹이고, 러시아는 GMO를 수입하면 사형에 처한다. 한국은 이 나라들만큼 GMO 수입 규제가 엄격하지 않다. 그래서 수입 콩 대부분은 GMO다. 자, 이래도 수입 콩으로 만든 두부를 사 먹겠는가? 이런 사실을 알고 나면, 적어도 두부는 국산 콩으로 만든 것을 먹어야겠다는 인식이 강해진다.[4] "우리 콩이 좋아요"보다 "수입 콩은 나빠요"라는 비난을 하기 위해 이처럼 가능하면 동일 범주 내에서 특정 희생 대상을 잘 선정해야 한다.

상대의 약점이 내 강점이다

워터픽이나 제트워셔 같은 구강세정기를 팔고자 한다면 비난의 대상은 무엇이 되어야 할까? 쉽게 생각해서 칫솔이라고 대답하면 당연히 틀리다. 구강세정기는 절대 칫솔의 대용품이 될 수 없다. 칫솔을 대신해서 구강세정기를 쓰려는 사람은 없다. 구강세정기는 양치질만으로는 개운하지 않다고 생각해 추가적으로 구강위생을 개선할 목적으로 사는 아이템이다. 그러니 칫솔을 비난해봐야 소용없다. 치약을 선택해야 맞다. 실제로 파나소닉 제트워셔는 "치약은 먹는 약이 아닙니다"라고 하면서 "제트워셔는 양치 후에도 남아 있는 입안의 잔여물들을 씻어냅니다"라고 홍보한다.

"치약은 삼키면 독이다. 화학 물질이기 때문이다. 치약에는 보존제, 방부제, 방향제, 습윤제 외에도 연마제, 즉 작은 돌가루들이 들어 있다. 이런 물질들은 서너 번 양치한다고 모두 빠져나가기 어렵다. 하루 세 번 양치질을 한다고 할 때 평균 수명까지 산다면 9만 번 이상이나 양치질을 하게 된다. 매번 0.1g의 잔존 치약 물질을 먹는다고 가정하면, 평생 거의 1kg에 가까운 치약을 먹게 된다

왜 그 사람이 말하면 사고 싶을까?

는 말이다. 그러니 치아 사이사이를, 마치 세차장에서 고압 호스로 차의 때를 빼내듯 구강세정기를 써서 완전히 제거해야 한다. 칫솔질 후 구강세정기를 꼭 하시라."

이렇게 비난의 대상을 제대로 선정해야 내 제품의 강점을 부각할 수 있다.

건강식품 프로폴리스를 판다고 하자. 비난의 대상을 무엇으로 삼으면 좋겠는가? 보통 다른 경쟁식품군의 건강식품을 쉽게 떠올린다. 그러나 정답은 아니다. 프로폴리스의 폄하 대상은 의약품인 항생제다.

"항생제는 감기약이 아니다. 항생제는 미생물의 성장을 억제하기 위해 내 몸속으로 투입되는 독성물질이다. 세균 감염을 막기 위해 심각한 상처나 큰 질병에 사용되는데 한국에서는 어린이 단순 감기에도 쓰이고, 국민 100명 중 3명은 매일 항생제를 복용한다는 통계도 있으며, WHO 권고 기준보다 2배나 높은 처방률을 보인다. 심지어 상한 음식 없이 항생제 복용만으로 장염에 걸릴 수도 있다. 대부분의 항생제는 장염을 일으킬 수 있다. 세팔로스포린 계열과 퀴놀론 계열 항생제가 특히 장염을 잘 일으킨다. 또한 항생제는 면역력을 떨어뜨린다. 사람 몸의 면역 세포 80%는 장내에 있다. 그런데 항생제가 장내 유익균과 면역 세포까지 모조리 죽여 버린다. 그러니 항생제 대신 자연에서 온 천연 항생제인 프로폴리스를 드시라."

비슷한 맥락에서 체리를 판다면 당신은 스파링 상대를 누구로 고르겠는가? 보통은 레몬을 떠올린다. 그러나 레몬보다 아스피린이 효과가 있다. 아스피린은 통증 완화용 약물로, 장기간 복용하면 독이 된다. 1999년 미국 보스턴대학교 울프 박사의 조사에 의하면, 아스피린으로 인한 사망자 수는 1만 6,500명으로 에이즈로 인한 사망자보다 많았다. 하지만 체리는 아스피린보다 10배나 높은 소염 효과가 있다.[5]

이런 화학적 약물 두 알을 먹는 것보다 자연의 소산물이자 통증 치료제인 체리 반 알을 먹는 게 더 낫다. 아스피린과 달리 내성도 없어서 자주 먹어도 건강에 좋다(아스피린은 버드나무 추출물로 만들어 안전한 천연 원료다. 혹시 제약 회사 관계자가 이 책을 보실까봐 덧붙인다).

꿀벌의 먹이인 건강식품 화분을 팔 때 내가 의뢰업체에 만들어준 비난 문구는 '비타민은 석유다'와 '비타민은 맛이 없다'였다. 건강식품 비타민을 비난한 것이다.

비타민의 원료는 석유 찌꺼기 콜타르 성분을 정제해서 인공 색소, 방부제, 코팅제, 기타 화학 물질을 넣어 분자 구조를 비타민과 똑같이 맞춘 완벽한 화학 물질이다. 병원에서 처방받은 약을 꾸준히 먹는 게 좋을 것 없듯이 비타민도 그저 알약일 뿐이다. 천연 비타민 제품이 실제로 존재할까? 어림없다. 존재하지 않는다. 이렇게 강하게 이야기해도 많은 비타민 판매, 제조 회사의 공격이 두렵지 않은 이유는 내 말이 진실이기 때문이다. 현실적으로 천연 비타민

왜 그 사람이 말하면 사고 싶을까?

을 생성하는 것은 불가능하다. 아주 소량의 천연 비타민을 넣고 나머지는 화학 물질로 채워 비타민 용량을 맞춰놓고 천연 비타민이라고 광고하는 것이다. 소량이라도 차라리 과일 같은 천연 식품을 넣으면 고맙다. 대부분 화학적 가공 과정을 거친 효모에서 추출한다.

사람들은 비타민 C를 오렌지나 레몬 같은 과일에서 추출한 줄 안다. 사실은 전혀 아니다. 유전자 조작된 옥수수에서, 매니큐어를 지울 때 쓰는 아세톤을 이용해 성분을 추출해야 한다. 또한 나라면 어린이 비타민은 아이에게 절대 먹이지 않겠다. 어린이들은 비타민 알약을 삼킬 수 없기에 씹어 먹는 츄어블 타입이나 젤 타입으로 만든다. 하지만 화학 물질이 과연 맛있을까? 당연히 맛이 없다. 그러니 레몬처럼 시큼하고 달달한 맛을 내기 위해 합성 감미료인 아스파탐이나 사과산, 구연산, 정백당으로 감미 처리를 한다. 실제 포도맛, 딸기맛, 블루베리맛 비타민에 포도나 딸기 추출물이 들어 있는지 확인해보라. 그러니 홈쇼핑에서 쇼호스트가 어린이 비타민을 먹어보고 "정말 새콤하고 맛있어요"라고 한다면 그것은 "이 한 알에 맛을 내는 화학 물질이 잔뜩 들어 있네요"라는 언어 자폭이나 다름없다.

가장 좋은 것은 자연에서 온 진짜 비타민이다. 특히 벌 화분은 벌들이 먹고사는 영양의 보고이자 완전식품으로, 비타민 덩어리다. 몸에 필요한 만큼 알아서 흡수되고 나머지는 자연히 배출된다. 아침마다 한 스푼씩 드시라.

타사 브랜드는 건드리지 마라

샤브샤브 전문점의 비난 대상은 누구일까? 다른 샤브샤브 체인점이 아니라 일반 고깃집이다.

"고객님은 지금까지 고기를 구워 드셨습니다. 최악의 방법이었습니다. 탄 음식을 드셨기 때문입니다. 고기를 구울 때 조리 온도가 50도 올라가면 발암물질은 2배 늘어난다는 연구가 있습니다. 고기 속의 지방이 타면서 위암 발병률을 높이는 벤조피렌이나 헤테로고리아민 같은 발암물질이 만들어지고 대장암을 유발하는 성분이 발생할 수도 있죠. 불꽃이 고기에 직접 닿는 석쇠를 사용할 때는 불판에서 구울 때보다 발암물질이 최고 20배 이상 생깁니다. 탄 부분은 잘라내고 먹으면 괜찮다고 생각하지요? 발암물질이 기름에 녹아 고기 전체에 묻기 때문에 소용없습니다. 또 고기를 구울 때 발생하는 연기에는 일산화탄소, 아세트알데히드에 초미세먼지까지 있는데 우리는 거기에 코를 박고 들이마십니다. 고기를 먹는 가장 좋은 방법은 바로 샤브샤브입니다."

글로벌 생활용품 브랜드 타파웨어의 세일즈 코칭을 할 때의 이야기다. 이 회사 제품은 모두 플라스틱이다. 가장 큰 난관은 소비자들이 플라스틱보다 유리 밀폐 용기를 선호한다는 점이다. 소비자들은 음식이 직접 닿는 부분이니 아무래도 유리가 더 위생적이고 친환경적이라고 생각한다. 그럼 타파웨어 제품은 어떻게 팔아야 할까? 볼 것도 없이 유리를 비난해야 한다. 그래서 세일즈 스

왜 그 사람이 말하면 사고 싶을까?

크립트를 이렇게 만들어드렸다.

"유리는 모래(규사)로 만듭니다. 탁한 모래에서 맑은 유리가 탄생하지요. 하지만 이런 순수 자연의 성분만으로 유리를 만들던 시절은 지나갔습니다. 지금 시판되는 모든 유리 밀폐 용기는 쉽게 깨지지 않도록 하기 위해 강화 유리로 만듭니다. 통상 유리를 유해 물질인 질산칼륨 용액에 넣고 온도를 높여 칼륨 이온을 채워 강도를 높이거나, 화학 물질로 이루어진 얇은 필름을 유리 사이에 끼워 넣는 방식을 씁니다. 결국 무해한 유리가 아니라 화학 과정의 산물입니다.

특허받은 친환경 소재의 타파웨어 제품을 사용하십시오. 영국 여왕 엘리자베스 2세는 90세가 넘는 고령에도 밝고 건강한 모습입니다. 저분은 뭘 어떻게 드시나 모두가 궁금해 합니다. 텔레그래프와 영국 통신사업자 BT 등에 따르면 오전 8시 반, 여왕의 아침 식사는 늘 깔끔한 느낌의 타파웨어 그릇에 담겨 나온다고 합니다. 진정 건강을 위하신다면 타파웨어를 사용하십시오."

주 4일 근무로 유명한 화장품 브랜드 에네스티가 있다. 이 회사를 방문해서 자료를 받아 보니 놀랄 만큼 가격이 저렴하다. 웬만한 화장품들은 모두 몇천 원대다. 이 회사 브랜드 제품을 잘 팔기 위해서는 누구를 비난해야 할까? 당연히 비싼 명품 화장품들이다.

"놀라운 비밀 한 가지. 당신이 구매한 그 프랑스 명품 화장품이 실제로는 중국 공장의 물로 만들어졌을 수도 있다는 사실을 아십니까? 당신이 쓰는 그 명품이 프랑스에서 만들었는지, 중국 공장에서 만들었는지 소비자가 알 수 있을까요? 절대로 알 수 없습니다. 현행 화장품 표기법 규정에는 화장품 제조업체는 제조업자로, 이를 유통 판매하는 회사는 제조 판매업자로 표기하도록 하는 두 가지 분류밖에 없습니다. 실제 제조자는 표기하지 않아도 되지요. 그러니 명품 화장품 업체들은 스스로를 제조업자로 표기하고, 한글 설명 스티커를 붙여 파는 유통회사는 제조 판매업자로만 표기합니다. 따라서 명품 화장품이라 해도 실제로 프랑스에서 알프스 빙하물로 만든 것인지, 중국 변두리 공장 지하수를 퍼올려서 만들었는지 알 길이 없습니다.

심지어 한국의 많은 화장품 브랜드들도 인천 남동공단처럼 공장의 지하수 물을 퍼 올려서 화장품을 만든다는 것을 아십니까? 제주도 생수라도 가져와서 만들겠거니 생각한다면 순진하다 못해 바보입니다. 이 세상 모든 화장품에 제일 많이 들어간 성분이 무엇인 줄 아십니까? 정제수입니다. 그 물부터 벌써 틀려먹었다면 저는 비싼 돈 주고 안 씁니다. 우리 브랜드는 소백산 자락, 사람의 발길이 뜸한 충주시가 보증하는 천연 온천수로만 만듭니다."

요즘 가정에서는 두께가 얇은 대형 TV를 많이 구매한다. 그러면 이러한 대형 TV의 비난 대상은 누구일까? PC? 스마트폰? 아니다. 경험에 의하면 가장 성공적이었던 타깃은 영화관이다. 이렇게 접근했을 때 구매율이 높아지는 것을 여지없이 체감했다.

"영화관보다 집에서 영화를 즐기십시오. 방금 전까지 남이 앉던 영화관 의자에 앉아 먼지 날리고 쾌쾌하며 어두컴컴한 곳에서 굳이 영화를 볼 이유가 없습니다. 환하게 전등을 켜놓고 보십시오. 영화관과 달리 집에서 발로 마음껏 앞자리 차고 다리 쭉 뻗고 보십시오. 애정 표현 맘껏 하십시오. 크게 웃고 떠들며 이야기를 나누며 보십시오. 영화 보시다가 스마트폰 한다고 반딧불이족 소리들을 일도 없습니다. 중간에 화장실 다녀와도 됩니다. 영화 끝나고 한참 엘리베이터 기다릴 필요도 없고, 주차비도 안 냅니다. 세상에서 가장 편안한 옷차림, 가장 편안한 자세로 보십시오."

호주 건강식품 블랙모어스의 오메가3를 국내에 처음 수입시켜 성공적으로 론칭한 적이 있다. 이 제품의 원료는 바다에서 가장 흔한 멸치에서 뽑아낸 것이다. 반면 타 브랜드들은 물범이나 연어 같은 고급 어종에서 뽑아낸 것을 쓴다. 판매할 때 비난의 대상을 그쪽으로 잡았다.

"바다에서 먹이사슬이 올라갈수록 수은 같은 중금속 오염도가 심해집니다. 물범이나 연어는 바다 먹이사슬의 가장 최상위 포식자니 중금속 오염도도 가장 높습니다. 이 블랙모어스는 먹이 사슬의 가장 아래쪽에 있는 멸치에서 뽑아낸 거라서 안전합니다."

타 제품들을 비하하고 시작했는데, 첫 반응부터 좋아서 분기 매출 100억을 찍었다.

요즘 오메가3 트렌드는 변했다. 오메가3는 보통 동물성 어류에서 추출하는데, 요즘은 식물성 오메가3가 인기다. 교원의 '웰씨드'라는 식물성 오메가3의 세일즈 화법을 만들어줬는데 이때 비난의 대상은 동물성 오메가3였다.

"대부분의 오메가3는 물범이나 연어부터 멸치까지 동물성 어종에서 뽑아 쓰는데, 그 어느 것도 중금속 오염으로부터 자유로울 수 없습니다. 심지어 아주 작은 치어의 몸속에서조차 미세 플라스틱들이 발견되고 있습니다. 그들의 먹이인 플랑크톤부터 오염되어 있으니까요. 우리 제품은 바다의 식물이라 불리는 100% 해양 미세조류에서 추출한 식물성 오메가3이기 때문에 바닷속 중금속이나 환경 호르몬으로부터 원천적으로 안전합니다. 마치 고기와 채소의 차이처럼 차원이 다릅니다."

식물성 제품의 장점을 어필하기에 앞서 동물성 제품을 공격하고 시작해야 내가 팔려고 하는 상품으로 고객의 주의가 돌아온다.

동서식품의 카누는 믹스커피 치고는 다른 제품보다 비싸다. 그래봐야 몇백 원 차이다. 그래서 카누는 비난의 대상을 카페로 잡고, 카누의 컨셉을 '세상에서 제일 작은 카페'로 했다. 몇천 원씩 주면서 카페 가서 커피를 마시지 말고 집에서 즐기라는 비난의 메시지가 함축된 것이다. 그러다 요즘은 컨셉이 진화해서 '세상에서 가장 여유로운 카페'로 바뀌었다. 복잡하고 시끄럽고 기다려야 하고 자리도 불편한 카페가 아니라 집이라는 가장 편안한 곳을 카

왜 그 사람이 말하면 사고 싶을까?

페로 만들라는 메시지다.

비난의 대상을 무엇으로 삼느냐를 고심할 때, 그 대상은 결코 바람직하지 못하고 문제와 불편함을 지녔다는 것을 최대한 강조해야 한다. 요거트를 판다고 가정했을 때 비난의 상대역을 누구로 삼아야 좋겠는가? 아마 당신은 타사 브랜드를 제일 먼저 떠올릴 것이다. 그러면 당연히 위험해진다. 먹는 식품 중에서 찾아야 한다. 되도록 먹어도 그만 안 먹어도 그만이거나, 먹어봐야 별로인 것을 찾는다. 요거트는 우리 몸에 유익하니 유익하지 않은 것을 찾아본다. 콜라나 피자 등은 요거트와 동일 범주라고 볼 수 없다.

초콜릿 잼 누텔라는 어떤가? 색깔만 반대지 점성도 비슷하고 어디에 발라먹는다는 용도도 비슷하다. 요거트는 건강을 위해 사지만 누텔라는 맛을 위해 산다. 그러면 누텔라의 단점을 조사한다. 이제 멘트를 만들어본다.

"400g짜리 누텔라 한 통 중 반 이상인 227g이 설탕이라는 끔찍한 사실을 아십니까?[6] 그것보다는 우리 몸에 유익한 요거트를 발라 드세요. 맛도 담백하고 건강에도 좋습니다."

언뜻 보면 위험한 멘트 같지만, 누텔라는 동종 초콜릿 업계의 공격으로 인식하지 않아 문제 삼지 않는다. 더구나 누텔라 정도면 초코파이처럼 일반화된 상품으로 인식하고 있어서 설령 법적 문제로 삼더라도 넘어갈 가능성이 크다.

비난 전략
일반화로 위험성을 줄인다

비난 전략의 위험성

회사를 운영하던 초창기에는 의욕이 넘쳐서 고객사들의 상품을 컨설팅할 때 비난 언어를 강하게 썼다. 물론 효과는 언제나 바로 나타났다. 하지만 간혹 부작용이 따르는데, 바로 경쟁사의 역습이다. 어찌 보면 당연한 수순이다. LG전자가 삼성전자를 비난하면서 우리 제품이 더 좋다고 강조한다면 다음날 바로 고소장이 날아올 테니 말이다. 비난의 기술은 효과가 강력하긴 하지만, 단점은 기업 간 대결 구도로 가게 되고 상대로부터 역공을 당하기 쉽다는 점이다.

비난은 위험하다. 앙갚음이 돌아오기 때문이다. 가는 말이 꼬우면 오는 말도 꼽다. 어느 회사에든 돌을 던져보라. 당장 총알로

왜 그 사람이 말하면 사고 싶을까?

반격이 돌아온다. 자, 여기에 아무리 비난을 퍼부어도 문제가 없고, 공격당하지 않으면서도 충분히 상대를 비난할 수 있는 좋은 방법이 있다. 바로 '일반화 작업'이다.

일반화 작업은 특정 기업이나 상품을 표적처럼 겨냥하지 않는다. 소비자의 인식 속에 깊이 자리 잡고 있는 일반적인 상품이나 기업의 상품이 아니라, 일반적인 자원, 상황, 환경, 심지어 일반 명사화된 개념 같은 일차원적 대상을 매개로 전체를 매도하는 방법이다.

쉽게 풀어서 설명하자면, 특정 회사를 콕 찍어 공격하기보다 우리 상품 외의 모든 경쟁 상품을 한 묶음으로 일반화시키는 것이다. 업계의 제품은 일반적으로 이러이러한 한계 또는 문제가 있는데, 우리 것만 괜찮다는 식으로 논지를 펼쳐가야 한다. 어찌 보면 내가 내 상품을 왕따로 만드는 것이다. 나머지 전체를 하등하게 취급해서 말이다.

이렇게 하면 특정 상품과 브랜드를 공격하지 않으니 위험성도 덜하다. 특정 제품을 타깃으로 공격하면 도리어 역공격을 당할 수 있고, 더구나 '특정 기업과 사이가 안 좋은가?' 하면서 우리 기업의 인성을 소비자들이 의심할 수도 있다. 이때 일반화시켜서 비난하면 이런 문제들이 해결된다.

간단한 예로 햄버거를 세일즈한다고 가정해보자. 대다수 사람들은 햄버거가 건강에 좋지 않다고 인식한다. 그 저울의 반대편에 일반적인 대상인 감자를 올려놓고 말한다.

"천연 감자가 같은 중량만큼의 햄버거보다 당이 더 많다는 사실을 아십니까? 그렇다고 감자 먹을 때 당 섭취에 대한 두려움을 느끼는 사람은 없습니다. 심지어 주식이 감자인 나라의 국민들도 그렇지요. 매일 먹는 것도 아니고 어쩌다 한 번 먹는 햄버거 아닙니까? 기분 좋게 즐기시면 됩니다."

이러면 햄버거가 감자보다 낫다고 하는 것도 아니므로, 감자 농사를 짓는 농부가 화를 내고 따질 이유도 없으니 별 문제없다. 이러한 일반화 대상을 찾아서 비난의 화살을 퍼부으면, 상대의 심기를 건드릴 우려 없이 손쉽게 우리 상품의 위상을 올릴 수 있다.

일반적인 대상을 공격하라

내가 운영하는 회사는 미국에 진출하고 싶은 기업의 수출 판로를 열어주고 미국 시장에서 안정적으로 매출을 내도록 돕는 일도 한다. 요즘에는 김 사업이 잘된다. 미국에서 김에 대한 인식이 좋아지면서 한 회사는 연간 1,000억 원의 매출을 내고 있다. 그러다 보니 우리 회사에 의뢰를 맡기려는 업체들이 점점 늘고 있다. 최근에 우리가 맡은 스낵 형태로 된 후발 제품이 있다. 미국인의 입맛을 노리다 보니 경쟁 제품보다 짜고 달다는 특징이 있다. 이런 제품이 위험한 것은 초기 반응은 빠르

왜 그 사람이 말하면 사고 싶을까?

지만 맛으로만 승부하다가 호된 맛을 볼 수 있다는 점이다.

미국 시장에 먼저 진출한 제품들을 누르고 어떻게 선전할 수 있을까도 고민이었다. 타 제품을 대놓고 비난하다가 뒷감당이 안 될 수도 있으니 말이다. 그래서 영양이 남다르다는 점을 컨셉으로 "이 스낵 한 봉지에는 미국식품의약국 기준 계란 4개와 맞먹는 비타민과 장어 한 접시에 해당하는 단백질이 들어 있습니다"라는 문구를 포장지에 새겼다. 여기서 일반화 대상은 계란과 장어가 되겠다. 계란과 장어를 비난한다 해도 김 장사를 하는 데는 큰 문제가 없다.

우리는 특정한 상황에서 대표적으로 떠올리는 대상이 있다. 휴대폰이나 엘리베이터 버튼에 얼마나 세균이 많은지 이야기하려고 할 때 '변기보다 몇 배나 더럽다'고 하면서 변기를 대표적인 희생양으로 삼는다. 비타민이 많이 함유됐다는 점을 강조하고 싶을 때는 '레몬보다 몇 배나 더 많다'고 하며 레몬을 죽인다. 효과는 늘 있다. "톳은 일본인들이 엄청 즐겨 먹는 바다 식품인데 칼슘이 아주 많습니다"와 "톳에는 칼슘이 우유보다 13배 더 들어 있습니다"의 차이다. 후자가 더 와 닿는다.

이러한 일반화 비난이 더욱 직접적일 때도 있다. 라이나생명이 치아 보험 상품 출시를 앞두고 있을 때 이 상품에 대한 세일즈 마케팅 화법을 만들어준 적이 있다. 처음 이 상품이 출시됐을 때는 말 그대로 임자 없는 빈 땅에 혼자 집 짓듯이 적수 없이 팔았다. 하지만 머지않아 여러 경쟁사들도 비슷비슷한 상품들을 출시했고, 세월이 지나자 치아 보험은 어느 것을 가입하든 상관없어 보일 만큼 차이가 없어졌다. 굳이 라이나생명에서 가입해야 할 이유가 없어진 것이다. 나는 모두를 일반화시키는 비난 언어를 이렇게 만들어주었다.

"당신이 김치찌개를 먹고 싶다고 하자. 분식집처럼 메뉴가 많은 식당에서 파는 김치찌개와 오랜 세월 오로지 김치찌개만을 팔아온 김치찌개 전문점 중 어느 쪽을 택하겠는가? 당연히 후자다. 바로 라이나생명이 그렇다. 지난 10년간 오로지 치아 보험만을 전문적으로 만들어왔고, 고객들의 요구 사항을 잘 반영해서 서비스를 업그레이드해왔다. 인적 인프라와 시스템이 잘 갖춰져 있는 라이나생명의 치아 보험에 가입하시라."

물론 라이나생명에서 타 상품도 판매하지만, 소비자들의 인식 속에서는 이 기업의 주력 상품이 치아 보험 상품이기에 현재까지도 잘 사용하고 있는 멘트다.

DSLR 카메라 구매를 망설이는 가장 큰 이유는 명백하다. 무겁다고 생각하기 때문이다. 그래서 DSLR 판매 방송을 할 때면 늘 생수나 스타벅스 커피를 들고 방송했다. DSLR이 이것들보다 가볍다는 것을 부각시키기 위해 반대편 저울에 경쟁 제품이 아닌 일반화된 상품을 올려놓은 것이다.

실제로 캐논 EOS200D나 니콘 5500의 무게는 400g 정도인 데

왜 그 사람이 말하면 사고 싶을까?

반해 500ml짜리 생수는 500g이며 스타벅스 그란데 사이즈 한 잔의 용량은 473ml다. 생수 한 병이나 테이크아웃 커피 한 잔을 무거워서 못 들고 다니겠다는 사람은 없듯이 그보다 못한 무게의 제품을 무거워서 못 사겠다는 것은 변명이라고 말해 매출을 끌어올렸다. 이 방법은 홈쇼핑뿐 아니라 오프라인 매장까지 번져 나갔다.

요즘은 워낙 다양한 샤워기가 시판 중이라 선택의 폭이 넓은데, 대부분 음이온이 나온다고 광고한다. 퓨어레인 샤워기는 나이아가라 폭포가 1cc당 10만 개의 음이온을 쏟는데, 자사 샤워기는 4배 많은 음이온을 쏟는다고 광고한다. 여기서 일반화 대상은 아무리 비난해봐야 대들지 않는 폭포가 되겠다. 이처럼 비난 언어는 일반적인 대상을 희생물로 삼기에 위험성은 덜하고 비난을 해도 안전하다.

모두 까기
혼자 돋보이는 전략을 활용하라

나 빼고 모두를 낮춘다

비난의 대상을 일반화할 때의 강점은 특정 경쟁 제품에게 역공당할 위험이 적다는 것이다. 또 하나는 적을 하나로 두고 공격하기보다 전체를 디스하기 때문에 내 것 빼고는 다 나쁜 것이라는 말이 되니, 내 상품의 존재감을 더 높일 수 있고 메시지도 강해진다는 점이다. 모두를 내 발아래 놓기 때문이다.

요즈음에는 세탁 체인점이 많고 가격도 비슷비슷해져서 업체 간 변별성이 떨어지고 있다. 크린토피아는 "크린토피아가 지울 수 없다면 아무도 지울 수 없습니다"라고 전체를 눌러버린다. 이런 식의 나 말고 모두 까기가 바로 일반화 작업이다.

기린 이치방 시보리 팝업 스토어의 행사를 하면서 타 맥주를 이렇게 비난했다.

"우리는 첫 즙만 담았다. 맥주를 만들려면 맥아를 증기로 찌고 압착하고 착즙한다. 그렇게 해서 첫 즙이 나오는데 진하고 달고 부드럽다. 그러나 두 번째 즙을 짜내면 드라이하고 텁텁하고 쓰다. 일반 맥주는 첫 즙과 두 번째 즙을 섞어서 쓴다. 그래야 원가가 절감되기 때문이다. 시중에 파는 모든 맥주는 다 그렇다. 이치방 시보리는 세계에서 유일하게 첫 즙만 사용하는 프리미엄 맥주다. 그러면 두 번째 즙은 버릴까? 그렇다. 아예 뽑아내지 않는다. 두 번째 즙은 가축 사료에나 써야 하는데 사람이 먹고 있다."

이렇게 다른 모든 맥주를 뭉뚱그려 호되게 눌렀다. 다른 맥주들을 발판삼아 단숨에 이 맥주의 위상이 올라간 것이다.

'SPC-SNU 70-1.' 가전 모델 번호 같은 이것은 뭘까? 파리바게트 빵에 들어가는 누룩 이름이다. 파리바게트는 이것을 천연 효모 또는 토종 효모라고 부른다. 하지만 여기서 멈추면 기업이 아니다. 우리 빼고 타사의 효모들은 '상업용 이스트'라고 불렀다. 이 한마디에 당장 다른 모든 빵은 질이 확 떨어져 보인다. 그런데 효모도 상업용이 있고 비상업용이 있나? 따지고 보면 파리바게트 제품은 상업용이 아니던가?

LG생활건강의 '숨37 시크릿 에센스'는 37도에서 발효시킨 화장품으로 '자연 발효 화장품'이라고 이름 붙여졌다. LG생활건강

역시 우리 것 외의 타사 제품들은 단기간에 발효시키는 인공 물질을 넣은 것이라고 찌르면서 '인공 발효 화장품'이라고 몽땅 까기를 했다. 이러면 내 것만 강조했을 때보다 비난의 힘을 업고 메시지는 훨씬 강해진다.

독보성에 집중하라

비교할 때는 단순히 '남과 다르다'가 아니라 '남보다 더 낫다'를 강조해야 타 제품보다 우위에 서게 된다.

교육회사 웅진씽크빅에 교육 영상 납품과 세일즈 코칭을 했을 때 '웅진 교재를 왜 선택해야 하는가?'라는 질문에 대한 대답을 다음과 같이 제시했다. "웅진다책을 보며 자란 아이의 교과 영역 성취도가 20점 이상 상승했습니다." 이러면 이 교재를 안 본 아이를 비난한 것이다. "웅진다책은 한 페이지마다 타사 대비 3~5배 많은 낱말을 담고 있습니다." 이러면 타 교재와 다를 뿐 아니라 나은 점이 있다는 말이 된다.

이렇게 일반화 비난 방식을 이용하여 작업한 몇몇 유가공 제품들의 비난 언어를 소개한다.

서울우유 '유기농 치즈' 광고 문구는 "유기농 치즈는 많아도 로하스 인증 치즈는 서울우유 치즈뿐입니다!"이다. 특정 경쟁사의 치즈가 아닌 전체를 폄하하면서 우리 것만 뛰어나다고 했기에 내

위상이 독보적으로 올라선다.

빙그레는 자사 제품 '그릭 요거트 요파'가 기존 요거트 대비 세 배의 우유를 더 넣은 고농축임을 자랑한다. 기존 요거트가 어떤 것인지 구체적으로 명시하지 않았으니 우리가 아는 모든 '기존' 제품은 아니라는 얘기다.

매일유업 '매일바이오 플레인'은 농후 발효유를 대량 넣은 제품이다. '요거트가 다 그게 그거지 달라봐야 뭐가 달라? 집에서도 우유 한 통이랑 요플레 하나면 쉽게 만들 수 있는데 뭐.' 이렇게 생각할 수 있다. 그래서 이렇게 일반화시킨 비난 언어를 쓴다.

"요거트 제품은 유산균을 얼마 이상 넣어야 한다는, 함유량 기준치가 법으로 정해져 있습니다. 법적 기준치가 1g당 1,000만 마리는 들어가야 제품으로 인정받습니다. 하지만 우리 제품은 1g당 1억 마리를 집어넣었습니다. 일반 요거트보다 10배가 높습니다. 그러니 다른 제품 10개 사 먹는 것과 우리 제품 1개 사 먹는 것이 같습니다. 남들이 10병 마실 때 이거 1병만 마시면 되니 얼마나 효율적입니까? 더구나 가격적으로도 훨씬 이득입니다."

이렇게 우리 농후 발효유는 일반 발효유 유산균보다 10배가 많다고 할 뿐 특정 회사를 겨냥하지 않으니 문제될 여지도 줄어들고 동시에 모든 제품을 폄하해서 혼자 우위에 선다.

남양 '떠먹는 불가리스 milk100'은 100% 유제품이다. 다른 제품들은 95%부터 99%까지 다양하다. 그 몇 퍼센트 차이가 뭐 그렇게 중요한가 싶어서 고객이 아무거나 사려고 할 때 마트 시식 코너의 남양 담당 프로모터는 이렇게 말하면 된다.

"순금도 99.99% 일명 포나인과 99.9% 쓰리나인은 값이 천지 차이입니다. 하물며 생우유 95%와 100% 차이는 하늘과 땅 차이입니다. 나머지 5%는 뭐 이상한 것을 넣었다는 말 아닌가요? 젤라틴, 유화제, 변성전분 등 화학 물질을 넣습니다. 고객님은 유산균 사 먹자고 돈 쓰는 거지 화학 물질 먹자고 돈 쓰는 거 아니십니다."

최근 몇 년 사이 저온 살균우유 시장이 급성장 중이다. 선두 업체인 파스퇴르부터 강성원, 후디스, 매일유업까지 가세 중이다. 저온 우유가 살려면 일반 우유를 일반화시켜 비난해야 한다.

"대부분의 우유는 130도 이상의 고온에서 2초 만에 팔팔 끓인 것입니다. 살균이 아니라 멸균 수준이죠. 유익균까지 다 죽은 우유를 마시는 겁니다. 반면 저온 살균 우유는 63도 정도로 30분간 은근히 살균을 합니다. 유익균은 보존하고 비타민 손실과 단백질 변성도 없고 칼슘 흡수도 저하시키지 않아 정말 자연 상태에 가장 가까운 건강한 우유입니다."

드디어, 마침내, 아직도?

일반화 비난 방법을 써서 신상품을 성공적으로 론칭시키는 나만의 노하우 하나를 공개한다. 내게 신

상품을 의뢰하는 기업들이 많은데, 후발업체가 선두업체를 잡는 일은 쉽지 않다. 선두업체가 시장을 점령하고 있기 때문에 틈이 없다. 어설프게 공격했다가는 호되게 당할 수 있다. 그런데 경쟁 상품을 공격하지 않으면서도 공격하는 방법이 있다. '드디어' 또는 '마침내' 같은 문구 하나만 넣어주면 된다.

"마침내 발목까지 잡아주는 운동화 첫 출시."'마침내'라는 한마디만 들어가면 이 운동화만 유일하고 그 이전에 나온 모든 등산화는 그러지 못했다는 말이 된다. 행여나 타 브랜드에서 딴지를 걸면 "당신네 것을 염두에 둔 것이 아니라 우리 제품 라인 중에서 그렇다는 말이다"라고 일축해버리면 된다.

식품이라면 '드디어 무엇을 뺐습니다'는 말이 잘 먹힌다. "믹스커피의 혁명! 그동안 참고 드셨죠? '드디어' 카제인나트륨을 뺐습니다." 이러면 다른 믹스커피들은 모두 나쁜 것이 들어 있는 것처럼 느껴진다.

많은 사람들이 카제인나트륨을 화학 물질이라고 생각하는데, 실은 우유에서 분리해 건조시킨 단백질로, 필수 아미노산이 풍부하고 식약처에서 허용한 안전한 식품 첨가물이다. 하지만 나트륨이라는 말은 마치 독극물이라도 들어 있는 듯한 인상을 준다. 이 문구를 읽은 소비자는 다른 믹스커피들에 이 성분이 있는지 찾을 것이고, 발견되면 구매를 기피하게 된다. 그러면 기존 시장의 경쟁 상품을 쉽게 제압하고 내 상품으로 고객의 주의를 돌릴 수 있다.

말이 좋아 일반화 작업이지 실은 몽땅 싸잡아 비난하는 모두 까기 방식이다.

일반화시킨 비난의 기술을 사용할 때는 시장 분위기를 봐가면서 수위를 조절할 수 있다. 경쟁 업체를 은근히 밟을 수도 있고 대놓고 밟을 수도 있다. 예를 들면 이렇다. "아직도 농약 먹은 커피를 드시나요? 100% 유기농 커피 'coffee pantry'를 만나보세요."

우리 커피만큼은 농약을 쓰지 않았습니다. 이 한마디에 팬트리 커피 외의 모든 일반적인 커피는 다 농약 커피라는 뉘앙스를 준다. 하지만 타 브랜드 일부나 전체를 비난하는 건지 아닌지 별 느낌이 들지 않는다. 매우 은근히 상대를 누르고 있는 것이다.

커피전문점 폴바셋은 아르바이트생을 쓰지 않는다. 모두 바리스타다. 만약 이곳에서 "우리는 모든 직원이 바리스타입니다"라고 홍보한다면 타 커피전문점은 아르바이트생들이 커피를 만드니 전문성이 떨어진다는 은근한 비난이 될 수 있고, 자신들은 은근히 고급스럽다는 차별화된 인상을 준다.

물 타지 않았다!

이제 은근한 것을 넘어서 비난의 수위를 높여보겠다.

"전 세계 99.96% 다이아몬드는 '티파니'의 엄격한 다이아몬드

등급 기준에 부합하지 못합니다."

이 정도면 티파니 말고는 모두 불량이라고 전체를 강하게 호도하는 셈이다. 매우 센 비난이라 위험해 보일 수 있지만 그렇지 않다. 역시 특정 회사를 공격한 것이 아니라서 역공당할 가능성은 낮다.

침대 브랜드 '템퍼' 매트리스는 무상 AS 기간이 5년이다. 그들은 "국내 스프링 매트리스 AS는 1년이지만 우리는 다섯 배 더 긴 5년이다. 그만큼 제품력이 좋다"라고 외친다. 에이스나 시몬스처럼 특정 브랜드를 공격한 것이 아닌, 우리 빼고는 이 세상 모든 침대가 튼튼하지 못하다고 싸잡아 매도하는 비난 전략이 된다. 이것이 더 강한 기술이다. 한두 개 브랜드를 공격한 것이 아닌 전부를 매도했기 때문이다.

다음은 어떤 부동산 중개소의 분양 광고 문구다. "과장된 모델 하우스에 뻑가지 마세요. 실제로 그런 집은 없습니다." 이러면 나만 정직하게 집을 보여주고 있다는 말이고 나머지는 모두 사기라는 네거티브 전략이 된다. 하지만 특정 브랜드를 운운하지 않았기에 상대적으로 안전하다. 이렇게 일반화 비난은 더 강하고 더 안전하다.

골프채 매장에서 한 호리호리한 여성 고객이 골프채를 잡고 흔들어본다. 무게를 재보고 있다는 말이다. 이럴 때 얼른 옆에서 한마디 거들면 된다. "이 아이언은 기존 제품들보다 30%나 가볍기 때문에 팔 힘이 약한 여성들도 아주 쉽게 스윙이 가능합니다."
여기서 '기존' 제품이란 말이 무섭다. 그것이 자사 제품을 말하는지, 타사 제품을 말하는지, 수십 년 전의 초창기 제품인지, 고객이 지금 쓰고 있는 제품인지, 현재 판매되는 최신 라인업보다 더 그런지 알 길이 없다. 그러니 고객은 자유롭게 본인이 생각하는 제품보다 가볍겠거니 생각할 것이다. 정말 간단하게 고객을 현혹시킬 수 있는 비난 언어다.

나'는' 진실하다와 나'만' 진실하다는 큰 차이가 있다. 후자는 비난 언어다. 영국 버진 그룹의 리처드 브랜슨은 늘 자신의 기업을 정의의 기사로 포장한다. 새로운 비즈니스 모델을 만들 때마다 그 이유가 악덕 기업들의 파렴치한 행태 때문이라고 하면서 소비자를 위해 그 문제를 해결하려고 이런 사업을 한다고 공헌했다. 사실 자신도 돈 벌려고 하는 짓이면서 나 빼고는 다 나쁜 놈이라고 비난 언어를 쓴 것이다. 재미있는 것은 이런 방법이 먹힌다는 사실이다. 영국 여론조사기관 ORB에서 진실한 기업에 대한 소비자 인식 조사 결과 버진 그룹은 상위권에 안착해 있었다.

어느 날, 농협하나로유통 직원을 만났는데 그가 내게 이렇게 말했다.

"대형 마트 4개사 중 마트 갑질에 과징금 안 받은 곳은 우리밖에 없습니다(공정거래위원회에서 확인해보니 실제로 홈플러스 220억, 이마트 10억, 롯데마트 8억을 받았지만 농협은 없었다). 우리 농협만이 업체를 을로 보지 않고 동반자로 생각하죠."

나머지를 모조리 갑질하는 회사로 만드는 비난 언어다.

국내 맥주 시장은 오랫동안 오비 맥주와 하이트 진로의 양대 산맥으로 나뉘어 있었다. 이 사이를 비집고 들어온 것이 롯데 주류의 '클라우드' 맥주다. 롯데는 다른 모든 회사들을 상대로 "물 타지 않았다"는 네거티브 전략을 쓰면서 진입했다. 이 말은 그동안 다른 맥주는 물을 탔다는 비난 언어다. 그런데 말이 되나? 물 없이 어떻게 맥주를 만들겠는가? 이 말 뜻을 아는 소비자는 별로 없다.

원 맥즙 농도original gravity란 맥아에서 나오는 성분과 물의 비율을 뜻한다. 10이라고 하면 맥주 한 병에 맥아에서 나오는 성분이 10g이고 90g은 물이라는 뜻이다. 까보면 국내 맥주사 big3의 원 맥즙 농도는 10~12 정도로 거의 비슷하다.[7] 이 수치가 높을수록 더 진하다는 뜻인데, 더 까보면 이 원 맥즙 농도는 오비 맥주가 제일 높고 재밌게도 클라우드는 오히려 낮다. 물이 더 많이 들어 있다는 얘기다. 그러면서도 "물 타지 않았다"고 타사를 은근슬쩍 비난한다. 물 타지 않았다는 말은 표현 방식의 차이일 뿐이다.

모든 맥주들은 보리와 물과 홉을 한 번에 넣어 발효와 숙성을 거치고 알코올 농도 6~7% 원액에 물을 타서 알코올 농도를 4% 정도로 낮춘다. 클라우드는 발효 단계에서 알코올 농도를 5%로 맞춰서 병에 담는다. 그 차이일 뿐이다. 그러나 고객이 알 게 뭔가. 어찌됐든 네거티브 전략이 성공해서 시장 점유율을 파고들며 자리 잡고 있으니 성공한 셈이다. 이처럼 "내 상품이 일류입니다"보다 "나 빼고 다른 상품은 모두 이류입니다"가 더 효과적인 비난 전략이다.

왜 그 사람이 말하면 사고 싶을까?

희석화 전략
핸디캡을 주변으로 분산시킨다

비난의 화살 남에게 돌리기

완벽한 상품은 존재하지 않는다. 모든 상품은 핸디캡을 갖고 있다. 비난의 기술은 그 상품에 집중될 수 있는 핸디캡을 분산시켜 내 상품의 문제를 희석시킬 수 있다. 이를 '희석화 전략'이라고 하며 비난의 화살을 남에게 돌려버릴 때 나에게 오는 비난이 옅어지는 현상을 말한다.

예를 들어 은행원인 당신이 고객에게 예적금을 권유한다고 하자. 불완전 판매(고객이 알아야 할 필수 정보를 제공하지 않아서 향후 금전적, 감정적 손실을 입게 되는 일)가 안 되려면 불리한 조건까지 설명해줘야 한다. "향후 고객님이 받게 될 이자는 이만큼인데 여기에서 이자 소득세 15.4%는 제외됩니다." 고객은 당장 이렇게 말할지도 모른다. "아니, 따박따박 저축했더니 기껏 내가 받을 이자에서 그렇게나 많이 세금으로 떼 간다고요? 내가 받을 이자가 100만 원이면 15만 4,000원을 뗀다니 나라가 한 게 뭐가 있습니까? 저축도 못하겠네." 이럴 때 희석화 전략이 필요하다.

"고객님, 한국은 굉장히 조금 떼는 겁니다. 네덜란드는 이자소득세로 받게 될 이자의 절반 이상인 60%를 공제하고요, 독일도 53.8%나 되며 미국도 40%를 공제당합니다. 그런데도 그런 선진국 국민들은 열심히 저축하지요. 그들이 한국의 이자율을 봤다면 눈이 휘둥그레져서 할 수만 있다면 앞다퉈 예적금을 맡기고 싶어 할 겁니다."

이처럼 화가 날 상황을 오히려 감사할 상황으로 바꿀 수 있고, 쏟아지는 비난을 어느 정도 희석화할 수 있다.

대부분의 사람들이 손목에 차는 스마트워치의 구매를 망설이는 가장 큰 요인 중 하나는 화면이 너무 작아 불편할 것이라고 생각하기 때문이다. 이때 당신은 당연히 스마트폰을 비난 대상으로 정할 것이다. 늘 내 손에 들려 있어야 하고, 식당에서 밥 먹을 때 내려놓았다가 분실될 우려도 있고, 운동할 때조차 손에 들고 뛰어야 하는 등 스마트폰을 들고 다니는 불편함을 지적한다. 그런 뒤 스마트워치는 내 손목에 딱 붙어 있어 언제든 모든 정보를 쉽게 보여주니 얼마나 좋은가 하면서 비난 언어를 사용할 것이다.

하지만 반대로 일반 시계에 빗대서 내 상품의 문제를 희석화

왜 그 사람이 말하면 사고 싶을까?

할 수도 있다.

"일반 시계를 볼 때 불편하고 답답한 적 있으십니까? 요즘 일반 시계들은 화면 가득히 스톱워치, 나침반, 고도계 등 다양한 무브먼트들이 꽉 들어차 있습니다. 화면이 작아서 이걸 못 보시나요? 마찬가지로 이 스마트워치를 사용하시는 분들도 화면 때문에 불편하다는 말을 하시는 분은 한 분도 없습니다. 괜한 생각이십니다."

채식주의자들에게 쏟아지는 피곤한 질문들이 있다.

"소고기도?" "샤브샤브도?" "김치찌개에 들어간 것도?" 채식주의자인 한 지인은 단호한 말로 질문들을 묵살한다. "얼굴 달린 것은 다 안 먹어요." 언제나 이 비난 언어로 모두를 잠재운다.

비난 언어를 써서 마케팅을 할 때, 한 가지 당부하고 싶은 것은 더티 마케팅 또는 비방 마케팅이 되지 않도록 조심해야 한다는 점이다. 그 예로 싱가포르 최대 통신 기업 싱텔은 타사 비방 마케팅을 하지 않는다는 원칙을 갖고 있다. 닭싸움할 때 최고의 닭은 목계(나무로 만든 닭)라고 한다. 상대의 도발에 쉽게 동요하지 않고 평정을 유지하는 상태를 말한다. 하지만 시대가 변했다. 너 아니면 나라는 생존의 원색적 문제에 부딪히다 보니 그렇다.

이 세상에 경쟁 상대 없는 제품은 없다. 비슷비슷해 보이는 경쟁 제품이 수두룩하다. 그래서 소비자의 선택은 결국 내 것 아니면 남의 것이다. 기업은 생존하기 위해 끊임없이 적자생존의 룰에 따라 타 기업을 비난하고 있다. 적당히 밟아서는 안 된다. 못 일어날 정도로 밟아야 한다. 안 그러면 경쟁 제품이 벌떡 일어나서 당신 제품을 사정없이 밟을 것이다.

내가 제시한 예시들을 보면서 "나는 그렇게 안 해"라고 할지 모르지만 기억하시라. 나는 안 할지 모르지만 경쟁사는 이 시간에도 우리 상품을 열심히 비난하고 있다는 것을. 나 아니면 너다.

8장

선수 언어,
예측과 제압이 중요하다

선수 전략
의문과 불편을 먼저 해결한다

내게 전화를 해온 사람들의 첫마디는 다 똑같다. "통화 가능하십니까?" 그래서 전화가 걸려오면 나는 "여보세요" 대신 이렇게 말한다. "통화 가능합니다." 그러면 상대는 잠시 머뭇거리다가 웃으면서 바로 본론으로 들어간다.

사람들이 나를 만났을 때 건네는 첫마디는 다 똑같다. "요즘 바쁘시죠?" 그래서 첫 악수를 할 때 먼저 웃으며 선수 친다. "안 바쁩니다." 그러면 상대는 그 말로 입을 떼려다 무안해 웃곤 한다.

선수先手 언어란 상대의 예상되는 심리를 먼저 읽고 그가 하려는 말과 행동을 앞질러 하는 것 또는 물건을 구매할 때 염려되는 장애 요소들을 미리 제거해버리는 것을 말한다. 거칠게 다른 말로 표현하자면 상대가 수를 쓰기 전에 그 수를 먼저 무장 해제시켜버리고 입을 막아버린다고 해서 '언어적 거세'라고도 한다.

TV에서 검찰청 포토라인 앞에 선 피의자들을 보면 죄인으로 법정까지 불려갔으니 통쾌해야 정상인데, 우리는 오히려 속 터지고 열만 받는다. 그 이유는 기자들이 너무 뻔한 질문을 던져서다.

"한 말씀 해주시죠?" 하면 절대 한 말씀 안 나온다. 그것보다 뻔히 예상되는 말을 선수 쳐서 "'검찰에서 성실히 답변에 응하겠습니다'라는 말만 빼고 말해주세요"라고 하면 상대의 입에서 뻔히 터져 나올 말을 언어적으로 거세시켜버릴 수 있다. 이 기술이 단순히 상대를 입막음시키기만 한다면 아무 유익이 없다. 상대의 생각 속에서 예상되는 그의 염려와 불안이 보인다면 그 점을 미리 희석시키고 종식시켜서 구매 의지의 장애 요소를 제거해버리고 시작하는 것이다. 보통 상담과 협상을 할 때 쌍방이 교섭 테이블에 앉은 순간, 그러니까 협상의 도입부에서 많이 쓰인다.

질문하기 전에 대답하라

종로에 있는 한 기업 컨설팅을 맡아서 며칠간 오전 방문을 했다. 사내 구내식당이 없어서 점심 시간이 되면 회사 밖으로 나가야 했는데, 근처에 허름한 식당이 눈에 띄었다. 작은 대문에 낡은 슬레이트 지붕을 올린 집으로, 딱 봐도 현금만 받게 생겼다. 음식 값도 싸서 식사 후 용기 있게 신용카드

왜 그 사람이 말하면 사고 싶을까?

를 냈다가는 면박을 당할 것 같았다. 며칠 내내 그곳에서 식사를 했는데 한번은 현금이 없어서 곤란해 하니까 사장님이 아무렇지 않게 "카드도 좋습니다" 하시는 거다. 그래서 내가 "저는 마케팅 전문가인데요. 여긴 직장인들이 많이 다니는 곳이라 카드 쓰는 사람이 많을 텐데 가게 앞에 '신용카드도 됩니다'라고 써 붙여 놓으시면 손님들이 더 많이 들어올 것 같습니다"라고 말했다.

몇 달 후 다시 그곳을 방문했는데 정말로 가게 앞에 "신용카드 됩니다"라고 써놓은 것이 아닌가. 식당 사장님은 이렇게 말했다.

"저 문구를 써놓은 뒤로 직장인들이 훨씬 많이 들어오고 당당하게 카드를 내던데요. 이제는 회식 장소로도 이용하면서 법인카드도 내고 그래요."

우리 회사가 만들어주는 상품 언어 중 이런 것을 나는 선수 언어 또는 '선수 문구(先手文句, 상대의 예상되는 심리를 미리 간파해서 그 의중을 먼저 무너뜨리는 언어)'라고 부른다.

대전에 출장을 갔는데 대전역에서 묵밥을 판다. 먹고 갈까? 시간 없는데. 가게 안 몇 개 없는 테이블에는 이미 손님들이 앉아 있다. 할 수 없이 돌아서려는데 가게 앞에 '1분 안에 포장'이란 문구가 보인다. 그 문구 때문에 한 그릇 포장해 들고 일부러 기차 시간을 미룬 뒤 꽤 오랜 시간 그 가게를 지켜봤다. 재밌게도 많은 사람들이 그 문구를 보고 끝없이 포장해 가는 것 아닌가. 그러니까 이 가게는 한 줄 문구 때문에 먹고 사는 셈이다. 고객에게 자기 가게의 장점을 적극적으로 알리는 것이다. 나 같은 마케팅 전문가에게 의뢰했다면 '55초면 손에 쥐어 드림!'으로 바꿔줬을 것이다.

한국외식산업연구원에 수년간 출강을 하는 중이라 요식업 대표들을 많이 만난다. 어느 날 한 설렁탕 브랜드의 자문을 맡았다. 내가 하는 일은 언어적 마케팅이라서 매장 내에 필요한 문구를 점검하고 개선하는 작업을 했다.

여느 설렁탕집처럼 테이블마다 김치통과 깍두기통이 올려져 있고 손님들이 먹고 싶은 만큼 앞접시에 덜어 먹도록 해놓았다. 종업원이 갖다 주는 음식점과 달리 대부분의 설렁탕집은 이렇게 손님이 직접 덜어 먹게 한다. 그 이유는 설렁탕이라는 메뉴 특성상 식사 중 김치, 깍두기를 많이 소비하기 때문이다.

그러면 본인이 소비할 만큼만 덜어 먹으니 음식물 쓰레기가 발생하지 않을까? 천만에다. 매장 운영 실태 보고서를 받아보니 일반 음식점 못지않게 꽤 많은 잔반 쓰레기가 발생하고 있었다. 그런데도 대표는 이유를 파악하고 개선할 생각을 안 하고 있었다. 알아서 김치를 덜어 먹게 하는데도 오히려 일반 음식점보다 더 많은 김치가 버려지는 이유가 뭘까? 간단하다. 고객의 경험에서 빚어진 심리 때문이다. 당신도 경험이 있겠지만 맨 처음 김치와 깍두기를 덜고 나면 잠시 뒤 종원업이 김치통을 다른 테이블로 가져가 버린 적이 있을 것이다. 그런 경험으로 인해 처음 김치를 덜어낼 때 먹을 만큼보다 더 많이 덜게 된다.

왜 그 사람이 말하면 사고 싶을까?

나는 "김치통 안 집어갈 테니 조금씩 계속 덜어 드세요"라고 통마다 써 붙여 놓았다. 이 선수 문구 하나로 그 설렁탕 체인점은 전국 기준으로 전체 음식물 쓰레기가 확연히 줄어들었다. 결론적으로 단 한마디 '값진 말(선수 문구)'로 김치와 깍두기 구입비용을 연간 수백만 원씩 절약한 셈이다.

식당에 대한 고객의 염려는 대체로 다음과 같다. 상추를 먹으면서는 '제대로 씻었겠어?' 밑반찬을 먹으면서는 '남은 반찬 재사용했겠지?' 그릇을 보면서는 '집에서처럼 깨끗이 설거지하겠어?' 국물을 후루룩거리면서는 '당연히 조미료 넣었겠지?' 마음 한편에 이런 생각들이 깔려 있다. 나는 매장 곳곳에 걸어놓을 각종 선수 문구들을 만들었다.

"숟가락, 젓가락은 끓는 물에 삶아 세척 후 손님상에 나갑니다."

"손님이 사용한 물수건으로 식탁을 닦지 않습니다!"

"화학 조미료 안 씁니다. 정제염 안 쓰며 천일염도 아닌 죽염 씁니다."

"연예인 사인 없어요. 연예인 입맛이 진리는 아닙니다. 연예인 입맛 좇지 마세요. 연예인 다녀간 집이 맛집이란 근거는 없습니다."

화장실에는 "이리도 깨끗하게 사용해주시니 청소할 게 없네요. 행복합니다" 등의 문구도 적절히 만들어 붙여놓았다. 또한 대부분의 설렁탕에는 반찬으로 으레 고추가 나온다. 거의 땡초다. 매워서 못 먹는 관상용이다. 반찬은 먹을 수 있는 것으로 내놔야 한다. 그래서 서빙할 때 "아이들도 먹을 수 있는 아삭한 오이고추입니다. 안 매워요"라고 미리 말하게 했다. 이처럼 고객이 뻔한 인식에 직면하기 전에 미리 선수를 칠 수 있다.

음식점에 가면 늘 목 터지게 종업원을 불러야만 한다. '사월에 보리밥'의 선수 언어는 서비스에 대한 기대감을 고조시킨다. "고객이 시켜서 하면 심부름, 먼저 하면 서비스."

기름을 속이면 삼대가 망한다!

김치를 담가 먹는 사람들의 심리는 '사 먹는 김치는 믿을 수 없어'이기 때문일 것이다. 그러니 김치 가공업체들은 포장지에 이런 선수 문구 하나 붙여 놓으면 매출에 도움이 될 것이다.

"우리 김치의 모든 제조와 포장 과정을 홈페이지에서 고화질 CCTV로 실시간 시청하실 수 있습니다." 그 김치를 먹으면서 홈페이지를 찾아 들어가진 않겠지만 고객에게 이성적 믿음을 심어줄 수는 있다.

주방에서의 조리 모습을 밖의 테이블에서 CCTV로 볼 수 있게 해 고객의 염려를 녹여버리는 레스토랑도 있다. 이처럼 당신이 요식업체를 운영한다면 고객이 염려하는 부분이 뭔지, 고객의 머릿속에 무슨 생각이 있는지 충분히 알고 있을 것이다. 고객의 우려를 단번에 불식시키는 선수 언어를 만들어보라.

예들 들어 음식점 종업원들은 "부족하시면 말씀하세요"라고 하면서 첫 반찬을 갖다 준다. 그것보다는 "부족하기 전에 알아서 더 갖다 드릴게요"라고 하면 훨씬 기분이 좋다. 그리고 부족하기 전에 먼저 갖다 주는 것은 그리 어려운 일이 아니다.

새것을 샀는데 새것이 아닐 때가 있다. 침대 매트리스가 그렇다. 그래서 한 업체는 매트리스에 "본 매트리스는 재탕 자재를 사용하지 않았음. 사단법인 한국침대협회에서 인증함. 본 라벨을 위변조할 시는 형사 처벌됨"이라고 안심시키는 선수 언어를 붙여놓았다.

호텔과 모텔에도 "저희 ○○업소는 구청에서 선정한 최우수 숙박업소로 침구류를 절대 재사용하지 않습니다"라고 써놓는 곳들이 늘고 있다. 남이 잤던 이불 다시 쓰지 않고 깨끗이 세탁된 새 이불이라는 점을 미리 알려주는 것이다.

사람들은 치과에서 진료를 받고 입안을 헹구는 물은 수돗물이라고 생각한다. 강남의 MCG 치과는 "우리 치과에서는 환자분들의 치아 건강을 위해 순수 멸균 처리된 물을 사용하고 있습니다"라고 선수 문구를 붙여놓았다.

정량을 속여 팔다가 적발된 불량 주유소가 한 번씩 뉴스를 탄다. 그래서 한 주유소는 입구에 크게 써놓았다. "기름을 속이면 삼대가 망한다." 이러면 그 주유소를 확실히 믿고 들어가게 된다.

'혼자 볼게요'의 효과

텔레마케터들 중 일부는 고객의 욕설과 막말 때문에 고생이 많다. 특히 품목이 자동차라면 더 심한데, 자신의 영혼 같은 애마에 작은 문제라도 생기면 고객센터에 당장 씩씩거리며 전화를 건다. 그래서 한국 GM 고객센터에서는 고객이 전화를 걸었을 때 어린아이의 목소리로 먼저 이렇게 멘트한다.

"제가 세상에서 가장 좋아하는 우리 엄마가 상담드릴 예정입니다. 잠시만 기다려주세요."

상대에게 당신이 응대할 사람도 가족의 한 사람이고 누군가의 엄마이니 부드럽게 대해 달라고 미리 화를 누그러뜨리는 것이다. 실제로 이 방법을 도입한 후 많은 효과를 보았다고 한다.

내 매제는 덴트 숍(디테일 숍)과 세차장을 함께 운영하고 있다. 세차장이 공치는 날은 비 오는 날 하루지만 한파가 몰아치는 한겨울에는 기나긴 비수기를 겪는다. 차주들이 물 세차를 하고 나면 물기가 금방 얼어붙어 차에 얼음이 달라붙을 것을 염려하기 때문이다. 나는 매제에게 겨울 한파 시즌에는 세차장에 따로 플래카드를 만들어 붙여놓게 했다. "추워도 세차됩니다." "따끈한 물로 애마를 녹이세요." 이 문구들은 확실히 겨울 비수기에 효과가 있다.

농업협동조합의 포장 문구 작업을 했던 적이 있다. 농산물을 구매할 때 요즘 소비자들이 가장 염려하는 점이 있다. 인위적으로 식물에 뭔가 이상한 짓을 하지는 않았을까 걱정하는 것이다. 오늘

날 우리의 먹거리는 정상적이지 않은 땅에서 나온다. 위에서는 산성비가 내리고 밑으로는 끝없이 살포된 농약에 지친 땅이 되어버렸다. 이런 상황에서는 화학 물질을 쓰지 않고는 정상적인 소출을 얻을 수 없다. 실제로 오이씨를 한번 사서 심어보라. 휘어지고 울퉁거리고, 굵고 얇고 그야말로 엉망이다. 우리가 마트에서 사 먹는 길쭉하고 예쁘게 뻗은 오이는 절대로 열리지 않는다. 우리가 사 먹는 농산물은 손을 대서 인위적으로 만든 것이다. 그러니 현대인이 더 병들어가는 것이다. 자연 상태 그대로의 식물을 먹어본 적은 참으로 오랜만이다. 이 브랜드가 그렇다.

나는 이 브랜드의 마케팅 문구를 "유전자 변형 농산물 아님. 그 어떤 화학 비료나 양분도 주지 않고 자연 상태 그대로 땅의 지력을 빨아들여 자연 시간 그대로 자라게 가만 놔두어서 키웠음"이라고 만들어줬다. 그리고 가장 바깥 포장에 "가장 쉬워 보이지만 오늘날 가장 힘든 일, 원시 상태에 가장 가까운 자연을 드십니다"라고 붙여줬다. 이 상품은 요즘 반응이 좋다.

화장품 매장이나 옷 매장에 들어가면 직원이 착 달라붙어 졸졸 따라다니며 밀착 마크를 한다. 기분이 어떤가? 불편하기 그지없다. 그들은 제품 안내를 한다고 착각하지만 고객은 구매 압박을 당한다고 느낀다. 직원의 눈길도 불편하고, 내 곁에 있는 존재 자체가 쇼핑에 방해가 된다. 그래서 옆으로 슬슬 이동하면 이 바보는 그걸 아는지 모르는지 졸졸 따라온다. 마음속으로 '저리 가 휘이 휘이'

하고 외친다. 옷 매장에 방문하는 고객들을 대상으로 설문 조사를 했더니, 가는 곳마다 직원이 쫓아다니면 무슨 물건 훔쳐가려는 '잠 재적 범죄자 취급을 받는 기분'이라는 대답까지 나왔다.

이것을 눈치 챈 화장품 숍 이니스프리의 일부 매장은 입구에 두 종류의 바구니를 비치해놓았다. 하나는 "도움이 필요해요"이고 다른 하나는 "혼자 볼게요"이다. 고객이 혼자 본다는 바구니를 집어 들면 직원은 말을 걸지 않는다. 그러니 패션 매장 내에 이런 문구를 걸거나 멘트를 한다면 얼마나 좋겠는가?

"편안하게 보고 싶으신데 옆에 오면 부담되시죠? 필요하면 부르세요. 우리 매장은 과한 친절보다 편안함을 우선합니다. 사색하듯 둘러보세요."

미리 말하면 천 냥, 나중에 말하면 한 냥

여러 패션 브랜드의 마케팅 자문과 세일즈 코칭을 한 만큼, 패션 매장에 들르면 판매원의 화술을 관심 있게 본다. 특히 기업 담당자들을 통해 어느 매장의 누가 실력이 뛰어나다는 소문을 들으면 반드시 그 매장에 가본다.

인상 깊었던 판매원이 있었는데, 기억으로는 코오롱 계열사 브랜드 소속이었다. 그는 마치 고객의 머릿속이 눈에 보이는 것처럼 고객의 생각을 1초 먼저 내뱉었다. 손님이 사고 싶은 바지나 치

왜 그 사람이 말하면 사고 싶을까?

마를 입어보고 거울 앞에 서서 자신의 모습을 보고 "바지는 뱃살 좀 더 빼고 사야겠어. 치마만 사는 게 낫겠어" 이런 말을 하려고 하면 먼저 "지금 몸에 딱 맞는 사이즈입니다. 빼고 나서 입어야지 생각하시는데, 그러다 오랜만에 마음에 든 옷 놓치세요"라고 하며 상대의 생각을 희석해버렸다.

인천공항을 가려면 영종대교나 인천대교를 건너야 한다. 이때 통행료를 내면서 욕 안 해본 사람은 별로 없을 것이다. 그 짧은 다리 몇 분 건너는데 중형차 기준으로 1만 원을 내야 한다. 실제로 인터넷에서 댓글들을 보면 "시속 $100km$ 건널 때 초당 얼마씩 내는 셈" "다리에 금을 칠했냐" "할 줄 안다면 헤엄을 쳐서 건너겠다" 등등 불만이 많다.

그래서 도로공사는 다리 중간쯤에 "내 사람이 기다린다. 소중한 사람이 기다리는 곳으로 가게 해주는 고마운 다리"라고 선수 문구를 써놓았다. 소중한 사람을 만날 수 있도록 많은 이들이 힘들게 만든 다리니 너무 아까워 마시고 이해하시라는 말로 들린다. 마찬가지로 고속도로를 지나가는데 도로 위를 가로지르는 거대한 다리 공사를 하면서 교량을 연결 중이다. 그 밑으로 지나갈 때 겁이 나는데, 아니나 다를까 "안전은 걱정 마시고 행복한 운전되세요"라는 선수 문구가 보인다.

어떤 공장 옆을 지나가는데 굴뚝 위로 연기가 피어난다. 그 밑에 크게 현수막이 붙어 있다. "굴뚝에 보이는 것은 매연이 아니라 입김과 같은 수증기입니다."한 줄 문장으로 지나가던 시민들의 불안감도 없애고 불필요한 여러 민원도 예방할 수 있으니 얼마나 적절한가.

마동석 씨 주연의 영화 〈챔피언〉은 개봉 전에 국내 최초 팔뚝 액션이라 써놓고 미리 "범죄 영화 아님" "조폭 영화 아님"이라고 선수 쳐서 기존의 식상한 영화가 아님을 밝혔다. 배우의 이미지와 그동안의 출연 영화만 보고 상대가 쉽게 넘겨짚을 법한 생각을 사전에 바로잡는 선수 문구다.

고객은 바보가 아니다. 분명 상대가 염두에 두고 있는 염려스러운 부분이 있음을 나도 알고 그도 알고 있다. 모른 척 은근슬쩍 무시하고 넘어가봐야 구매에 있어 마음속에 박힌 가시이자 장애물만 된다. 그런 것을 먼저 제거해버려야 한다. 그러기 위해 선수 언어가 필요하다.

마트 전단지에 실린 상품은 고객을 낚는 미끼라는 인식이 많다. 고객이 찾으면 품절됐다고 하면 그만이니까. 일단 오게 해서 카트를 쥐고 매장을 돌게 하는 것이 목적이다. 그래서 소비자는 마트 전단지의 미끼 상품을 봐도 잘 안 믿는다. 이마트는 그런 점을 인식해 '품절 제로 보장'이라고 미리 상품 옆에 붙여놓는다. 그 상품을 사러 왔는데 헛걸음하는 일은 없다는 것을 미리 알려주는 것이다. 비슷하게 중고차나 부동산 시장에서도 사전에 "방문 후 허탕을 치면 보상 또는 책임을 지겠다"는 선수 언어를 날리는 추세다.

왜 그 사람이 말하면 사고 싶을까?

알로에 하면 중국을 떠올린다. 중국만큼 알로에를 많이 재배하는 곳이 없기 때문이다. 그래서 알로에 회사들은 선수 언어를 떠운다. 유니베라는 "여의도 12배 규모의 농장을 남의 손에 맡기지 않고, 직접 농사지은 알로에로 연구와 개발, 생산까지 완성해낸 1mg의 거짓말도 없는 알로에입니다"라고 밝힘으로써 불신을 지운다. 그린알로에는 대놓고 "중국산은 1%도 쓰지 않습니다. 100% 유기농 미국산 알로에만 씁니다"라고 알린다. 고객이 중국이란 말과 인식을 떠올리기도 전에 미리 손쓰는 것이다.

시민들은 대중교통을 이용할 때 손잡이나 의자들이 많은 사람의 손을 거쳤기 때문에 세균이 매우 많다고 생각한다. 특히 메르스 사태 이후 그런 우려는 더 심해졌다. 이 염려를 사전에 줄이는 관악 교통버스의 선수 문구는 이렇다. "이 버스는 1일 2회 소독을 하고 있습니다."

동네 골목 안에 있는 작은 이동통신사 대리점은 최저 가격, 풍성한 선물 같은 현수막 없이 딱 한 마디만 적혀 있다. "멀리 가지 마세요." 용산 전자 상가나 테크노마트, 양판점처럼 멀리 가봐야 소용없다는 암시다.

맘스터치에서 햄버거를 주문하면 확실히 맥도날드나 롯데리아보다 수령 시간이 많이 늦다. 수제 버거를 컨셉으로 하는 만큼 주문 후 만들기 시작해서 그렇다. 그래서 맘스터치의 문구는 "기다리는 시간이 즐거운 맘스터치"다. 그런데 좀 약하다. 나 같으면

"주문 후 만드는 수제 버거라서 일반 버거보다 수령 시간은 2배 늦지만 2배 더 건강합니다"라고 하겠다. 요즘은 병원 예약을 할 때도 상담원들이 먼저 "대기 시간이 발생할 수 있습니다"라고 하면서 혹시나 더 기다리게 되더라도 양해해달라고 미리 선수를 친다.

거절 대응법
거절을 미리 차단하라

거절 멘트는 뻔하다

대면 영업을 하는 사람들은 첫 멘트를 하기가 쉽지 않다. 상대가 거절부터 하기 때문이다. 학습지나 보험 등 무슨 상품을 권하려고 하면 입을 떼기도 전에 이렇게 말한다. "이미 있어요, 다음에 할게요, 지금 바빠요, 나중에 생각해볼게요, 돈이 없어요."

이때 초짜들은 마음이 흔들리지만 고수들은 오히려 이 상황이 반갑다. 뻔히 예상되는 고객의 거절 화법 유형 리스트 안에 들어왔기 때문이다. 당신도 고객을 직접 상대하는 BtC가 직업이라면 고객의 대답을 리스트로 만들어보라. 의외로 많지 않다는 사실을 알게 될 것이다. 장담하건대, 30개 이상의 거절 대답 유형이 나오기 어렵다. 관심 없어요, 돈 없어요, 지금 바빠요, 다음에 할게요, 자료만 주세요, 집에 가서 상의해볼게요, 여유가 없어요, 가족이 설계사예요, 또는 학습지 선생님이에요 등.

상대의 거절 멘트는 뻔하다. 신기하리만큼 그 범주 안에서 거절한다. 특별하고 예외적인 말은 나오지 않는다. 그러니 각각의 거절 응답에 대응할 수 있는 선수 언어를 만들어서 거절을 종식시키는 작업을 해보길 권한다.

거절에 대응하는 세일즈 스크립트

나는 1년간 교원그룹 사보에 마케팅 칼럼을 썼는데, 그때 만들어준 세일즈 스크립트의 몇 가지 예시를 소개하겠다.

가두 영업 현장에서 쉽게 만날 수 있는 고객의 거절 멘트를 선수 언어로 극복해본다. 고객에게 첫마디를 꺼냈을 때 버릇처럼 쉽게 돌아오는 말 중 하나가 "바빠요"다. 이때는 이렇게 선수칠 수 있다.

"제 말을 듣고 지금 바쁘다고 말하실지 모릅니다. 하지만 하루를 분으로 환산하면 1,440분인데 그 시간 중 자녀를 위해 5분만 빌리고자 합니다. 고객님이 빌려주신 5분, 고객님 자녀의 변화된 50년간의 미래로 갚겠습니다."

"저도 고3 수험생을 둔 부모로서 바쁘다는 말을 입에 달고 삽니다. 하지만 우리가 이렇게 바쁜 이유는 나보다는 다 자식을 위해 살다보니 그런 거잖아요? 우선순위라는 말이 있죠. 급한 것부터, 중요한 것부터 먼저 하게 된다는 말인데, 이 세상에 자녀 교육보다 더 중요하고 바쁜 일이 어딨겠습니까? 그것보다 더 바쁜 일이 있다고 하신다면 더 이상 잡지 않겠습니다."

또 가두 영업에서 학습지를 권했을 때 자주 나오는 말이 있다. "이미 하고 있는 게 있어요." 이 말은 영업 현장에서 은하계의 별만큼이나 많이 듣는다.

"이미 하는 게 있다고 말씀하실지 모르겠네요. 하지만 고객님 옷장에 있는 넥타이가 적어도 하나는 아니죠. 여러 개, 많으면 수십 개가 있을 겁니다. 그렇다고 쇼핑 가서 나는 이미 넥타이가 있으니 쳐다보지도 않는다고 말하지 않지요. 마음에 드는 것이 있는지 또 관심을 갖습니다. 어차피 해어지고 낡으면 못 매고 심지어 멀쩡해도 유행 지나면 못 매는 한낱 소모품도 계속 관심 갖고 알아보고 고르십니다. 넥타이 트렌드에도 관심을 갖는데 하물며 하루가 다르게 바뀌는 교육 트렌드에는 더욱더 관심을 가져야 하지 않겠습니까? 내 아이의 미래를 바꿔놓을 교육 문제에, 과거의 교육 방식을 고집하며 이미 하는 게 있다고 귀 닫고 눈 닫는 부모님은 당연히 아니실 겁니다."

또 이렇게 말하기도 한다. "이미 하는 게 있다고 말씀하실지 모르겠습니다. 아무리 쳐다봐도 다 똑같아 보이는 흰 우유도 늘 드시던 것 고집하지 않고 진열대 앞에서 매번 비교하고 저울질하십니다. 단지 한 번 먹고 마는 흰 우유를 고를 때도 더 좋은 걸 살펴보시는데, 아이 교육 상품이라면 더 나은 게 있는지 당연히 알아보시겠지요?"

이렇게 선수를 쳐서 고객의 입에서 튀어나올 말을 원천적으로 봉쇄하는 것이다. 또 고객으로부터 많이 듣는 말 중에 하나는 "일단 자료를 주시면 집에 가서 보고 (또는 남편과 상의해보고) 연락드릴게요"다.

"자료 가지고 가서 보고 나중에 연락하겠다고 말씀하시는 분들 많습니다. 그건 굉장히 자위적인 생각이십니다. 제 경험에 의하면 거의 100% 재활용 폐지밖에 안 되더군요. 안 본다는 말이죠. 또 혼자 이해하려면 어렵습니다. 지금 제 앞에서 들으셔도 이해가 안 되는 게 분명 있으실 텐데 나중에 집에 가서 혼자 이해하려면 더 어렵죠. 여기서 1%도 모르는 것 없이 다 알고 가시는 것이 낫습니다. 그리고 건전한 지적 자극을 받았을 때 결정하셔야지 저랑 헤어지고 나면 그 열의는 금방 식어버립니다. 새빨갛게 타고 있는 조개탄 무더기를 본 적 있으십니까? 그 무더기 속에서 조개탄 하나를 꺼내면 어떻게 됩니까? 열기가 차츰 식어버리고 맙니다. 그러나 그 조개탄을 무더기 속으로 도로 넣으면 다시 빨갛게 타오르죠. 마찬가지로 교육 열기로 타오르는 이 현장을 떠나시면 교육열도 금방 식어버립니다."

왜 그 사람이 말하면 사고 싶을까?

방어 강화
선제공격이 선제방어다

입에 재갈을 물려라

자살자들이 제일 많이 쓰는 방법 중 하나는 연탄이다. 목을 매거나 손을 긋는 것처럼 많은 용기를 필요로 하지도 않고 연탄만 사면 되니 쉽게 선택한다. 부천시는 지역 번개탄 판매 업소 38곳에 '번개탄 판매 개선 캠페인'을 벌였는데, 판매업자에게 미리 선수 언어를 날리도록 계도를 시키는 것이다. 방식은 간단하다. 번개탄을 사러 오는 사람에게 판매업자가 "번개탄은 어디에 사용하려고 하세요?"라고 한마디만 선수 쳐서 물어보면 된다. 이 질문 하나로 1년 사이에 자살자가 15%나 줄었다.[1] 선제공격처럼 선제방어도 방법이다.

한번은 알리안츠생명에 강의를 갔는데, 여의도 사옥이 아주 근사했다. 건물 가격만 1,800억이라고 했다. 유럽 최대 보험사인 알리안츠 그룹다웠다. 그런데 이 회사는 중국 안방安邦 보험에 겨우 35억이라는 헐값에 팔렸다. 이렇게 되면 고객은 얼마나 불안하겠는가? 이에 알리안츠생명은 회사가 매각되자마자 이런 광고를 먼저 냈다.

"알리안츠생명은 든든합니다. 총자산 16조, 총수입 보험료 2조, 운용 자산 이익률 업계 1위."

광고를 낸 시점이 놀라운데, 회사가 매각되었다는 기사가 채 쏟아지기도 전에 먼저 발 빠르게 선수를 쳤다. 회사가 푼돈에 팔렸다는 둥, 망했다는 둥 기자들이 뻔한 소리를 쏟아내기 전에 입에 재갈을 물리는 선수 언어로 선제방어를 한 것이다.

광고가 만들어지는 순서는 회의, 집행, 작업, 컨펌, 노출로 생각보다 꽤 시간이 걸린다. 그럼에도 그처럼 빠르게 선수 문구가 나온 것은 의도적으로 사전 준비를 했다는 것이다. 그런 광고 이후 기자들의 부정적 보도는 보이지 않았다.

부정적 생각의 씨앗부터 제거하기

연필 회사라면 "우리가 베는 나무보다 심는 나무가 10배 많습니다"라는 선수 문구를 내걸어야 하고, 인조 가죽 회사라면 "가축을 키우는 데 소비되는 사료와 배설물로 인한 오염보다 인조 가죽 생산이 훨씬 환경오염이 적습니다"라

왜 그 사람이 말하면 사고 싶을까?

고 문구를 써서 문젯거리를 미리 차단해야 한다.

경유차를 출시한 자동차 회사라면 "경유가 환경에 미치는 영향은 2%도 안 됩니다. 오히려 좋은 연비로 더 적은 연료를 소모하여 환경에 보탬이 됩니다"로 예상되는 염려와 부정적 생각들을 태워버려야 한다. 이렇게 하면 구매자들의 환경에 대한 죄책감도 덜 수 있다.

공무원은 뭘 해도 욕먹는 집단이다. 서울시에서 서울 시민을 대상으로 '서울 브랜드 아이디어 공모전'을 한 적이 있다. 서울을 알리는 슬로건을 모집하는 공모전으로 광고 문구는 이러했다. 낡은 비디오 사진 한 장 밑에 "공무원이 만들면 안 봐도 비디오. 서울 브랜드 당신 없인 망합니다!"였다. 셀프 디스를 하면서 선제방어를 한 것이다. 보통 이런 공모전을 하면 나올 얘기는 정해져 있다.

"혈세 낭비하네.""헛짓하네.""해봐야 뻔하지." 이런 소리를 미리 막아버린 것이다. 그리고 이어서 "서울을 잘 아는 당신이 전문가"라는 칭찬 문구를 곁들인다.

공사 현장을 지날 때 우리는 늘 불만을 표현한다. "허구헌 날 공사야.""언제까지 공사야." 늘 이용하는 엘리베이터가 며칠째 수리 중이었다. "도대체 며칠 째야"라고 불만이 툭 튀어나오려는 순간 이런 선제방어 문구가 눈에 들어왔다.

"조금 늦더라도 제대로 점검하겠습니다." 순간 짜증이 바로 들어갔다.

기 싸움 기술
선수를 써서 기선을 제압하라

상대의 기를 꺾어놓고 시작한다

　　기 싸움은 심지어 남녀 간의 소개팅 자리에서도 발생한다. 비즈니스 대화에서 기 싸움이 없다면 말이 안 된다. 언어의 요체인 사람은 환경과 상황의 지배를 받기 때문에 설득당하거나 설득시키거나 둘 중 하나다. 먼저 적당히 또는 완전히 상대의 기를 꺾어놓고 시작하지 않으면 이후 계속되는 상담과 협상에서 상대는 당신 얘기를 귓등으로 들을 수 있다.

　　DB화재에 전국 지점장 대상으로 세일즈 강의를 갔는데 담당자가 보낸 메일을 보니 기가 막혔다.

　　"생명보험이라는 것이 있고 손해보험이라는 것이 있는데요. 우리는 손해보험이라고 합니다. (중략) 모르는 것이 많으시겠지만 주저 없이 연락 주십시오." 나를 초짜로 아는구나 싶었다. 그래서 강의 당일 이렇게 말문을 열었다. "홈쇼핑에 동부화재를 처음 론칭시킨 사람이 접니다. 전국에 동부화재 상품을 처음 알리고 첫 판매를 시작했었죠. 14년 전이네요."

라이나생명에 갔을 때는 이렇게 운을 띄웠다.

"대한민국에 치아보험이 처음 판매된 날이 2008년 9월 1일이 었지요. 그 이전까지는 치아가 보험으로 보장된다는 것은 꿈에도 생각 못했어요. 그 론칭을 위해 처음 교육했던 사람이 접니다. 세월 참 빠르군요." 기 싸움의 선제공격이다.

동의를 받고 시작하라

메리츠화재의 의뢰를 받고 전국적으로 사업 설명회를 몇 개 진행했다. 설명회에는 한국에 있는 생명보험사, 손해보험사, GA 등 정말 다양한 보험사 관계자들이 참석했다. 연차도 보험업만 20, 30년 하신, 보험업계에서 잔뼈가 굵은 사람들이 수백 명씩 모였다. 말 그대로 보험업계의 고수가 총집합한 자리에서 그들에게 이래라저래라 훈수를 둬야 하는 상황이었다.

요즘은 PT용 슬라이드를 깔끔하게 하는 추세라서 나도 키워드로만 진행하는 심플한 슬라이드를 선보였다. 제일 먼저 검은 슬라이드에 흰색 글씨로 '33'이라는 숫자를 띄우고 시작했다.

"이제 여러분에게 보험업 밑바닥에 깔린 깊이 있는 이야기를 할 텐데요, 그러면 당신은 '장문정이 보험에 대해 뭘 알아?' 이럴 수 있겠죠. 33! 이 자리에 저보다 이 숫자가 하나라도 더 높은 분이 있다면 주저 없이 연단에서 내려가겠습니다. 우체국 보험, 조합 공제를 제외하고도 대한민국 41개 원수사(생명·손해보험사) 중 33개 회사 상품을 팔았고, 코칭했고, 세일즈 화법을 만들어드렸고, 방송했고, 세일즈 영상을 만들어 납품했습니다. 지금 〈조선일보〉에 제 이름을 검색해보면 홈쇼핑 보험 교주라는 기사가 뜰 것입니다. 이 바닥에서 잔뼈가 굵었다는 것, 다시 말해 충분히 보험에 대해 말할 자격이 있다는 것을 동의받고 시작하려고 합니다. 동의하신다면 동의의 뜻으로 박수 한 번 쳐주시면 감사하겠습니다."

시작은 늘 이렇게 했고, 사업 설명회는 매번 성공적이었으며, 다각적인 컨설팅 결과 만년 업계 5위였던 메리츠화재를 18개월 만에 1위(2018년 03월 기준)로 올려놓는 데 매우 크게 일조했다. 35년간 꿈쩍하지 않던 보험사 순위를 한번에 갈아엎었다. 다른 보험사에서도 이 글을 보겠지만 우리에겐 일을 맡기는 회사가 주인이다. 일단 고객사가 되면 그 고객사에만 집중해서 최선을 다한다.

왜 그 사람이 말하면 사고 싶을까?

영어권에서도 흔히 쓰는 말은 아닌데 '브리칭breaching'이라는 단어가 있다. 고래가 물 밖으로 나와서 물을 때리는 현상을 말한다. 흰수염고래는 혀 무게만 3톤이다. 웬만한 코끼리 한 마리 무게다. 전체 무게가 150톤이 넘는 경우도 있다. 그 엄청난 존재가 물 밖으로 나와서 물을 때릴 때 사람들은 탄성을 지른다. 그 장면을 보러 가는 브리칭 코스라는 크루즈 상품도 있다. 하지만 고래가 물속에 있으면 이놈이 큰지 대단한지 멋진지 알게 뭔가? 물 밖으로 나와야 비로소 대단한 고래인 줄 안다.

  당신도 회사에서 조용히 앉아 일만 하면 일을 잘하는지 못하는지 누가 알아주겠는가? 지금은 브리칭 시대다. 먼저 알리고 스스로 나서야 한다. 그러므로 후대응보다는 선대응이 맞다. 상대가 어떻게 나올지를 기다리지 말고 먼저 선수 언어를 날려야 한다. 상대의 생각을 내다보고 이미 꿰뚫고 있으면 상대는 고분고분해지는 습성이 있다. "이 말 하려고 그랬죠?" "당신 생각은 이미 간파당했어!" "당신 머릿속에 이미 들어앉아 있다고!" 내가 할 말을 상대가 이미 꿰뚫고 먼저 해버리면 맥이 빠져버리고 상대가 만만치 않다는 것을 느끼게 된다. 여론조사 기관인 알렌스바허Allensbacher에 따르면 오늘날 소비자는 상품 판매 현장에서 제안을 받거나 설명을 듣기도 전에 이미 의심을 하고 마음에 방벽을 치는 비율이 지난 십 년간 5배나 높아졌다고 한다. 적절한 선수 언어들로 까다로운 고객을 무너뜨려 보라.

9장

통계 언어,
정확한 숫자로 승부하라

통계 전략
오류와 착시를 이용한다

세상에서 숫자를 빼고는 살 수 없다. 아이들은 글을 배우기 전에 숫자부터 배운다. 글은 못 읽어도 숫자는 읽는다. 숫자는 근거가 확실하고 명확하여, 반박할 수 없어 보이며 거짓말을 할 수 없는 신뢰의 대상이다. 숫자는 그 명확함이 주는 실용성 때문에 이성적 도구라고 생각하지만 사실은 매우 추상적 개념이다. 보거나 만지거나 느낄 수 없기 때문이다.

예를 들어 사과에는 분명한 빛깔, 감촉, 크기, 모양, 냄새, 맛이 존재하지만 숫자에는 그런 것이 없다. 그럼에도 사람들은 숫자를 질서와 비례, 절대적인 것으로 받아들이곤 한다. 숫자에는 그런 신비함이 있다. 한편 마케팅에서의 숫자란 추상적이기 때문에 얼마든지 인위적인 가공을 할 수 있다는 장점이 있고, 그렇게 탄생한 것을 이성적 무기로 변신시킬 수 있다는 오묘함이 있다.

또한 숫자는 상대의 머리를 명확하게 하고 속을 시원하게 한다. 외주를 맡길 때 비딩Bidding을 붙이기 위해 복수의 외주사들에게 견적 문의를 하면, 말을 빙빙 돌리는 답답한 회사들이 있다. 금액을 명확하게 말해주고 시작하면 속이 시원하고 그 금액을 기준으로 모든 계획을 수립할 수 있는데 말이다.

숫자는 사고의 기준점이 되며 판단의 중심이 되게 한다. 숫자는 중요한 마케팅 수단이다. 돈과 직결되기 때문이다. 이성적 설득의 기술로 숫자를 사용한 통계 언어를 소개한다.

왜 통계가 중요한가?

왜 숫자가 아닌 통계일까? 통계란 조작이 가능한 독립 변인을 수없이 갖고 있고, 그 점이 동시에 허점과 강점이 된다. 그런 이유로 분명 같은 숫자여도 얼마든지 왜곡하여 제시할 수 있기 때문에 설득의 수단이 된다.

예를 들어 사람이 가장 많이 사망하는 위험한 장소를 통계적으로 찾아서 그 결과를 이렇게 발표한다고 하자. "사람이 가장 많이 죽는 곳은 침대다." 통계적으로는 맞을지 모른다. 결국 병들어 죽음을 맞는 대부분의 장소가 침대니까 말이다. 그렇다고 침대에서 보내는 시간이 위험하다는 뜻인가?

왜 그 사람이 말하면 사고 싶을까?

통계는 겉으로는 안정적이고 믿음직스럽지만 사실을 교묘하게 왜곡할 수 있는 가장 쉬운 선전 수단이다. 당신이 사업 설명회에 참석했는데, 장문정이 프레젠터로 나서서 PT를 한다고 치자. 연매출이 300억짜리 B회사가 아니라, 5분의 1도 안 되는 30억짜리 A회사를 홍보한다. 다음 수치를 보라.

	전년 매출	금년 매출
A회사	30억 원	60억 원
B회사	200억 원	300억 원

누가 봐도 B회사보다 A회사의 규모가 초라하다. 또 A회사는 전년에 비해 매출이 30억 증가했지만 B회사는 100억이나 증가했다. 하지만 여기에 통계 하나만 더 만들어 붙이면 이야기는 달라진다.

	전년 매출	금년 매출	매출 증가율
A회사	30억 원	60억 원	100%
B회사	200억 원	300억 원	50%

이렇게 제시하면 A회사는 전년 30억에서 올해 60억으로 100%의 매출 증가율을 보였고 B회사는 전년 200억에서 올해 300억으로 50%의 매출 증가율을 보였으니, A회사는 B회사보다

증가율이 2배 많다고 선전할 수 있다. 또 경쟁사보다 2배로 왕성하게 성장하는 회사이니 투자하라고 권할 수 있다.

이번에는 장문정표 치약을 개발해서 "의사 10명 중 9명이 추천하는 치약"이라고 홍보했다고 하자. 이 말은 우리 회사가 선물과 샘플을 보내서 호의를 갖게 된 의사 10명 중 9명이란 말이지 전국 대부분 의사들은 그 치약을 부정적으로 보고 있을지도 모른다. 이처럼 수치를 비율화해 표시하는 것은 수많은 함정을 내포한다.

통계의 이중성을 활용하라

통계는 마술과 같다. 이러한 통계의 오류와 착시를 역으로 마케팅에 이용해야 한다. 예를 들어 0과 100은 시소의 양 끝에 있는 극과 극의 숫자 같지만 둘 다 똑같은 신뢰를 줄 수 있다.

'설탕 0'에서 '0'은 고객에게 신뢰의 숫자다. '과즙 100'에서 '100'도 마찬가지다. 그러나 속살은 둘 다 신뢰와는 상관없는 기만적인 숫자일 수 있다. 설탕 0은 설탕이 0이란 말일 뿐 설탕에 버금가는 다른 당류를 더 듬뿍 넣었을 가능성이 있다. 과즙 100도 오렌지 과즙 외에 다른 과즙을 넣지 않았다는 뜻에서 100이지, 실제로는 백설탕, 오렌지 향, 구연산, 합성 착향료 같은 화학 물질이 듬뿍 들어 있어서 진정한 오렌지 과즙일 가능성은 0이다.

이처럼 통계는 이중성을 지녔다. 신뢰와 오류(또는 착시)를 동시에 지녔다는 점에서 그렇다.

사람들은 통계를 신뢰한다. 가령 내 회사가 부동산 프레젠테이션 입찰 대행을 맡게 되었는데, 고객사에게 이렇게 공헌한다고 하자. "이래뵈도 9할 승률 프레젠터입니다. 맡은 일은 거의 따내고 맙니다." 이렇게 말하면 고객사는 나를 무척 신뢰한다.

하지만 여기서 9할은 모든 상품군의 사업 설명회에서 일어난 비율을 따질 때 승률이 그렇다는 말이다. 나머지 1할의 실패가 부동산업에서 발생했다면 그 회사의 의뢰 건은 100%의 실패 확률을 갖는다. 하지만 분명 나는 거짓말을 하지 않았다. 이러한 오류가 발생하는 이유는 통계라는 것이 각각의 독립 변수들을 모두 고려할 수 없기 때문이다.

예를 들면 한국은 연간 강수량이 1,200mm가 넘는 풍부한 강수량을 지닌 나라다. 그런데도 UN이 지정한 물 부족 국가다. 이유는 필요할 때, 필요한 곳에 균일하게 비가 내리지 않기 때문이다. 대부분 여름에 오고 가을, 겨울, 봄에는 가물다. 또한 특정 지역에만 엄청나게 쏟아지니 나머지 지역은 늘 물이 부족하다. 통계를 전면적으로 내세우면 주요 변수들은 사소한 것들로 느껴져 묻혀버릴 수 있다.

정부에서 쏟아내는 대부분의 통계도 오류를 가지고 있다. 통계청은 2018년 기준 가계빚이 평균 7,000만 원 정도라고 발표했다. 이 통계를 믿을 수 있나? 나는 빚이 없다. 단순히 우리 옆집과 통계를 내봐도 옆집의 빚은 두 배인 1억 4,000만 원이 되어버린다. 이런 것이 통계의 오류다.

통계의 오류는 마케팅의 호재

통계의 오류가 작용하는 힘을 보여 주는 법적 사례로 O. J. 심슨 사건이 있다. 미국 미식축구 프로 선수였던 그는 1994년 6월 13일, 심슨의 전처 니콜 브라운 심슨과 그녀의 남자 친구가 온몸이 난자당한 채 시체로 발견됐을 때 용의자로 지목됐다. 심슨의 집에서 피 묻은 장갑이 발견됐고 DNA 검사 결과 사망자의 혈액임이 입증됐다. 더구나 심슨은 평소에 아내에게 폭행과 폭언을 일삼았다. 그러나 그는 당시 유명 변호사들의 도움으로 무죄를 받았다. 그를 무죄로 만들 수 있었던 강력한 이유 중 하나는 통계의 힘이었다. 당시 피해자의 변호인단은 "평소 심슨이 아내를 때리고 폭언을 일삼았다"는 증언을 토대로 심슨을 살인 용의자로 주장했다. 그러자 심슨의 변호사 중 하나인 알랜 더쇼위츠는 실제로 남편에게 폭행을 당하는 아내 중에서 자신을 때리고 욕하는 남편에 의해 살해당하는 통계는 1,000명 중 하나, 즉 0.1%도 안 된다고 반박했다. 따라서 심슨이 아내에게 폭언과 폭행을 했다는 이유로 그가 살인자일 확률은 0.1%뿐이라는 것이다.

무죄 선언 이후 세월이 흘러 템플 대학교 수학과 교수인 존 알랜 팔로스는 다음과 같은 통계의 오류를 찾아냈다. 반대로 "매 맞던 아내가 죽었을 때, 그녀를 평소 때리던 남편이 범인일 확률은 얼마일까?" 무려 80% 이상이다. 따라서 심슨은 범인일 가능성이 매우 높다는 것이다. 이처럼 통계는 사람들을 합리적으로 믿게 만들고 기만시키기까지 하는 힘이 있다. 사람들은 통계를 대할 때 그 오류는 생각하지 못한 채 공정하다고만 인식한다.

이러한 통계의 오류가 마케팅에서는 오히려 호재로 작용할 수 있다. 수치를 뒤집어 긍정적인 면을 부각시킬 수 있기 때문이다. 예를 들면 동대구역에는 이런 문구가 있다.

"지금 고객님께서는 소나무 8그루를 심으셨습니다." 서울 동대구 간 이산화탄소 배출량이 열차는 $8kg$, 승용차는 $49kg$인데 이를 환산하면 연간 소나무 8그루가 흡수하는 효과와 같기 때문이다. 그러면서 "저탄소 녹색 성장을 위한 유일한 대안은 바로 철도입니다"라고 홍보한다. 이 숫자에도 역시 엄청난 오류가 있다.

기차가 미친 듯 질주하며 내뿜는 탄소 배출량과 기차를 생산하는 과정에서 발생하는 탄소 배출량이 빠져 있다. 하지만 철도 승객들 중 이런 계산을 하는 사람은 거의 없을 것이다. 홍보 문구에 현혹되어 "환경을 생각해서라도 더 이용해야지"라고 다짐할 뿐이다.

또한 통계는 착시를 일으키는 좋은 무기다. 기자들은 앞 다퉈

'한 해 3쌍 결혼, 1쌍 이혼'이라는 자극적인 제목의 기사를 쏟아낸다. 하지만 여기에는 착시가 숨어 있다. 그해 1년 동안 이혼한 커플 수는 동일한 1년이란 기간 동안 결혼한 사람들의 이혼 건수를 조사한 것이 아니라, 이미 수십 년의 각기 다른 기간에 걸쳐 결혼한 사람들의 한 해 이혼 건수일 뿐이다. 그것을 딱 한 해 동안 결혼한 사람들의 숫자와 비교하는 것 자체가 엉터리다.

이러한 통계 착시는 마케팅에 바로 적용된다. '뉴 얼티메이트 마사지 밤'이란 화장품 제품의 실험통계 결과를 보라.

피부가 부드러워진 것 같다.	87%
피부가 탄력 있어 보인다.	81%
피부가 탄탄해진 것 같다.	89%

이 통계를 광고로 사용하는데, 얼핏 보면 이 화장품을 써서 피부가 좋아진 듯한 착시를 일으킨다. 하지만 피부 개선을 실제로 측정했다는 통계 따위 없다. 그저 공짜로 제품을 받아서 감사한 마음으로 사용해본 자들이 써보니 좋아진 것 같다고 한 다분히 편향적인 느낌의 반영일 뿐이다. 그것을 통계 수치로 바꿔놓으니 당장 과학적 개선 결과로 느껴지게 되고, 구매욕을 자극한다. 사용자들이 좋다니까 그렇게 보이는 바넘 효과Barnum effect일 가능성이 크다.

왜 그 사람이 말하면 사고 싶을까?

통계 언어의 장점
메시지를 분명하고 명확하게 만든다.
메시지에 전문성을 부여한다.
메시지를 빠르게 전달시킨다.
듣는 이에게 이성적 확신을 준다.

이처럼 통계는 오류와 착시를 담고 있으며, 추상성과 상징성도 담고 있어서 변인을 잘 조절하여 내게 유리한 방향으로 조정하여 제시하면 강력한 마케팅 무기가 된다. 통계 언어는 내가 탄생시킨 통계를 적절히 제시해서 상대에게 분명하고도 객관적인 이성적 결정을 내리도록 만드는 강한 기술이다.

시장 조사
쓸데없는 데 돈 쓰지 마라

설문 조사의 종말

일반화의 오류가 생기는 이유는 표본 편향sanple bias 때문이다. 말 그대로 표본에 편향이 있다는 의미로, 적은 표본만 가지고 한쪽에 치우친 생각으로 전체를 판단해버리는 것이다(겨우 고객 10명 모아놓고 상품 시연했는데 반응이 좋았다고 시장에서도 반응이 좋을 것이라 믿는 생각이 대표적인 표본 편향을 낳는 오류를 범하게 한다). 충분한 양의 데이터를 기준으로 광범위하게 조사한 데이터만 믿고 시장에 출시했는데, 시장에서의 반응은 전혀 다른 경우를 말한다.

예를 들어 미국인이 뉴욕에 사는 한국인 10명을 무작위로 관찰했는데, '다혈질, 8282, 급한 성격'이라는 특성을 보였다고 하자.

그 미국인이 단 10명을 보고 마치 한국인 전체를 다 이해한 것으로 착각한다면 표본으로 인한 편견, 즉 표본 편향이 생긴 것이다.

세계 최대 주택 공유 사이트 '러브홈스왑Love Home Swap'의 CEO 데비 워스코는, 자신은 주부였고 엄마이기에 남성들이 알 수 없는 주부와 엄마의 마음을 잘 안다고 말했다. 바보 같은 생각이다. 여자라서 여자의 마음을 알고, 주부여서 주부의 마음을 잘 안다고? 한국인이라서 한국인의 마음을 잘 안다는 말과 같다. 당신은 한국인 고객의 마음을 아는가? 어림도 없다.

시장 조사는 공갈빵이다. 열어보면 속은 비었다. 영국이 EU를 탈퇴할 것인가 잔류할 것인가를 놓고 유럽의 권위 있는 6개 설문 조사 기관은 모두 잔류할 것이라고 예측했다가 바보가 됐다.

2012년, 미 대선을 앞두고 갤럽은 공화당 롬니 후보 지지율이 52%이며 오바마는 45%라면서 공화당의 승리를 점쳤으나 결과는 오바마의 여유로운 승리였다. 2016년 대선 때는 클린턴과 트럼프의 대결에서 힐러리 클린턴의 승리 확률을 〈허핑턴포스트〉는 98%로 점쳤고 〈뉴욕타임스〉는 85%, 로이터는 90%로 예측했으나 모두 머저리 소리만 들었다.

"설문 조사를 통해 얻는 데이터 자체는 이제 큰 쓸모가 없고 신뢰하기도 어렵다."

27년간 갤럽의 CEO를 맡고 있는 짐 클리프턴 회장이 2015년 아시안 리더십 콘퍼런스 때 했던 말이다. 아이러니하지 않은가?

마음을 읽지 못하는 조사

기업들은 신상품을 내놓기 전에 사전에 소비자 선호도를 조사하는 데 많은 비용을 들인다. 물론 출시 전에는 다들 반응이 좋다. 하지만 실제로 론칭하고 나면 박살나는 경우가 비일비재하다. 이유가 뭘까? 표면적인 1차 데이터만 조사해서 그렇다. 가령 '이 제품이 출시되면 당신은 구매할 의사가 있습니까?'라는 식이다. 응답자는 당연히 그러겠다고 대답하지만 마음속 의도와 실제 자신의 지갑을 열어 돈을 쓰는 행위와는 간극이 크다. 조사 결과만 믿고 확신에 차서 상품 출시를 하다가는 봉변을 당한다.

직원들은 소비자 선호도가 몇 퍼센트인지 등의 단순한 수치와 통계만 보고하고, CEO는 그것을 믿는다. 하지만 통계는 상품을 직접 쓰고 싶은 소비자의 욕망과 감성까지 읽어내지는 못한다.

모닝 담배가 모닝 커피보다 나쁘다는 것을 과학적 수치로 제시한다고 해서 담배 물고 커피 한잔 하는 애연가의 소중한 아침 낭만을 멈추게 할 수 있을까? GDP 숫자 하나만으로 그 나라의 복잡한 경제를 결코 설명할 수 없듯이 마케팅에서는 이런 의미 없는 숫자에 의존하려 하지 마라.

그래도 기업들은 상품 출시 전에 큰돈을 들여 통계조사를 꼭 한다. 왜? 안 하면 불안하기 때문이다.

영국 랭커스터대학, 링컨대학, 하트퍼드셔대학 3개 대학의 공

왜 그 사람이 말하면 사고 싶을까?

동 연구팀은 스마트폰 사용자 500명을 비교해서 희한한 연구 결과를 냈다. 사용자 성향을 분석해보니 안드로이드 폰 사용자는 정직하고 겸손하며, 아이폰 사용자는 감성적이고 개방적이라는 결과를 발표한 것이다. 웃기는 얘기 하자고 쓸데없이 돈을 쓴 거다. 내 여동생은 안드로이드 폰 쓰다가 휴대폰 매장 직원이 권해서 아무 생각 없이 아이폰으로 바꿨는데, 휴대폰이 바뀌었으니 성격도 내성적이다가 개방적으로 바뀌었을까? 턱도 없는 얘기다.

오랫동안 금융업 종사자들을 교육하다 보니 금융권 기업 대부분이 예외 없이 고객 성향을 분석한다는 것을 알게 되었다. 고객의 투자 성향을 분석해서 자기들 마음대로 공격형, 안정형, 분산 투자형 등 이름을 갖다 붙인다. 한 투자 자문회사를 방문했다가 들은 이야기인데, 100억대 현금 자산가 부부가 커피숍에서 상담을 받으면서 둘이서 커피 한 잔 시키더란다. 반대로 김밥 집에서 저렴한 김밥 한 줄로 식사한 사모님이 벤틀리 끌고 가시더란다. 이런 부류는 어떤 형에 넣을 셈인가? 인간에게 드라마 캐릭터처럼 정해진 성향이란 없다. 통계로 예측 가능하지 않다.

구매 성향에 따라 고객을 분류하는 작업은 1940년대 미국에서 시작됐다.[1] 십대Teenager라는 말도 이때 생겨나서 유행하게 됐다. 오늘날 마케팅도 고객 분류 작업에 심취해 있다. 가령 CJ오쇼핑은 고객센터에 전화를 거는 고객을 8단계로 분류해놓고 판단한다. 그런데 이런 작업은 실패할 확률이 높다. 구매 패턴이라는 것은 종

잡을 수 없기 때문이다.

A라는 사람을 돈키호테형 고객이라고 분류해놓았는데 막상 그 고객은 물건 앞에서 신중할 수 있는 것이고, 햄릿형 고객이라고 분류해놓았는데 그날따라 충동구매를 할 수도 있다. 고객의 마음은 럭비공 같아 어디로 튈지 모르는 만큼 장식장에 구분 지어놓은 피규어처럼 분류해놓으려는 것 자체가 오류다. 마케팅 분류도 이제 의미가 없어졌다. 마케팅의 4요소? 살아 있는 생물처럼 변화무쌍한 마케팅 현장에 4요소밖에 없을까? 분류 자체가 의미 없는 시대다. 그래서 샤넬은 국내 오프라인 잡지에 더 이상 광고를 하지 않고 온라인 광고에 치중한다. 확실한 효과를 측정할 수 없는 잡지에 이유 없이 돈을 쓰지 않겠다는 것이다.

한번은 예스24에서 고객에게 보낸 DM의 효과 측정을 내게 문의해왔다. 자료를 받았는데 정말 눈이 아플 정도로 방대했다. 이런 경우는 의뢰를 수행할 수가 없다. 몇몇 샘플만 뽑아서 "이것은 좋네, 저것은 나쁘네"라고 하는 것은 며칠 해외여행 다녀와서 그 나라가 좋네, 나쁘네 따지는 것과 같기 때문이다. 이런 경우는 전수 조사를 해서 모든 콘텐츠를 탐색하고 분석해야 한다. 아마도 직원 모두가 달려들어 밤을 새워가며 몇 달은 그 일만 해야 할 것이다. 그래서 고사했다. 코끼리 다리만 만져보고 코끼리의 희로애락을 설명할 수 없다. 그러니 단순 표본만으로 전체를 판단하려는 시장 조사에 더 이상 돈 쓰지 마시라.

왜 그 사람이 말하면 사고 싶을까?

비용 환산법
지불 비용을 환산하여 돌려줘라

내가 쓴 돈을 돌려받을 수 있다면

내가 마케팅 자문을 할 때 자주 사용하는 이성적 접근 중에 '비용 환산법'이 있다.

고객이 물건을 사기 위해 지불해야 하는 비용만큼 또는 그 이상을, 제품을 사용함으로써 얻어지는 이득의 값으로 다시 페이백 해줄 수 있다고 설득하는 것이다. 바로 예시를 들어보겠다.

웰빙 트렌드에 맞춰 샤워기 시장이 커지고 있다. 시판되고 있는 샤워기 종류는 위생용(필터로 불순물을 걸러주는 용도), 분사용(수압을 높여 분사가 잘되게 하는 용도), 절약용(수압을 조절해 적은 물을 사용하게 하는 용도) 정도다.

최근에는 이 세 가지 기능이 합쳐진 제품이 주를 이룬다. 분사 구멍을 작게 만들어서 멀리까지 뿜어져 나오게 하면서 상대적으로 물은 절약하게 하는 것이다. 제품에 따라 가격은 천차만별이지만 통상 3만 원이라고 가정하자. "샤워기 사세요"라는 나의 외침은 고객 입장에서는 이렇게 들릴 뿐이다. "3만 원을 쓰세요!"

그럼 고객은 "왜?"라고 반문한다. 이때 비용 환산법에 따라 "샤워기를 바꾸면 오히려 물이 절약됩니다"라고 해주는 것이다.

"샤워기를 사는 데 3만 원을 써야 합니다. 하지만 샤워기를 바꾸면 물줄기가 더 미세해져서 4인 가족 기준 연간 4만 리터의 물을 아낄 수 있습니다. 수도 요금을 1톤당 1,000원으로 보면 4만 리터를 아끼면 4만 원을 아끼는 셈입니다. 샤워기를 바꾸고(3만 원 지불) 1년만 써도(4만 원 절약) 오히려 1만 원이 절약됩니다." 이러면 3만 원을 쓰고 1만 원 벌게 되는 셈법이다.

오랜 경험에 의하면, 고객은 이러한 환산법을 상당히 이성적으로 받아들인다. 그다음 "정수기 물만큼 불순물이 깨끗하게 정수된 물이 폭포수처럼 시원하게 쭉쭉 내 몸을 씻겨주면 얼마나 기분이 좋은지 모릅니다. 작은 물 입자가 부드럽게 뿜어져 나오니 그동안에는 물을 따갑게 맞아 '내 피부가 혹사당했었구나'라는 것을 알게 될 겁니다"라고 이어서 감성 멘트를 덧붙이면 이성, 감성 순서의 스토리텔링을 잘 만든 것이다.

왜 그 사람이 말하면 사고 싶을까?

소비의 이성적 명분을 만들어라

한 가지 사례를 더 보자. 고객의 집에 멀쩡한 에어컨이 있는데, 신형 에어컨으로 바꾸라고 권해보라. 설득하기가 쉽지 않을 것이다. 고객은 '고장도 안 났고 잘 쓰고 있는데 왜 바꿔야 해?'라고 생각한다. 이때 고객이 구매를 결심하도록 설득하려면 어떻게 해야 할까? 이 과제를 모 가전 코너 판매사원 100명에게 던져주었다. 가장 많이 나온 접근법은 "신형이라 디자인이 예쁘잖아요" "소음이 적어요" "요즘 제품은 전기료가 적게 들어요" 등이었다. 감성에 호소하는 면이 짙다 보니 아무래도 설득력이 떨어진다. 이제 이성적 접근법인 비용 환산법으로 설득해보겠다.

"10년 된 에어컨을 바꿔서 8년이면 본전 뽑는다는 것 아세요? 냉방 면적 $59.4 m^2$을 기준으로 10년 된 LG에어컨은 173.5kw의 전력을 낭비합니다. 하지만 올해 출시된 신형 휘센 에어컨은 62.4kw밖에 소비하지 않습니다. 쉽게 말해 10년 된 LG에어컨은 한 달에 6만 7,000원의 전기요금이 지출되지만, 신제품은 35% 수준인 2만 4,000원이 듭니다. 한국의 아파트 거주자들을 조사해보면 통상 6~9월까지 4개월 정도 에어컨을 사용합니다. 계산하면 연간 17만 2,000원의 전기료를 아낄 수 있죠. 150만 원 주고 신형 에어컨을 구입해도 15만 원씩만 환급받으면 8년 뒤에는 구입비 통째로 건지고도 남습니다."

이렇게 구체적인 셈법을 해주면 새 에어컨을 사야 할 이성적 이유를 고객에게 명확히 부여하는 셈이 된다. 그런 다음 이렇게 감성 소구로 마무리하면 된다.

"보기만 해도 기분 좋아지는 산뜻한 디자인과 소음 없이 조용히 주무실 수 있는 쾌적함은 덤입니다." 고객이 머릿속으로 계산기를 두드리는 순간 설득에 거의 성공한 것이나 마찬가지다. 결국 감성 앞에 이성이다. 당신도 당신 제품을 마냥 감성적으로 홍보하기보다는 그 제품을 사용해서 얻게 되는, 향후 예상되는 페이백 금액을 제품 지불 비용에서 빼보라. 남는 돈이 생긴다면 그것이 이득이라며 고객에게 말로 돌려주라.

왜 그 사람이 말하면 사고 싶을까?

통계 언어 마법
단순 통계를 매력적인 말로 변신시킨다

숫자가 드라마로 바뀌는 순간

같은 옷도 어떻게 입느냐에 따라 스타일이 달라지듯 단순한 통계도 어떻게 포장하느냐에 따라 매력적인 통계 언어로 변신한다. 나는 남자지만 쥬얼리 방송을 오래 해서 보석을 잘 판다. 골든듀를 비롯한 여러 쥬얼리 브랜드 세일즈 코칭을 해서 경험도 많은 편이다. 믿음을 가지고 다음의 통계 언어를 보시라.

예비 신랑이 예비 신부를 위해 장문정에게 웨딩 반지를 맞추러 왔다고 하자. 신랑은 5부 다이아를 사줄 생각인데 신부는 10부 다이아에 자꾸 눈길을 보낸다. 어떻게 신랑을 꼬시겠는가? 큰 것이 폼이 난다고? 무조건 큰 것을 사라고? 이렇게 말하면 한 방에 설득할 수 있다.

"결혼한 여성은 일생에 걸쳐 자신의 손가락에 낀 웨딩 반지를 무려 100만 번이나 바라본다는 통계가 있습니다. 부인께서 100만 번 '잘했구나' 생각하며 살게 하시겠어요? 100만 번 '아쉽구나' 생각하며 살게 하시겠어요?"

나는 방송에서 70종 이상의 휴대폰을 소개했고, 알뜰 폰 론칭부터 3대 이통사 강의도 할 만큼 했다. 그래서 휴대폰을 잘 판다. 저가형 휴대폰을 사러 온 고객에게 고가형 휴대폰을 사도록 만들어보자.

"통계적으로 한국 사람들 대다수는 스마트폰을 하루에 150번 이상 바라봅니다. 1년이면 무려 5만 번입니다. 아무리 사랑하는 사람이라도 그만큼 쳐다보지 못하죠. 내 인생에서 가장 많이 쳐다보는 스마트폰이면 화면이 좋아야 되고 속도 시원해야 답입니다. 그러니 이것 쓰세요."

종합식품기업 아워홈을 세일즈 코칭했을 때의 일이다. 기업 관계자에게 자료를 받아보니 기업 소개에 '매년 300종이 넘는 신메뉴 개발' '보유한 표준 레시피만 1만 5,000개' 이렇게 돼 있었다. 다소 심심하게 느껴지는 자료를 멋진 언어로 바꾸는 것은 내 몫이었다. 어떻게 드라마틱하게 표현할 수 있을까?

"회사원들은 구내식당의 밥을 먹으며 '또 이거야? 늘 같은 거네?' 하는 불만을 자주 터뜨린다. 매년 300종의 신메뉴가 나온다는 말은 출근해서 거의 매일 못 먹어본 새로운 음식을 먹는다는 말이다. 또한 1만 5,000개의 레시피라는 말은 주말 출근까지 포함한다 해도 365일 내내 41년간 매일 새로운 점심을 먹을 수 있다는 말이다. 신입사원이 퇴직할 때까지 겹치는 음식을 먹을 일이 없다. 아워홈으로 바꾸기만 하면 우리의 미각은 찬란하게 풍부해진다."

통계에 생명을 부여하기

한번은 생방송을 끝내고 사무실로 돌아왔는데, 타사에서 가장 잘 나가는 쇼호스트에게 전화가 걸려왔다. 방금 내가 한 어린이 보험 오프닝이 인상적이었다는 것이다. 타사 쇼호스트가 인정할 정도니 스스로도 괜찮았나 하는 생각이 들었다. 그때 판 것은 어린이 보험 상품이었는데, 한 달 보험료가 9,900원으로 무척 저렴하다는 것 외엔 이렇다 할 장점이 없었다. 그래서 나는 이렇게 통계 언어로 시작했다.

"안녕하십니까? 장문정입니다. 생방송으로 인사드립니다. 지금 몇 시인가요? 몇 시 몇 분이군요. 우리는 이렇게 지금 몇 시냐고 시간을 묻곤 합니다. 몇 분이냐고도 묻습니다. 하지만 몇 초냐고는 안 묻습니다. 왜일까요? 우리 인생에서 초라는 시간은 의미가 없다고 생각하니까요. 하지만 이 찰나밖에 안 되는 1초 동안에 실은 얼마나 의미 있는 일이 일어나는지 아십니까?

투수의 손을 떠난 공이 타자의 배트에 맞고 다시 투수에게 오는 데 걸리는 시간이 1초입니다. 투수에게는 매우 의미 있는 시간입니다. 총구를 떠난 총알이 1초 만에 $900m$를 날아갑니다. 그러니 사격수에겐 의미 있는 시간입니다. 비가 오면 달팽이도 1초에 $1cm$씩 움직입니다. 달팽이에겐 의미 있는 시간입니다. 1초에 지구가 $30km$나 움직입니다. 천문학자들에게는 의미 있는 시간입니다. 지구가 태양으로부터 500억 kw의 에너지를 받습니다. 모든 생명체에게 의미 있는 시간입니다. 보잘것없어 보이는 것 같아도 사실은 무척이나 의미 있는 일이 벌어지고 있다는 겁니다.

자, 9,900원. 내 아이 보험료입니다. 겨우 커피 두 잔 값도 안 되는 이 보험료가 내 아이에게 뭐 별거라도 될까 싶으십니까? 이제부터 이 보잘것없어 보이는 돈이 아이가 성장하는 동안 부모님에게 얼마나 의미 있는 시간이 되게 하는지 보여드리겠습니다."

여기서 예를 든 몇몇 사례처럼 당신의 상품에서도 많은 통계가 발견될 것이니, 그것들을 극적으로 미화해서 멋진 통계 언어로 변신시켜보라.

논리적 설득
통계로 귀결점을 향해 가라

적재적소에 통계를 배치한다

상대에게 이겼는데도 찜찜할 때가 있다. 이런 경우는 보통 내가 시전한 화법이 우기기, 고압적 태도, 징징거리기, 도돌이표 멘트, 읍소 등이라 상대가 "그래, 당신이 이겼다 치자. 옳다고 치자"라며 마지못해 져주었기 때문이다. 이는 말로 상대를 설득한 것이 아닌 일종의 언어폭력이다.

진정한 대화의 승자는 상대를 이성적으로 납득시키고, 내 뜻에 동의하게 만들어야 한다. 따라서 이성적으로 납득할 수밖에 없는 통계를 제시하면 상대를 설득할 확률이 높아진다. 통계로 논리의 귀결점을 맺는 기술이란, 적재적소에 통계 수치를 배치해서 내 의견이 옳다는 것을 주장해나가는 방식이다.

한국금융연수원에서 다양한 은행의 직원들과 역할극을 해보았다. "금융 전문가니까 여쭤봅니다. 앞으로 금리가 오를까요? 내릴까요?" 이 책을 기술하는 기점에서 그들은 미국의 상황을 고려해 대부분 오를 것이라고 대답한다.

"한국은행 홈페이지에서 바로 확인이 가능한데, 1978년 한국 예금 금리가 어느 정도였을 것이라고 생각하십니까? 놀랍게도 34%였습니다. 그때는 저축만으로도 부자가 될 수 있었습니다. 2년 뒤인 1980년에 금리는 24%로 확 떨어졌지만 그래도 여전히 저축은 최고의 재테크 수단이었습니다. IMF 시절, 1998년 3월에도 금리는 18% 정도였는데, 정확히 반년 뒤인 1998년 9월에 금리는 반 이상 떨어진 9%대로 주저앉았습니다. 1년 뒤 1999년 9월에는 4%대였습니다.[2]

지금은? 1%대입니다. 앞으로는 어떻게 될 것 같습니까? 유럽에는 이미 20여 개의 나라들이 제로 금리에서 바닥 뚫고 마이너스 금리까지 내려갔습니다. 프랑스, 독일, 네덜란드, 스페인, 포르투갈, 덴마크, 스웨덴, 스위스, 그리스, 아일랜드, 이탈리아, 룩셈부르크, 오스트리아, 벨기에, 키프로스, 슬로바키아, 에스토니아, 리트비아, 리투아니아, 몰타 등 다 마이너스 금리입니다. 쉽게 말해, 은행에 돈을 맡기려면 내 돈에다가 웃돈을 얹어줘야 하는 황당한 상황이죠. 한국은 선진국을 따라가는 금융 거울입니다. 그러면 앞으로 금리가 오를까요? 내릴까요?"

왜 그 사람이 말하면 사고 싶을까?

이렇게 통계라는 이성적 도구를 무기로 논리 전쟁을 하면 상
대의 머릿속에 내 주장을 비교적 안전하게 심어줄 수 있다.

명확한 근거와 정연한 논리

고객에게 "비과세 상품에 가입하세
요"라고 권했는데 "왜 가입해야 해요?"라는 퉁명스러운 대답이 돌
아오면 어떻게 설득할 것인가?

"비과세 혜택이 점점 줄어드니까 앞으로는 들고 싶어도 못 들
기 때문이에요." 이렇게 말하면 과연 고객이 가입할까? 당연히 안
한다. 하지만 똑같은 말이라도 통계를 사용해서 서서히 올라가듯
귀결시키면 설득력이 높아진다.

"모든 물건에는 세금이 매겨져서 물건 값의 일부를 나라에 떼
입니다. 모든 금융 상품도 원칙적으로 세금을 떼는데 15.4%나 됩
니다. 지출할 때 세금 떼이는 것도 억울하지만, 내가 열심히 저축
해서 받는 이자에서도 세금을 떼입니다. 100만 원이면 15만 원 이
상이나 떼이는 거죠. 이 돈을 한 푼도 안 떼여도 되는 것이 바로
비과세 상품입니다. 그런데 이 비과세 상품이 1994년까지는 딱
3년만 유지하면 됐죠.[3] 1996년에는 5년까지 유지해야 했습니다.[4]
2003년에는 7년이나 유지해야 했습니다.[5] 2004년부터는 10년이
나 유지해야만 했습니다.[6] 2013년부터는 10년 유지하면서 일시납

2억 미만만 비과세고, 이 이상의 저축액은 다 세금 떼야 합니다.[7] 2017년 4월 1일부터는 10년 유지는 기본이고 일시납 1억 이하거나 월납 150만 원 이하만 비과세 혜택을 받습니다.[8] 누가 보더라도 비과세 가입이 점점 어려워지고 있죠. 이러다가 아예 비과세 상품 자체가 사라질 것 같습니다. 더 늦기 전에 최고의 금융 상품 비과세 상품에 가입하십시오."

이렇게 논리를 전개해나갈 때 절반 정도만 지나도 이미 상대는 '저 사람에게서 점점 자신이 주장하는 명확한 결론이 나오겠구나'라고 벌써 느끼기 시작한다. 설득에 압도당하고 있다는 말이다. 통계가 튼실하면 논리가 명확해지며 주장은 힘을 얻는다.

왜 그 사람이 말하면 사고 싶을까?

명확성 극대화
통계로 또렷하게 말하라

분명할수록 효과적이다

고객은 또렷함을 사랑한다. 그러니 메시지도 그래야 한다.

"수십 번의 테스트를 거친 배낭!"(팀버라인) 이런 카피는 최악이다. 이도 저도 아닌 뭉뚱한 말이다. 명확하지 않으니 진실해 보이지도 않는다.

이와 대조적으로, 가전 회사 밀레는 자사 세탁기를 홍보할 때 "전원 스위치를 비롯한 모든 버튼을 정확히 5만 번씩 눌러보고 옷을 5,000번 빨아보는 테스트를 한다"고 구체적으로 밝힌다. 그래서 보통 가전제품 수명은 10년을 넘기기 어려운데 밀레는 최소 20년 이상 쓸 수 있다고 자부한다. 이러면 진실성도 올라간다.

애경산업의 고농축 세제 '리큐'는 "적게 써서 오래갑니다"라고 하지 않고 "반만 쓰는 진한 젤 1/2"이라는 카피와 함께 "한 통 사면 100회 이상 세탁이 가능하니 1년 쓴다"라고 또렷이 말한다. 나라면 이 이성적 통계에 더해 "한 번 사고 1년 뒤에 만나요", "견우와 직녀 세제" "1년 세제"라는 감성 멘트나 마케팅 애칭 문구까지 만들어줬을 것이다.

안경점에서 고객에게 선글라스를 권할 때 흔히 이렇게들 말한다. "자외선 선글라스는 큰 것 쓰세요. 자외선 차단이 아무래도 더 많이 되지 않겠어요?" 이러한 화법과 다음과 같이 통계를 써서 명확성을 높인 화법을 비교해보라.

"이마를 기준으로 선글라스가 단 6mm 정도만 떨어져도, 눈에 도달하는 자외선은 45%나 더 많아집니다. 선글라스를 써도 안경 위와 아래, 옆으로 들어오는 자외선은 막을 길이 없습니다. 그러니 선글라스는 되도록 큰 것을 고르는 것이 눈을 보호하는 지혜입니다. 선글라스를 쓰는 이유는 결국 자외선을 막기 위해서니까요." 어느 쪽이 더 이성적으로 설득력 있게 들리는가?

소수점 이하까지 언급하라

델몬트의 '파머스 주스바'는 포장 겉면에 순수 착즙 주스라고 써놓고 "물 한 방울 없이 생 오렌지 10.

3개, 생 자몽 7. 8개"라고 소수점 한자리까지 표기해서 보다 확실한 양을 넣었다는 것을 어필한다. 이것은 전략이다. "오렌지 10개 넣었어요"보다 "10.3개 넣었어요"가 더 확실해 보인다. 하지만 우습다. 10.3개 넣었다는 그 오렌지가 야구공만 한 오렌지인지 자두만 한 오렌지인지 알 길은 없다. 오렌지가 공산품처럼 규격이 있는 것도 아니고, 크기도 제각각인데 어떻게 10.3개라고 소수점까지 명확하게 명시할 수 있을까? 결국 마케팅 전략이다.

마찬가지로 '한삼인' 홍삼은 "끓여서 급히 만들지 않고 은근하게 달여냈습니다"라고 말하지 않고 "83도에서 저온 배양을 했습니다"라고 말한다. 같은 맥락에서 '상하목장우유'도 "끓이지 않았습니다"라고 하지 않고 "63도 저온 살균 우유입니다"라고 해서 제품 이미지를 더 명확하게 만들었다.

2007년에 만들어진 LG생활건강 '숨37' 브랜드는 37이라는 숫자를 강조한다. 발효 화장품이라고만 말하지 않고 80가지 식물에서 원료를 추출한 뒤 섭씨 37도에서 발효했다고 광고하면서, 바로 37도가 발효의 최적 온도라고 어필한다.

일단 호기심을 자극한다

내가 세일즈 코칭을 했던 웅진씽크빅의 '웅진북클럽'은 종이책이 아닌 태블릿에서 책을 다운받는 전자책 형식이었다. 이 상품의 카피는 "도서관을 통째로 담았다"이다. 그런데 그냥 도서관이라고 하지 않고 "120여 개 출판사의 영역별 도서를 담았습니다"라고 또렷하게 말한다. 그저 단순히 책의 종류가 많다고 하기보다 정확히 얼마나 많은지 그 범위를 알려주니 메시지도 강해진다.

제주 삼다수는 다른 생수보다 비싸다. 마트에서 생수를 사면서 어떤 브랜드 제품을 고를까 고민할 때 어쩔 수 없이 가격을 고려하게 된다. '어차피 다 같은 맹물인데 싼 것 사지'라고 생각하는 순간, 삼다수는 이렇게 숫자를 또렷하게 제시한다. "물이 몸에 머무는 시간은 30일. 3초만 생각하면 좋은 물이 보입니다."

이런 통계들이 고객에게 직관적으로 받아들여지기도 하지만 때로는 부연 설명이 없으면 의미를 알 수 없는 숫자처럼 느껴지기도 한다. 설령 그렇더라도 호기심을 자극하고 뭔가 중요한 것이 숨어 있을 것이라는 기대를 심어줄 수는 있다.

'녹차원'은 자신들의 녹차를 "금방 키워 딴 녹차가 아니라 오랜 시간 정성들여 키운 녹차입니다"라고 막연하게 말하지 않고 "1,095일의 오랜 기다림 끝에 비로소 만난 귀한 유기농 녹차입니다"라고 홍보한다. 1,000일도 아니고 굳이 95일이 더 지날 때까지 정확히 날짜를 세어가며 일수 채워 기다렸다가 따는지는 모르겠지만, 숫자가 또렷하니 명확한 메시지를 심어준다.

커피 브랜드 NO.1은 어디일까? 스타벅스? 아니다. 코카콜라

왜 그 사람이 말하면 사고 싶을까?

다. 세계 커피 판매 1위 브랜드는 조지아인데 바로 코카콜라가 만든 커피 브랜드다. 커피 브랜드 조지아의 '조지아 고티카'는 천천히 숙성한 안데스 고산지의 생두 중에서 '6mm 이상의 가장 크고 가장 좋은 커피콩'만 일일이 사람 손으로 따내서 '14도 저온으로 운송'하여 '로스팅 후 24시간 내 추출'한다. 사실 우리는 커피콩의 크기가 작아야 좋은지 커야 좋은지 모른다. 또 유통 과정에서 커피콩을 저온으로 운송한다고 하는데 몇도까지 낮춰야 저온인지 모른다. 하지만 그런 지식이 없어도 여기에 언급된 숫자들이 얼마나 근사해 보이는가?

교촌치킨은 자사 치킨을 '2번 튀기고 75번 붓질한다'고 광고한다. 확인할 길도 없고 그게 왜 중요한지는 몰라도 아무튼 또렷함에서 진실성을 느낀다. 하이트 진로 맥스는 TV 광고에서 거품 덮인 맥주잔과 266초에서 멈춘 스톱워치를 보여준다. 266초가 도대체 뭐기에? '맥주 크림 탑의 지속 시간이 266초'라는 얘기다. 그게 어쨌다는 말인가? 5분 안에 잔을 비우라는 뜻인가? 알게 뭔가. 그런데도 일단 호기심은 자극했지 않은가.

의미 있는 숫자로 변신시켜라

위의 숫자 놀이들에서 보았듯이 기업들이 통계를 내세울 때는 한 발짝 더 나아가 그 숫자를 멋들어지게 포장하는 기술이 필요하다. 상품을 어필하는 데 중요한 숫자라면, 고객에게 그 숫자가 더 돋보이고 의미 있게 느껴지도록 해야 한다. 숫자에 의미를 부여해야 하고, 그 숫자가 더 귀하고 더 커보이게 해야 하며, 더 극적인 느낌을 갖게 해야 한다. 예를 들면 이렇다.

"7 하면 떠오르는 것? 행운, 드래곤볼 개수, 무지개 빛깔, 일주일의 날수, 포유류의 목뼈 개수, 그리고 온 가족이 가장 행복하게 여행을 갈 수 있는 자동차 시트 수! 7인승 SUV가 슈퍼 카보다 낫다! 4인 가족에게 다섯 자리는 충분한 것이 아니다. 반려 동물도 한 자리 차지하고, 레저 인구가 늘어나면서 짐도 많아졌다. 가족, 이웃과 함께 해도 두 대에 나눠 타고 가는 것보다 한 대가 경제적이고 재밌다. 7은 행운이 아닌 행복이다."

이렇게 늘 접하는 숫자를 드라마틱하게 전개해나가면 그 차의 다른 많은 기능이 있더라도 7이라는 숫자가 그 차의 가장 대표적인 매력으로 변신한다. 숫자 자체는 단조로움을 주지만 거기에 얼마든지 의미를 부여할 수 있다.

네이처 리퍼블릭에서 나온 '하와이안 프레시' 라인의 광고 문구는 "914m 해양 심층수로 만들었다"이다. 대체 왜 900m도 아니고 900에 굳이 14를 더해서 구체적으로 명시했을까? 고객은 914m나 진흙을 파내려갈 일도 없고, 거기에 뭐가 묻혀 있는지 관심도 없는데 말이다. 이 궁금증을 해결하기 위해 자료도 찾아보고 검색도 해보았지만 도통 모르겠더라. 그러다 이 숫자를 다른 단위들로 환산해보고는 빙긋 웃었다. 야드로 환산하니 정확히 1,000야드가 나왔다. 즉, 바닷속 1,000야드에서 길어 올린 물로 만들었다는 얘기였다. 문제는 일반 소비자들은 전혀 관심이 없다는 사실이다. 결국 914는 의미를 부여받지 못한 숫자다. 내게 의뢰를 했다면 다음과 같이 의미 있는 문구로 만들어줬을 것이다.

"바닷속으로 치악산 높이(약 1,000m)만큼 내려간 깊은 곳, 태고부터 잠들어 있던 심층수를 내 피부에 흡수하세요."

정관장은 6년근 삼만 판매한다. 늘 그것이 중요하다고 홍보한다. 나 같으면 "6년근 삼은 농부의 자식이 초등학교 입학 때 심었다면 중학교 입학 때 비로소 빛을 볼 수 있다. 자식의 긴 성장 과정을 지켜보는 것처럼 오랜 세월 정성과 인내가 있어야만 볼 수 있는 귀한 삼이다"라고 더 드라마틱하게 전달했을 것이다. 이처럼 판매자 관점에서 중요한 숫자라면 구매자 입장에서도 중요하게 받아들이도록 표현해야 한다.

교원, 웅진, 대교를 비롯한 국내 교육업계 선두 브랜드들의 세일즈 코칭을 했던 그간의 경험에 의하면, 유아동 관련 교육 상품의 접근법에서 특히 통계 언어는 효과가 있다. 부모들은 교육 상품을 살 때 통계를 맹신하는 습성이 있다. 따라서 숫자에 의미를 부여해야 한다.

예를 들면 "아이가 크면 공부의 틀을 잡기 어렵죠. 지금 잡아놓아야 합니다"보다는 "교육학자들은 초등학교 4학년을 기준으로 봅니다. 초등 4학년만 넘어가면 자기 주관이 뚜렷해져 좋고 싫음이 분명해지기 때문에 그때 가서는 아무리 강압적으로 공부시키려 해도 늦습니다. 그러니 지금 학습의 틀을 잡아놔야 합니다"라고 숫자를 이용해서 메시지를 확실히 전달하는 것이다.

"유아의 뇌는 스폰지와 같습니다. 지금 공부를 시키세요"보다는 "매일경제 2012년 2월 14일자 기사에 따르면, 아이는 36개월 전후로 두뇌 발달이 놀랍도록 활발하게 이루어지고 호기심과 궁금증이 폭발합니다. 그러므로 이 시기에 자녀의 머릿속에 무엇을 집어넣는지가 평생 교육의 승패를 좌우한다는 거죠. 우리 문정이가 지금 정확히 딱 그 시점이에요"가 더 설득력 있다.

'세 살 버릇 여든까지 간다'는 식의 누구나 쉽게 쓰는 뻔한 말보다는 "우리 행동의 40%는 습관에 의해서 반사적으로 움직이며 그 대부분은 10세 미만에 형성됩니다. 평생의 정서와 인성, 지성, 학습 태도가 어릴 때 결정되는 만큼 이 시기의 투자는 중요합니다"가 더 전문적인 말투다.

이런 통계 언어는 논지에 설득력을 부여한다. 예를 들어 여러분에게 물어보겠다. 우리는 인생을 흔히 마라톤에 비유한다. 여러분은 동의하시는가? 천만에! 근거가 빠져 있으니 별 감흥이 없다. 그러면 통계로 바꿔보겠다.

"마라톤 세계 신기록은 2014년 9월 28일, 독일 베를린 마라톤 대회에서 데니스 키메토가 세운 2시간 2분 57초입니다. 이 기록은 100m를 17초에 주파하는, 엄청나게 빠른 속도입니다. 마라톤 선수가 아닌 일반인들에게는 전력 질주로 달리는 겁니다. 그런 속도로 2시간을 넘게 달린 거죠. 인생은 끝없이 전력 질주만 하고 살 수는 없습니다. 따라서 마라톤에 비유할 수 없죠.

하지만 슬프게도 우리 아이 인생은 전력 질주 마라톤입니다. 하루만 결석해도 뒤처지고 며칠만 아파도 수업을 따라갈 수 없으니까요. 그 시간에 다른 아이들은 미친 듯 치고 나갑니다. 아이 인생의 마라톤에서 1등을 하는 데 제일 중요한 것은 의지나 정신력이 아닙니다. 17초에 뛸 수 있는 강한 근육입니다. 이 교재가 그 역할을 해드리겠습니다."

여기서 핵심은 17초라는 간단한 숫자 하나로 우리가 평소 쉽게 내뱉던 비유의 격언을 이겨버린 것이다.

"어머니의 유년 시절만 해도 '커서 뭐 될래?' 하면 대통령이나 미스코리아라는 대답이 나왔죠. 하지만 지금은 상황이 아주 다릅니다. 커서 뭐하고 싶냐는 질문이 무색해졌습니다. 다보스포럼과 옥스퍼드대학 연구 결과에 따르면, 올해 초등학교에 입학하는 전 세계 7세 어린이의 65%는 현재 존재하지 않는 일자리를 가질 것이라고 전망했습니다.[9] 그만큼 우리 아이들에게는 미지의 미래가 기다리고 있다는 것이지요. 아이가 어떤 직업을 가지든 유연히 대처할 수 있게 종합적 사고력을 키우도록 대비해야 합니다."

입증 전략
통계를 기준으로 설득한다

이성의 논리회로를 움직여라

돌아앉은 돌부처마냥 꿈쩍도 하지 않는 고객이 있다. 이들에게 특효약은 통계 언어일 수 있다. 이런 유형의 고객에게 통계는 극명하고 또렷한 증거이자 번복할 수 없는 실증이 되기 때문이다. 자, 여러분 앞에 돈은 있는데 은퇴 설계에는 관심이 없는 고객이 있다고 하자. 무슨 말을 해도 안 먹힌다. 그럴 때 이런 통계 언어를 들려줘보라.

"언제 은퇴하실 겁니까? 외국 속담에 '평생 죽어라 일만 하다가 정말 죽을 수 있다'는 말이 있습니다. 빨리 은퇴하시고 은퇴 후에 멋진 삶을 사셔야죠. 착각하시면 안 되는데, 은퇴란 돈 모으는 시점이 아니라 벌어놓은 돈만 가지고 쓰는 시점입니다. 60세에 은퇴하고 90세에 죽는다 치면 30년간 돈만 쓰면서 사셔야 합니다. 가계 규모를 확 줄여서 그때부터 노인 부부가 한 달 200만 원으로 산다고 쳐도, 단순 산수로 3억 6,000만 원이 필요합니다. 하지만 통계의 허점이 있죠. 물가 상승률을 무시한 거니까요. 물가가 해마다 2%씩만 오른다고 해보죠. 그러면 최소 6억 5,000만 원이 있어야 합니다. 또 빈틈이 있죠. 한국인은 생애 의료비의 절반을 60세가 넘어서 씁니다. 내 몸이 어떤 병을 만나 얼마나 아플지 예측할 수 없듯이 그때 쓰게 될 병원비는 예측조차 안 되죠. 그 돈까지 합하면 얼마나 많이 필요하겠습니까? 지금 그 돈을 준비하셔야죠."

물론 이렇게까지 구체적인 통계를 제시해도 무시한다면 그 고객에게는 미련을 갖지 말아야 한다. 포커에도 버리는 카드가 있듯이 그 사람에게 소모할 시간에 다른 고객을 만나는 것이 낫다.

외식산업연구원에서 수년간 마케팅 강의를 하다가 만난 요식업체 대표가 있다. 이 브랜드의 마케팅 자문을 맡았을 때, 나는 대표에게 매장 컵은 종이컵을 쓸 것을 권했다. 대표는 회의적이었다. "종이컵이요? 그 비용을 어떻게 충당합니까? 전국에 매장이 한두 군데도 아닌데." 나는 즉각 통계 언어로 이성적 설득을 했다.

"매장 수가 많을수록 종이컵을 쓰는 것이 이득입니다. 도매로 종이컵 1,000개당 6,000원에 살 수 있습니다. 개당 6원입니다. 손님 1명당 6원만 쓰면 됩니다. 반면에 매번 컵 씻는 데 소비되는 물값과 컵 구매 비용, 설거지가 늘어나서 더 추가되는 주방 인원의 인건비, 하루에도 몇 개씩 깨져나가는 컵 재구매 추가 비용, 설거지하는 데 소요되는 시간까지 합한 이 총 비용과 개당 6원 중 어느 쪽이 더 싸다고 생각하십니까? 그리고 제일 중요한 대목인데, 혹시 고객이 '이 식당은 왜 컵을 안 주고 일회용 종이컵을 놔둔 거예요?'라고 물으면 꼭 이렇게 말하라고 직원들에게 교육시키세요. '위생 때문에요! 이 손님 입술, 저 손님 입술 수없이 닿은 컵은 아무리 씻어도 찝찝하잖아요. 저희는 위생이 제일 중요합니다'라고 말입니다."

그 대표는 머지않아 전 매장에 종이컵을 비치했다. 통계 언어를 사용하면 고객이 이성의 논리로 받아들인다. 그리고 언어 포장을 더하면 금상첨화다.

만일 치킨집을 운영한다고 했을 때, 고객들의 선택 저항력을 가장 크게 얻어맞는 대목은 '치킨은 몸에 나쁜 음식'이라는 인식이다. 그러한 인식을 이렇게 줄일 수 있다.

"식품의약품안전처에 따르면 100g당 트랜스지방 함량은 마가린이 14.4g, 전자레인지용 팝콘이 11.2g, 도넛이 4.2g인 데 반해 프라이드치킨은 겨우 0.9g입니다."[10] 몸에 나쁜 트랜스지방이 0.9g이라는 눈곱만큼밖에 안 되는 양이라고 확실히 보여주면 그 어떤 설득의 기술보다 강력한 힘을 발휘할 수 있다.

메르스가 유행하던 때는 거리에 지나다니는 사람이 없을 정도였다. 우리 회사의 직원 중 하나는 사람들과 접촉하는 것이 무섭다며 강원도로 피신해야겠다고 했다. 나는 그러면 메르스로부터 안전해지는 것이 아니라 더 위험해지는 것이라고 말했다. 통계 언어를 쓰자면, 전 국민 수 대비 감염자 수 비율을 봤을 때 메르스에 걸릴 위험보다 자동차 사고를 당할 위험이 더 높기 때문이다. 상대의 주장을 설득력 있게 반박하고 싶다면 논리를 전개할 때 적재적소에 통계 언어를 넣고 그 통계를 상식의 기준점으로 삼아 설득해나가면 도움이 된다.

내 책의 독자들 중에는 부동산업 종사자들도 매우 많다. 통계 언어 설득의 마지막 예시로 부동산과 관련된 얘기들을 한번 해보겠다. 모든 경제신문을 읽어도 1년 내내 명확한 답이 안 나오는 기사가 있다. 바로 부동산 가격에 관한 기사다. 그놈의 부동산이 오를 것이다, 내릴 것이다 이러면서 1년을 간다. 각각의 경우에 적재적소에 통계 수치를 인용해서 설득해나가는 방식으로 풀어보겠다.

부동산은 오를 것이다!

캐나다의 전체 면적은 한국보다 50배나 크지만 인구는 3,500만 명으로 한국보다 적다. 그러면 땅 넓고 인구 적은 캐나다 집값과 인구 많고 땅 좁은 한국 집값 중 어느 나라의 집값이 더 높을까? 어이없게도 캐나다이다. 국가별 평균 주택 가격을 보면 주요 국가 가운데 한국이 2억 8,000만 원으로 가장 낮다. 캐나다는 평균 주택 가격이 5억에 육박한다. 캐나다 여론조사기관 에코스 연구소의 조사 결과 5명 중 2명꼴로 캐나다의 주택난이 심각하다고 느끼며 밴쿠버, 토론토, 캘거리 등 3대 도시에서는 저가 아파트 거주민들이 소득의 절반 이상을 주거비용으로 지출한다. 캐나다 6대 대도시 주택 가격이 한 달 새 2.7% 올랐을 정도로 캐나다 주요 대도시 집값 상승은 폭등 수준이며 전 계층이 이 문제를 염려한다.[11]

캐나다뿐만 아니라 뉴욕, 샌프란시스코, 런던 같은 주요 도시의 주택 가격 안정 정책은 무용지물이나 마찬가지로 가파르게 오르고 있다.

미국 집값은 2011년보다 50%나 올랐다. 호주 시드니와 멜버른은 지난 1년 사이 12~13%나 올랐다. 독일 대도시 아파트 값도 지난 7년간 60% 올랐다. 집 사기가 어렵다 보니 자가 주택 보급률이 53%밖에 안 된다. 나라에서 자가 소유를 권하지도 않는다. 심지어 중국 베이징 집값도 1년간 10% 올랐다. 한국 주택 가격은 2000년대 후반 전고점보다 겨우 5% 올랐다. 더 오를 여지가 많다.[12]

파리에 가보면 에펠탑 말고는 모두 건물이 낮다. 반면 서울은 아파트 숲으로 가득하다. 그러면 파리와 서울 중 어디가 더 주택 수가 많겠는가? 서울 같지만 놀랍게도 반대다. 대놓고 비교하자면 인구 1,000명당 주택 수는 파리 605채, 서울은 겨우 355채이다. 다른 도시는 어떨까? 도쿄는 579채, 뉴욕은 412채이다. 외국에 비하

왜 그 사람이 말하면 사고 싶을까?

면 절대적으로 주택 수가 부족하다. 서울에 집을 더 지어야 한다.[13] 한국의 주택 보급률이 102.3%라지만 서울은 96%로 여전히 부족하다. 그러므로 서울에 집을 더 지어야 한다.[14] 최근 몇 년간 전세금과 매매가가 동시에 상승한 것은 투기 세력 때문이 아니라 공급이 부족했기 때문이다.[15] OECD 평균 주택 보급률이 1,000명당 450~650가구 수준인데 한국은 1,000명당 330가구밖에 안 된다. 한국은 여전히 집이 부족하다.

한국은 국토의 겨우 10% 정도 면적(11.8%)에 인구 절반(2,547만 명)이 다닥다닥 몰려 산다. 이마저도 32%는 자연보전권역이라 개발이 제한되어 있다. 겨우 7% 땅에 인구 절반이 밀집되어 있으니 집값이 앞으로 어떻게 되겠는가? 홍콩 꼴 나는 것은 시간문제다. 홍콩은 방 두 칸짜리 아파트의 가격이 30억이다. 스웨덴 스톡홀름의 32평 아파트 가격도 평균 7억 원을 넘는다.

인구가 줄면 집값은 떨어질 것이라고 말하는 부동산 전문가는 순진한 생각을 갖고 있는 것이다. 그렇게 따지면 이탈리아는 1990년 이후 총인구도 아닌 제일 중요한 생산 가능 인구가 줄었을 때 집값이 오히려 올랐다.

일본의 집값 폭락을 한국 부동산에 대입하는데, 일본은 90년대 호황으로 돈이 남아돌았던 기업들이 부동산을 대거 샀다가 세계 경제가 어려워지고 수출이 줄자 부동산을 일제히 던져 붕괴가 온 것이다. 우리는 거의 개인이 부동산을 갖고 있는 구조다.[16] 더구나 90년대 일본 부동산 시장은 1991년 최고점 대비 2013년 택지와 상업지가 70%, 86%(오사카 기준) 하락했지만 이만큼 하락폭이 생기려면 그 전에 그만큼 상승폭이 있어야 한다.

한국은 일본만큼 집값이 급상승한 적이 없다. 또 앞으로 인구가 줄어든다고 하는데, 2016년 12월 8일 통계청의 공식 인구 추계 발표에 따르면, 2031년까지 한국 인구는 5,300만 명까지 폭증할 것이라고 못을 박았다. 집이 더 필요해진다는 뜻이다. 집값 떨어진다는 이야기는 늘 듣고 살지만 통계적으로 지난 30년간 진짜 집값 떨어진 적은 1991년, 1998년, 2008년 딱 세 번뿐이다. 그나마 두 번은 외환위기와 금융위기 때문이었는데 이때는 집값뿐 아니라 모든 것이 다 떨어졌던 시기였다.

서울 강남이 집값을 올리니 강남에 공급을 충분히 늘리겠다는 발표가 있지만 부동산에서 '공급량 충분'은 존재할 수 없는 말이다. 강남에 살고 싶지 않은 사람이 어디 있나? 강남에 살고 싶은 사람 수만큼 공급해야 한다면 강남의 모든 아파트를 수백 층으로 올려도 부족할 것이다.

2007년 IMF가 글로벌 주택 동향 집계 결과를 발표했는데, 지난 7년 동안 각국의 소득 대비 집값PIR, price-to-income ratio을 조사했더니 한국은 조사 대상 31개국 중 25위에 해당했다. 가장 집값이 싼 하위권에 머물러 있었다. IMF 때는 소득 대비 집값이 7년 전과 비교해 오히려 13.4% 싸졌다. 임대료 대비 집값 비율도 마찬가지였

는데, 36개국 중 25위로 하위권에 머물러 있었다.[17]

부동산 시장에 비관론이 팽배해도 집값은 좀처럼 움직이지 않는다. 왜일까? 주택 소유 현황에 답이 있다. 주택 보급률은 이미 100%를 넘었다고 하지만, 주택 소유 가구가 1,000만 가구(1,069만 9,000가구)인데 네 집 중 한 집(25.5%)은 2채 이상의 집을 소유(272만 5,000가구가 주택 2채 이상 소유)하고 있다. 즉, 다주택자가 원인이 된 통계의 착시 현상일 뿐이다.[18]

이것을 돌려 말하면, 두 집 중 한 집(44%)은 무주택 가구라는 말이다. 이러니 841만 2,000가구(44%)에 해당하는 무주택 서민들은 내 집 마련의 꿈을 이루기 위해 계속 집을 사려고 한다. 문제는 집 있는 사람도 더 사려고 한다는 것이다. 그러니 수요가 넘쳐나게 되고, 결국 집값은 오르는 것이다. 그렇다고 정부가 선진국처럼 무주택 서민을 위한 임대 주택을 많이 짓는 것도 아니다. 국토교통부 통계를 보면 2015년 기준 한국 임대 주택(193만 가구) 중 10년 이상 장기 임대 주택은 116만 가구로 전체 주택 수의 5.6%에 불과하다. OECD 평균(8%)에도 훨씬 못 미친다.

주택 가격에 거품이 끼어 있는지 판단하는 좋은 방법은 위기가 왔을 때 집값이 왕창 내려갈 것인지 추측해보면 답이 나온다. 1가구 1주택자는 금리가 오르거나 집값이 떨어진다고 본인의 전 재산인 집을 시장에 쉽게 내던지지는 않는다. 주택은 실거주 목적이 반영된 생활필수품이기 때문에 다른 경제적 재화와 달리 쉽게 가격이 떨어지지 않는다. 그러나 부동산 가격을 인위적으로 떨어뜨리는 것은 어려운 일이 아니다. 마법의 방망이 두 개, 즉 금리 인상과 대출 규제를 쓰면 된다. 하지만 부동산을 그런 식으로 손대면 건설사는 건설 불경기가 와서 주택을 안 짓게 되고, 주택을 안 지으면 다음 정권 때 참았던 것만큼 집값이 폭등한다. 강력한 부동산 규제 강화 정책으로 집값을 내리려고 한 노무현 정부 첫해에 부동산이 13.36%로 폭등했던 것만 봐도 증명된다. 또 하나 정부에서조차 빼먹고 있는 수요가 있는데, 무려 200만 명이나 되는 외국인들의 주택 수요다. 국토교통부에 따르면 외국인의 토지, 주택 소유는 해마다 급증하고 있다. 만약 이들이 전·월세에서 매매 수요로 변신한다면 부동산 시장에 미치는 파장은 어마어마할 것이다. 이런 이유로 부동산 가격은 오를 것이다.

이제 부동산은 내릴 것이다!

그러면 이제 반대로 역시 통계 언어를 써서 부동산은 내릴 것이라고 설득해보겠다. 여기서 퀴즈 2개를 내겠다.

퀴즈 1. 한국에는 편의점과 건설사 중 어느 쪽이 많을까? 편의점이 더 많을 것이라고 쉽게 답하겠지만 놀랍게도 건설사가 더 많다. 전국의 편의점이 4만 개[19]인데 반해 건설사는 5만 7,000개

왜 그 사람이 말하면 사고 싶을까?

다.[20] 난립 그 자체다. 상장된 건설사도 10곳 중 3곳이 적자고 대부분의 건설사가 경영 부실을 겪고 있다. 그러니 부동산에 얼마나 거품이 많이 끼어 있겠는가?

퀴즈 2. 지난 10년간 아파트 값과 당신의 예금 중 어느 것이 더 올랐는가? 놀랍게도 예금이다. 한국감정원에 따르면 2006년부터 10년간 아파트 평균 가격은 32% 올랐지만 그 기간을 1년마다 예금하고 다시 찾고 다시 입금하는 식으로 해서 한국은행 정기예금 이자율 데이터에 따라 계산한 10년 누적 수익률은 38%나 된다. 지난 10년간 코스피 지수도 46%나 올랐다. 예금은 꾸준히 올랐고 아파트는 폭락을 거듭하며 올랐기에 착시 현상인 것이다.

그렇다면 지난 10년간 콧대 높은 서울 집값과 당신의 예금 중 어떤 것이 더 올랐을 것 같은가? 역시 당신의 예금이다. KB부동산 통계를 보면 2008년 1월부터 2018년 1월까지 만 10년 동안 서울 주택 가격은 15.11% 올랐을 뿐이다. 하늘을 뚫을 것 같은 강남구의 주택 가격도 이 기간에 14.9% 올랐다. 서울 주택 가격은 지난 2009년 이후 2014년까지 줄곧 내리기만 하다가 겨우 다시 올랐기 때문이다. 흥미로운 것은 지난 10년 동안 물가는 23.5%(한국은행) 올랐으니 통계적으로 서울 집값은 물가보다 덜 오른 것이다. 다시 말해 집을 소유하면 물가보다 실질 가격이 떨어져 손해를 본다는 뜻이다.

반면 지난 10년 동안 일산 서구(-5%)나 성남 수정구(-10%), 용인 기흥구(-12%)처럼 집값이 곤두박질친 곳도 많다. 물가 상승률을 감안하면 실질 가격이 30% 넘게 떨어진 것이다. 그런데도 강남 아파트가 일주일에 1억 원이 올랐다는 자극성 기사가 쏟아진다. 이는 강남, 서초, 송파 3구의 48만 가구 중에서도 일부 재건축에만 해당되는 이야기다. 강남 3구 주택 수는 전체 가구의 3%도 안 되며 그중 일부 오른 재건축은 전체 가구의 고작 0.01%밖에 안 된다. 그러니 우리 같은 일반 사람들과는 상관없는 시장이다. 또한 자극성 기사에는 통계의 장난이 많다. 예를 들어 강남 대치동을 상징하는 45평형 S아파트는 국토부 실거래가가 2014년 14억, 2017년에 19억이었다. 그러면 대치 S아파트가 3년 새 5억 올랐다는 말초적 기사를 쓸 수 있다. 하지만 2006년, 이미 22억 넘는 가격으로 거래되었다가 폭락했던 시기가 있다. 그러니 3년 새 5억이 올랐다는 말도 맞지만, 12년째 제자리라는 말도 맞다.

기자가 기사 방향에 맞게 팩트만 고르면 된다.[21] 이런 통계의 장난을 기사화하는 이유는 신문과 건설사의 밀접한 이해관계 때문이다. 대부분 신문사의 주된 광고주는 건설사다. 그렇다 보니 항상 '분양 성공, 청약 경쟁률 폭발, 두 시간 줄서서 청약 행진' 등의 자극성 기사를 쏟아내는데 막상 가보면 미분양이 수두룩하다. 매년 재산세 내고, 건강 보험료 내고, 수리비 들이면서 아파트를 갖고 있었더니 은행과 증권에 맡긴 돈만도 못한 배신감만 안겨준다.

왜 그 사람이 말하면 사고 싶을까?

부동산은 지난 30년간 1991년, 1998년, 2008년에 걸쳐 세 번이나 끔찍한 폭락을 겪었고 뒤이어 1, 2년간 이어지는 침체기를 겪었다. 10년 중 3년 정도씩 폭락기와 침체기를 겪는 셈이니 부동산 투자 리스크는 30%나 된다.

한국의 절대적인 주택 가격 자체는 선진국보다 낮지만 소득 수준 대비로는 캐나다 벤쿠버나 도쿄보다 비싸다. 1인당 국내 총생산 대비 집값을 따져보면 미국 집값은 1인당 GDP 대비 4.8배이지만 한국은 8.8배로 세계 최고 수준이다.[22] 프랑스 파리와 한국 서울 주택 수를 비교하는 것은 통계의 장난이다. 파리 인구(220만 명)는 서울 인구(1,000만 명)의 4분의 1도 안 되며 면적은 서울의 6분의 1밖에 안 되니 상대적으로 주택이 많은 것처럼 보일 뿐이다.

한국의 집값은 소득에 비해서 절대적으로 비싸다. 서울의 아파트 가격은 1인당 GDP 대비 17배로 벤쿠버, 런던, 도쿄, 뉴욕을 추월한다.[23]

한국의 가계 빚은 무려 1,500조 원에 육박한다. 이 규모만 봐도 한국 경제는 언제 터질지 모르는 뇌관이며 이미 한계에 도달했다는 것을 누가 의심하겠는가? 여기서 금리가 1%만 올라도 이자 부담은 15조 원이 늘어나 가계에 고통으로 몰아친다. 주택 담보 대출만 2014년 460조에서 2015년 501조, 2016년 540조로 계속 오른다.[24] 버는 돈의 절반 가까이를 빚으로 갚아야 하는 한계 가구는 130만 가구가 넘었고 계속 급증하고 있다.

또한 집을 가진 사람들의 평균 연령은 만 53.2세다. 이 나이면 집을 살 나이인가 팔기 시작할 나이인가? 집주인들이 늙고 있다. 시장에 던지면 집값이 폭삭 내려앉는 것은 시간문제다. 또 집주인들이 집을 2채만 갖고 있으면 말을 안 한다. 임대 주택을 가장 많이 소유한 사람은 광주 서구에 사는 40대 남성으로 1,659채나 된다. 2위는 창원시에 사는 50대로 700채이고, 3위는 광주 남구에 사는 50대로 605채이다.[25] 머지않아 이 집들이 주택 시장에 봇물 터지듯 쏟아져 나올 것이다.

일본은 빈집만 820만 채나 된다. 부모가 사망해도 상속받을 사람이 없어 생긴 폐가들이다. 일본은 10년째 인구가 감소 중이다. 인구가 줄어드니 집값이 상승할 여력이 없다.[26]

한국은 전체 주택(1,636만 가구) 중 6.5%, 즉 100만 채(106만 가구) 이상이 빈집이다.[27] 한국국토정보공사에 따르면 2050년이 되면 빈집이 무려 300만 채나 될 것이며, 강원도, 전남은 네 집 중 한 집에 사람이 안 살게 된다고 한다. 서울은 괜찮을 것이라고 말하지만 서울도 5년 뒤(2023년)면 인구 절벽이 시작된다. 2022년까지는 377만 가구로 늘지만 2023년부터는 서울 인구도 줄어들 것으로 본다.[28]

모든 사람이 부동산을 통한 수익을 꿈꾸지만 요즘 부동산으로 돈 벌었다는 사람이 어디 있나? 중년의 고시라 불리는 공인중개사 시험에 해마다 40대 이상 중장년층이 20만 명씩 응시하고

왜 그 사람이 말하면 사고 싶을까?

연간 1만 5,000명씩 자격증을 취득한다. 그러나 기존 공인중개사 자격증 취득자는 누적 36만 명이나 되며 전국에 개업한 공인중개업소 수는 9만 개에 이른다. 나머지는 장롱 자격증인 셈이다.[29]

통계가 증명하듯, 한국 집값은 조금만 대내외 경제 쇼크가 와도 흔들리기 일쑤고, 악재가 끼면 그때마다 바닥을 뚫고 지하까지 끝을 모른 채 내려갔다. 외형적으로 멀쩡해 보이는 집 가진 사람들 속은 숯검댕이다. 우리는 주인 아저씨라 부르지만 그들은 스스로를 하우스 푸어라고 부른다. 우리는 주인집이라 부르지만 그들은 내 집의 절반은 은행집이라고 부른다. 빚에 쪼들리고 이자 폭탄에 눌려 이자 노예가 된 집주인들이 넘쳐난다. 집 좀 팔아달라고 중개업소마다 절규가 가득하다.

한국 국민의 60%는 아파트에 사는데 막상 그 아파트를 누구 손으로 짓는지는 관심 없다. 아파트 공사 인력 5명 중 1명은 건설을 해본 적도 없는 미숙한 외국인 노동자로 30만 명이나 된다. 이 비숙련 외국인 일용직이 급증하면서 아파트에 하자가 급증하고 민원도 덩달아 급증하고 있다. 이렇게 부실한 아파트들이 차고 넘쳐나는데 그 아파트 값이 막연히 오를 것이라고 믿고 싶은가? 한국은 소득 대비 집값이 너무 비싸다. 월급은 안 오르지만 집값만 계속 오르는 현상이 언제까지나 가능할 것 같은가? 등산도 오르면 내려가야 하고, 창공을 나는 새도 오를 만큼 올라봤으면 내려간다. 모든 것은 오를 때가 있으면 내려갈 때가 있다. 이제 한국 부동산 시세는 롤러코스터처럼 곤두박질칠 것이다.

자, 어떠신가? 양쪽 입장 어느 쪽도 설득력에 부족함이 없다. 이처럼 통계는 설득의 요리 재료와 같아서 쓰기에 따라 다른 요리가 될 수 있다.

통계 언어는 상대의 논리를 단숨에 격파할 수 있는 강한 이성의 무기다. '주식이 오르겠어? 주식으로 돈 번 사람이 어디 있어?'라는 회의적인 태도의 고객에게 '지난 20년간 글로벌 주식은 연 수익을 7.8%씩이나 냈고, 글로벌 채권은 4.9%나 냈다'는 지표를 보여주면 단숨에 그의 입에 재갈을 물릴 수 있다. 그러니 통계 언어를 만들어보라.

미국통계학협회American Statistical Association에 따르면 우리 주변의 모든 사물과 환경뿐 아니라 비현실적 대상까지도 통계로 나타낼 수 있다고 한다. 가령 사랑이나 분노의 횟수, 기간도 통계로 만들 수 있다. 그러니 당신이 활용할 수 있는 통계를 찾아보라. 통계청에 들어가보길 추천한다. 세상의 모든 정보가 다 들어 있다. 주요 정부 기관과 산하 협회에서도 정보를 얻을 수 있다. 예를 들어 보험 설계사라면 생명보험협회, 손해보험협회, 금융감독원, 국민건강보험공단, 보건복지부 등에서 자료를 찾을 수 있다. 최근 몇 달치 신문의 관련 기사도 추천한다. 신문 기자들이 머리를 쥐어짜내 만든 깔끔한 통계 언어를 손쉽게 가져다 쓸 수 있다.

국회도서관에 방문하면 전 세계 학위 논문, 학술지, 저명한 저술지를 포함한 수많은 자료를 열람할 수 있다. 평소에 그런 자료를 스크랩해 두고 개인 자료철을 만들어놓는 습관을 들인다면 통계 언어를 유능하게 쓸 수 있다. 우리는 고객 앞에서 늘 신뢰 가는 전문가로 보이길 원한다. 또한 깔끔하게 이기고 싶어 한다. 그렇게 되고 싶다면 통계 언어를 만들어보시라.

당신이 이 책을 집어든 궁극적인 이유는 '돈을 벌기 위해'서다. 아닌 척하지 마시라. 이 일을 하면서 만난 업자들과 독자들 대부분이 그랬다. 인격 수양이나 진리 탐구가 목적이 아니다.

돈 자체는 아무 해가 없다. 돈이 세상을 돌아가게 한다는 말이 있다. 어느 정도 일리가 있다. 성서에서조차 '돈이 보호가 된다'고 인정한다.[1] 불경에서도 무소유 정신만 강조하지 않고 재가자들에게 경제활동에 적극적일 것을 권한다.[2]

하지만 난제는 돈에 있어서 '적당히'라는 타협점이 없다는 것이다. '돈은 모든 악의 뿌리'라는 말이 있다. 흔히 성서에 나오는 말로 알고 있는데, 사실 성서에서는 '돈을 사랑하는 것이 모든 악의 뿌리'라고 말한다.[3]

그러니 돈은 문제가 없지만 돈을 사랑하는 것이 문제다. 아이는 말을 배우기 시작하면서 일찍이 '돈 사랑'도 배운다. 사회에 나오면 본격적으로 돈에 대한 갈망이 싹튼다. 언젠가 명동에 있는 정화예술대학교 총장님의 초대를 받아 전교생 대상으로 특강을 했다. 강의 중 스무 살 새내기들한테 앞으로 목표가 뭐냐고 물었다. 학생들은 대강당이 떠나가라 "가질리어네어!"라고 외쳤다. 초갑부 gazillionaire라는 것이다. 불과 200~300년 전 성리학 시대만 해도 돈을 많이 벌고 싶다는 생각은 저속한 욕망으로 여겨졌다. 지금은 집단 논리에 선동되어 돈이 많은 사람의 인생 종착지이자 삶의 최종 좌표가 되었다. 누구나 부자를 꿈꾼다. 오죽하면 이런 말들이 있다.

돈이면 귀신에게 맷돌도 돌리게 할 수 있다.	중국 속담
백 배 부자면 두려워하고 천 배 부자면 아예 노예가 돼라.	중국 속담
진흙이 많으면 큰 불상을 만들 수 있고 물이 많이 불어나면 배는 높이 뜬다.	불경
돈은 최고의 군인이다.	셰익스피어
돈이면 뭐든 다 된다.	영어 속담
현금이 장땡이다.	미국 속담
사업가는 음악 이야기를 한다. 음악가들은 돈 이야기만 한다.	오스카 와일드
어떤 사람은 지위를 숭배하고, 어떤 사람은 영웅을 숭배하고, 어떤 사람은 권력을 숭배하고, 어떤 사람은 하나님을 숭배한다. 그러나 그들은 모두 돈을 숭배한다.	마크 트웨인

돈과 관련된 이 격언들은 하나같이 돈이 가장 우선시되는 배

금주의를 일컫는다. 이런 격언이 나올 정도로 인간은 돈을 사랑하나보다. 돈에는 30종 이상의 세균들이 득실대고 돈 냄새는 비릿하며 돈 있는 곳에는 온갖 탐욕과 부정과 이기심이 몰려 있지만 여전히 우리는 돈을 갈구한다.

머니money라는 말은 로마 신 주피터의 아내 주노의 별명 모네타moneta에서 유래했다. 'moneta'의 본래 의미는 '신경 써서 지켜본다' 또는 '돌봐준다'는 뜻이다. 오늘날 돈은 신경 써서 지켜보는 수준이 아니다. 목숨 걸고 지켜본다. 돌봐주는 수준도 아니다. 모시는 수준이다. "돈이야말로 세상에서 가장 중요한 것이다"라고 영국의 극작가 조지 버나드 쇼는 단언했다. 가장 중요한 존재이니 지키고 모셔야 한다.

어떤 기자가 경북 영주에 사는 104세 최고령 노인에게 가장 갖고 싶은 것이 무엇이냐고 물었다. 놀랍게도 노인은 그 나이에도 여전히 '돈'이라고 답했다. 100년을 살아봐도 가장 소중한 것은 가족, 건강, 믿음이 아니라 돈이었다.

이러한 돈은 매우 기만적인 힘이 있다. 자존심도 뭉개버리고 성품도 비뚤게 만들며 간사함을 심어주며 창피한 것도 모르게 만든다. 삶에는 가격이 없는데도, 돈이 삶을 결정짓고 행복으로 인도하는 열쇠라 믿으며 과하게 추구하다 보니 많은 문제가 생긴다. 건강이 나빠지고 가정이 황폐해지며 배신과 범죄가 발생한다.

'돈 걱정 증후군'이란 말을 들어봤는가? 영국에서 정신 건강을 연구하는 로저 헨더슨 박사가 만들어낸 용어로, 돈에 대한 걱정 때문에 스트레스를 받는 사람들에게 나타나는 신체적, 심리적 증상들을 가리킨다. 그 현상에는 숨이 가빠오고 두통, 구역질, 식욕 부진, 이유 없는 분노, 신경질, 부정적인 생각 등이 있다.

하버드대학의 다니엘 길버트 교수에 따르면, 수십 년 동안 돈과 행복의 관계에 대해 연구한 결과 돈과 행복은 그다지 관련이 없다고 한다.

돈과 행복의 상관관계를 연구한 또 다른 학자 진 M. 트웬지 박사는 말했다. "생활이 주로 돈에 좌우되는 사람은 좋은 인간관계를 중시하는 사람에 비해 훨씬 불안하거나 우울하다."[4]

성서는 "재물은 상상 속에서만 보호된다"고 명백히 지적한다.[5] 실제로 그렇다. 우리는 아무리 돈이 많은 기업의 총수라도 언론의 질타를 받거나 이혼이나 감옥행을 피하지 못하는 모습을 많이 본다. 이처럼 돈에는 한계가 있다.

노르웨이의 시인 아르네 가르보르그의 말처럼 "음식은 살 수 있지만 식욕은 살 수 없고, 약은 살 수 있지만 건강은 살 수 없고, 푹신한 침대는 살 수 있지만 잠은 살 수 없고, 지식은 살 수 있지만 지혜는 살 수 없고, 장신구는 살 수 있지만 아름다움은 살 수 없고, 화려함은 살 수 있지만 따뜻함은 살 수 없고, 재미는 살 수 있지만 기쁨은 살 수 없고, 지인은 살 수 있지만 친구는 살 수 없고, 하인은 살 수 있지만 충직함은 살 수 없다."

아무리 부자라도 한 번에 밥 두 끼를 먹지 않는다. 한국 최고 부자나 당신이나 오늘 한 끼에 밥 한 공기 먹었다. 아무리 좋은 차 수백 대를 소유했어도 한 번에 차 한 대만 굴릴 뿐이다. 아무리 비싼 옷이 수백 벌 있어도 한 벌만 걸칠 수 있다. 명품백이 많다고 열 개씩 걸치고 돌아다니지 않는다. 한 번에 하나 맬 뿐이다. 집을 100채 가진 양반도 5분씩 돌아가며 그 모든 집에 다 누워보는 것은 아니다. 100평짜리 집에서 사는 사람도 잠자는 면적은 당신과 똑같다.

독립 영화감독은 작업에 들어가면 1, 2년은 수입이 전혀 없다. 몇몇 독립 영화감독을 인터뷰한 적이 있는데, 그들은 누구보다 재밌게 지낸다. 자신의 삶에 행복해했다. 돈과 행복의 상관관계를 비웃듯 말이다. 함께 있는 나에게까지 그 가치관이 전이되어 즐거웠다.

서양 격언에 '수의壽衣에는 주머니가 없다'는 말이 있다. 평생 뼈 빠지게 모은 재산은 결국 '날개를 내어 하늘을 나는 독수리처럼 순식간에 날아가고 말 것'이다.[6]

14세기 이탈리아의 시인 페트라르카는 "부자가 되는 지름길은 오히려 욕망에서 벗어나는 것이다"라고 했다. 반대로 아시아 최고 재벌 중 1명인 홍콩 청쿵그룹의 회장 리자청은 돈이 넘치는데도 불구하고 그에 어울리지 않는 신조를 갖고 있다. "지혜를 가진 사람은 그칠 때를 알고 지혜가 부족한 사람은 오로지 도모하는 것만 생각한다."

"은을 사랑하는 사람은 은으로 만족하지 못하고, 부를 사랑

왜 그 사람이 말하면 사고 싶을까?

하는 사람은 수입으로 만족하지 못한다."[7] 이 말은 가난한 자가 한 말이 아니다. 역사상 손꼽히는 부호였던 이스라엘의 솔로몬 왕이 자신이 직접 경험하고 관찰한 것을 바탕으로 남긴 말이다. 이처럼 사람의 눈은 만족하지 못한다.[8] 미국의 학자 헨리 조지는 "사람은 욕망이 충족될수록 더 큰 욕망을 갖는 유일한 동물이며, 결코 만족할 줄 모르는 유일한 동물이다"라고 했다. 돈을 추구하는 것은 바닷물을 마시는 것과 같다. 마실수록 갈증만 느낀다. 자족이 미덕이다. 당신은 돈에 대한 욕망을 멈출 용기가 있는가? 만족 대 탐욕, 양자택일이다. 너무 열심히 돈만 벌면 병이 난다. 몸 생각 하면서 오늘도 적당히 일하길 권한다.

이 책의 원고를 끝낸 날을 잊지 못한다. 믿기 어렵겠지만 내 한쪽 눈을 잃었다. 오랜 세월 밤낮 자료를 보며 모니터에 집중하다 보니 한쪽 망막이 기능을 다했다. 의사는 다른 쪽도 얼마 남지 않았다고 했다. 쉬지 못했고, 쉬어야 할 시간에 원고를 쓴 이유도 있으리라.

어찌 보면 이 책을 얻고 눈 반쪽을 잃었다. 서울에서 천안까지 $80km$ 거리를 시속 $100km$ 정속도로 달리는 것과 $120km$로 질주하며 달렸을 때 도착 시간 차이는 단 8분이다.[9] 목숨 걸고 일했다는 면에서 결과에 큰 차이가 없는 듯하다. 그러니 나의 소중한 독자님들께서도 건강을 우선하면서 오늘도 적당히 일하셨으면 좋겠다.

주석

1장 타깃 언어, 고객의 니즈를 간파하라
1 미래창조과학부 발표, 2016. 05. 15.
2 방송통신위원회 2015년 TV 방송 채널 시청 점유율 조사 결과.
3 한국콘텐츠진흥원 발표, 2013.
4 통계청, 2018.
5 대한당뇨병학회, 《Diabetes Fact Sheet in Korea 2016》 발표.
6 신약성서 고린도전서 9장 20절~22절, 신세계역.
7 여행박사.
8 〈조선일보〉, 2009. 10. 24.

3장 공간 언어, 같은 제품도 특별한 곳에서 산다
1 구세군 발표, 2017.
2 생명보험협회, 손해보험협회 홈페이지.
3 금융감독원, 2016.
4 Professor Bill Sutherland, The University of East Anglia, England, 2004.
5 Dr. Paul Klite, Dr. Robert A. Bardwell, and Jason Salzman of Rocky Mountain Media Watch.

4장 사물 언어, 눈앞에 보여야 믿는다
1 〈한국경제〉, 2015. 03. 14.
2 보건복지부, 한국인 대장 용종 보유율 조사, 2018.
3 문석현, 〈쇼호스트가 시청자의 제품 구매에 미치는 영향 연구〉, 성균관대학교 언론정보대학원, 2004.
4 〈중앙일보〉, 2015. 02. 23, 〈조선일보〉, 2017. 04. 05.
5 〈조선일보〉, 2015. 07. 08.
6 〈조선일보〉, 2016. 01. 20.
7 〈조선일보〉, 2017. 03. 29.
8 〈조선일보〉, 2014. 09. 28.

5장 공포 언어, 끔찍한 진실을 알린다
1 Witte, K. (Eds.), 〈Fear as motivator, fear as inhibitor; Using the extended parallel process model tear appeal success and failures〉, NY; Academic Press, 1998.
2 Brooker, G. 〈A Comparison of Persuasive Effects of Mild Humor and Mild Fear Appeals〉, Journal of Advertising, 10(4), 30—35, 1981
3 H. W. F. Saggs, 《Everyday Life in Babylonia and Assyria》, Hippocrene Books, 1987. 09.
4 Assyriologist Archibald Henry Sayce, 2013.
5 전승우·박준우·김주현·박준호·이용률, 〈공포 소구에서 공포와 위협, 효능 간의 관계: 담뱃갑 경고 그림을 중심으로(Fear, perceived threat and perceived efficacy in the fear appeal : in the context of cigarette graphic warning)〉, 한국소비자·광고심리학회, 2016. 11. 30.
6 양종인 서울대 병원 강남센터 교수팀, 2003~2013년 서울 등 수도권 거주 주민 9만 9,451명 대변 샘

플 19만 건 분석 결과, 2018. 02. 05.

7　Keeseok Lee, 〈Antimicrobial efficacy of antibacterial soap containing triclosan compared with plain soap(손 세정 실험을 통한 트리클로산 첨가 항균 비누와 일반 비누의 살균 효과 비교) in vivo handwashing evaluation〉, 고려대학교 대학원, 2017. 02.

8　WHO, 2015.

9　〈중앙일보〉, 2018. 04. 09.

10　〈중앙일보〉, 2015. 09. 01.

11　Pessoa-Silva, C. L., Dharan, S., Hugonnt, S., Touveneau, S., Posfay-Barbe, K., Pfister, R. and Pittet, D., 「Dynamics of bacterial hand contamination during routine neonetal care」, 《Intfection control and hospital epidemiology》 25(3), 2004.

12　Cochrane, L., & Quester, P. 〈Fear in advertising; Th influence of consumers' product involvement and culture〉, 《Journal of International Consumer Marketing》, 17(2), 2005. pp. 7-32.

13　〈조선일보〉, 2016. 07. 06.

14　미국 워싱턴대학 건강계측 평가 연구소의 국제연구컨소시엄 1990~2013년까지 세계 188개국 조사 결과. 영국 의학 전문지 《Lancet》 발표, 2015. 06. 08.

15　제7회 보건의료정책포럼 발표, 2016. 10.

6장 저울 언어, 경쟁 대상과 비교하라

1　기상청, 2018. 01. 25

2　〈조선일보〉, 2015. 07. 01.

3　〈매일경제〉, 2018. 03. 21.

4　시장조사기관 링크아즈텍, 2018.

5　이승은, 〈비교 광고 유형이 광고 효과에 미치는 영향: 수용자의 인지 욕구 및 제품 유형을 중심으로〉, 중앙대학교 대학원, 2014.

6　AC닐슨, 2014. 12.

7장 비난 언어, 모두 까기는 강력한 전략이다

1　장문정, 《사람에게 돌아가라》, 쌤앤파커스, 2015.

2　이승남, 《내 가족을 위협하는 밥상의 유혹》, 경향미디어, 2010, 160p.

3　통계청, 2017 기준.

4　GMO는 콩과 옥수수 두 가지가 전체 수입량의 99%이며 그대로 쓰지 않고 전분이나 지방 성분만 쓰인다. 두유, 두부처럼 콩 전체가 쓰이는 것이나 간장처럼 단백질이 쓰이는 것은 GMO가 아닌 것만이 사용된다. GMO 콩은 20%인 기름 부분만 식용유 만드는 데 쓰고 나머지는 사료용으로 쓰인다. 《한국경제》, 2018. 01. 21.)

5　〈중앙일보〉, 2015. 06. 29.

6　영국 대중지 《mirror》, 2016. 03. 03.

7　〈조선일보〉, 2015. 05. 28.

8장 선수 언어, 예측과 제압이 중요하다

1 부천시 정신건강증진센터, 2016년 발표.

9장 통계 언어, 정확한 숫자로 승부하라

1 Thomas Hine, 《The Rise and Fall of the American Teenager》, Perennial, 2009.

2 한국은행, 2018.

3 1991. 1. 1. ~ 1994. 9. 30. 3년 유지

4 1994. 10. 1. ~ 1996. 5. 12. 5년 유지

5 1996. 5. 13. ~ 1998. 3. 31. 7년 유지, 1998. 4. 1. ~ 2000. 12. 31. 5년 유지, 2001. 1. 1. ~ 2003. 12. 31. 7년 유지

6 2004. 1. 1. ~ 10년 유지

7 2013. 2. 15. ~ 10년 유지 & 일시납 2억 미만

8 2017. 4. 1. ~ 10년 유지 & 일시납 1억 이하 월납 150만 이하

9 〈조선일보〉 2016. 1. 30.

10 식품의약품안전처, 2018.

11 〈연합뉴스〉, 2017. 07. 04.

12 〈조선일보〉, 2017. 08. 25.

13 서울연구원, 2017.

14 통계청, 2018.

15 〈조선일보〉, 2017. 08. 11.

16 〈조선일보〉, 2016. 10. 14.

17 〈조선일보〉, 2017. 06. 12.

18 통계청, 〈2015년 주택 소유 통계 조사〉, 2016. 12. 15.

19 3만 7,539만 개, 2017년 7월 기준, 한국편의점산업협회.

20 대한건설협회, 2018.

21 KBS, 김원장, 2018. 02. 21.

22 〈경향신문〉, 2016. 11. 29.

23 〈조선일보〉, 2017. 06. 12.

24 한국은행, 〈금융시장 동향〉, 2018. 08 기준

25 국토교통부, 〈광역지자체별 등록 임대 사업자〉, 2017. 08. 30.

26 〈조선일보〉, 2017. 06. 16.

27 통계청, 〈2015년 인구 주택 총 조사〉, 2017. 01. 03.

28 통계청, 장래 가구 추계 시 도편 발표, 〈한국경제〉, 2017. 08. 23.

29 국토부, 2016. 12.

에필로그

1 구약성서 전도서 7장 12절, 신세계역.

2 《선생경善生經》 중 '사분법四分法'.

3 신약성서 디모데전서 6장 10절, King James Version.

4 Dr. Jean M. Twenge, 《나밖에 모르는 세대Generation Me》, Atria Books, 2014.

5 구약성서 잠언 18장 11절, 신세계역.

6 구약성서 잠언 23장 5절, Today's English Version.

7 구약성서 전도서 5장 10절, 신세계역.

8 구약성서 잠언 27장 20절, 신세계역.

9 장문정, 《사람에게 돌아가라》, 쌤앤파커스, 2015.

KI신서 9848

왜 그 사람이 말하면
사고 싶을까?

1판　1쇄 발행 2018년 9월 10일
개정1판 1쇄 발행 2021년 8월 10일
개정1판 5쇄 발행 2024년 5월 24일

지은이 장문정
펴낸이 김영곤 **펴낸곳** (주)북이십일 21세기북스

표지디자인 미루키 **본문디자인** 제이알컴
출판마케팅영업본부 본부장 한충희
출판영업팀 최명열 김다운 권채영 김도연
제작팀 이영민 권경민

출판등록 2000년 5월 6일 제406-2003-061호
주소 (10881) 경기도 파주시 회동길 201(문발동)
대표전화 031-955-2100 **팩스** 031-955-2151 **이메일** book21@book21.co.kr

(주)북이십일 경계를 허무는 콘텐츠 리더

21세기북스 채널에서 도서 정보와 다양한 영상자료, 이벤트를 만나세요!
페이스북 facebook.com/jiinpill21 **포스트** post.naver.com/21c_editors
인스타그램 instagram.com/jiinpill21 **홈페이지** www.book21.com
유튜브 www.youtube.com/book21pub
서울대 가지 않아도 들을 수 있는 **명강**의! 〈서가명강〉
유튜브, 네이버, 팟캐스트에서 '서가명강'을 검색해보세요!

ⓒ 장문정. 2018
ISBN 978-89-509-9691-8 03320